**사원부터 팀장까지
일잘러의 필수 도구**

챗GPT와
기획·분석·보고

챗GPT와 기획·분석·보고
일주일 치 업무를 하루 만에 해치우는
ChatGPT 완벽 활용법

지은이 김철수

펴낸이 박찬규 엮은이 윤가희, 전이주 디자인 북누리 표지디자인 Arowa & Arowana

펴낸곳 위키북스 전화 031-955-3658, 3659 팩스 031-955-3660
주소 경기도 파주시 문발로 115, 311호(파주출판도시, 세종출판벤처타운)

가격 18,000 페이지 264 책규격 152 x 220mm

1쇄 발행 2023년 04월 18일
2쇄 발행 2024년 04월 30일
ISBN 979-11-5839-429-5 (13000)

등록번호 제406-2006-000036호 등록일자 2006년 05월 19일
홈페이지 wikibook.co.kr 전자우편 wikibook@wikibook.co.kr

Copyright © 2023 by 김철수
All rights reserved.
Printed & published in Korea by WIKIBOOKS

이 책의 한국어판 저작권은 저작권자와의 독점 계약으로 위키아카데미가 소유합니다.
신저작권법에 의해 한국 내에서 보호를 받는 저작물이므로 무단 전재와 복제를 금합니다.
이 책의 내용에 대한 추가 지원과 문의는 위키북스 출판사 홈페이지 wikibook.co.kr이나
이메일 wikibook@wikibook.co.kr을 이용해 주세요.

챗GPT와
기획·분석·보고

일주일 치 업무를 하루 만에 해치우는
ChatGPT 완벽 활용법

김철수 지음

위키북스

서문

고3 자식을 둔 부모가 점쟁이를 찾아갔습니다. 원하는 대학에 입학하려면 어떻게 공부해야 하는지 물었습니다. 점쟁이가 자식의 생년월일, 태어난 시, 장소, 성격, 교우 관계 같은 것을 한참 묻더랍니다. 부모가 답답해서 그래서 어떻게 공부해야 하냐고 재차 물었습니다. 점쟁이가 골똘히 생각하는 척하더니 이윽고 대답했습니다.

"국영수를 중심으로 열심히 공부해!"

우스개 얘기지만 이것이 공부의 왕도입니다. 국어, 영어, 수학을 중심으로 열심히 공부하면 원하는 대학에 갈 수 있습니다. 공부 잘하는 학생은 국영수 다 잘하고, 공부 못하는 학생은 국영수 다 못합니다. 국영수가 공부의 기본이기 때문입니다.

직장인에게도 왕도가 있습니다. 기획, 분석, 보고입니다. 일 잘하는 직장인은 기획도 잘하고 분석도 잘하고 보고도 잘합니다. 일 못하는 직장인은 기획도 잘 못하고 분석도 잘 못하고 보고도 잘 못합니다. 기획, 분석, 보고가 일의 기본이기 때문입니다.

저는 2021년 봄부터 국내 1위 기업의 그룹장 파트장 수천 명에게 기획, 분석, 보고를 매주 8시간씩 강의했습니다. 이 책의 초고는 2022년에 강의 내용을 정리한 것입니다. 올해도 작년과 같은 교재로 강의하고 있었습니다. 학습자 중 몇 분이 ChatGPT 얘기를 꺼냈습니다. ChatGPT로 기획하고 분석하고 보고할 수 있냐는 겁니다. 저는 당연히 할 수 있고 앞으로 그러해야 한다고 대답했습니다. 실제로 ChatGPT로 기획하고 분석하고 보고하는 것을 보여 드리기도 했습니다.

학습자 모두 놀라면서 감탄했습니다. 그런데 한 학습자가 손을 들고 말했습니다.

"우리 회사는 ChatGPT 접속이 안 됩니다. 보안 때문에요."

저는 순간 당황했습니다.

"아… 그렇군요. 그런데 어차피 이게 대세니까 조만간 접속 제한을 풀지 않을까요?"

그리고 바로 얼마 뒤 3월 14일에 이 회사 부회장이 ChatGPT 접속을 풀면서 임직원에게 ChatGPT를 공부하라고 지시했습니다. 이제 저는 ChatGPT를 활용해서 기획하고 분석하고 보고하는 방법을 본격적으로 강의할 수 있었습니다. 학습자도 모두 ChatGPT를 실습하면서 새로운 일하는 방식에 빠르게 적응해 가고 있습니다.

저는 ChatGPT가 시도 쓰고 소설도 쓴다는 것에 중점을 두지 않습니다. 시와 소설은 인공지능이 아니라 사람이 써야 할 것입니다. ChatGPT는 사람의 일을 보조함으로써 업무 효율과 생산성을 높이는 데 활용되어야 합니다. 그렇게 해서 우리가 시간이 남으면 시도 쓰고 소설도 쓰며 문학과 예술과 세계에 대해 사유하는 겁니다.

ChatGPT는 보통 직장인의 일을 도와야 합니다. 보통 직장인의 일은 기획, 분석, 보고입니다. 우리는 ChatGPT를 사용해서 기획하고 분석하고 보고함으로써 일을 더 잘하고 원하는 결과를 빠르게 얻거나 수준을 높일 수 있습니다. 이 책은 그 방법을 알려줍니다.

1부 'ChatGPT로 기획·분석·보고하기'에서는 ChatGPT가 나오게 된 과정과 간단한 원리, 사용법 등을 알아봅니다.

2부 'ChatGPT로 기획하기'에서는 ChatGPT로 기획하는 법을 알려드립니다. 기획의 시작은 문제 파악입니다. 문제를 파악할 때 ChatGPT를 사용하면 문제의 종류별로 상세하게 파악할 수 있습니다. 시장을 조사할 때도 마찬가지입니다. 시장 조사의 착각도 알아보고 ChatGPT로 시장 조사하는 법도 설명합니다. 아이디어를 도출하는 것과 설명하는 것도 자세히 다룹니다. 기획의 끝은 결국 전략 수립과 과제 정의입니다. 전략과 과제가 정확히 무엇인지, ChatGPT로 어떻게 만드는지 알려드립니다.

3부 'ChatGPT로 분석하기'에서는 먼저 데이터 분석을 다룹니다. 아직 ChatGPT의 계산 능력이 완벽하지 않지만 간단한 데이터 분석을 시도합니다. 특히 단순 계산이나 통계보다는 데이터를 보고 통찰하고 시사점을 얻는 방법을 다룹니다. 손익을 분석하고 인과관계를 찾는 법, 실적과 성과의 차이, 성과를 분석하고 관리하는 법도 알려드립니다. 나아가 ChatGPT로 업무 자체를 분석하는 방법도 설명합니다.

4부 'ChatGPT로 보고하기'에서는 지시 보고와 협업에 대해 얘기합니다. 업무를 지시받을 때 어떤 질문을 해야 하는지 ChatGPT는 어떤 질문을 하는지 알아봅니다. 부서장이 주간 회의를 하는 이유와 동기 부여, 실행력을 높이는 법 등도 ChatGPT와 함께 설명합니다. 상사에게 보고할 때 논리를 명확히 잡는 법과 보고서를 검토하는 일의 근본을 설명하고 ChatGPT를 어떻게 활용하면 되는지 알려드립니다.

ChatGPT는 불과 몇 개월 만에 보통명사처럼 되었습니다. Bing이든 AskUp이든 결국 ChatGPT를 쓰는 셈입니다. 물론 구글이 만든 AI 챗봇도 있지만 ChatGPT류로 포함할 수 있습니다. 스카치테이프, 딱풀, 포스트잇처럼 ChatGPT는 이제 사람과 대화하면서 도움을 주는 인공지능 전체를 뜻하게 되었습니다.

이 책에서 ChatGPT는 개념적으로 ChatGPT류 전체를 의미합니다. 하지만 ChatGPT 대답을 인용할 때는 OpenAI의 GPT-4를 기준으로 했습니다. GPT-3.5의 대답을 인용할 때는 GPT-3.5라고 명시했습니다. Bing의 대답은 Bing이라고 명시했습니다. 이 책의 대답이 독자 여러분이 쓰는 ChatGPT 서비스의 대답과 다를 수 있습니다.

ChatGPT가 나오기 전에도 많은 사람이 'Working with AI' 시대가 왔다고 했습니다. ChatGPT 이전에는 IT 전문가만이 이런 시대적 변화를 느낄 수 있었다면, 지금은 모든 사람이 'Working with AI'를 직면하고 있습니다.

저는 'Working with AI'를 주제로 3부작을 기획했습니다. 첫째는 ≪챗GPT와 글쓰기≫이고, 둘째는 ≪챗GPT와 업무자동화≫입니다. 그리고 이번에 ≪챗GPT와 기획·분석·보고≫를 출간합니다. 모쪼록 저의 'Working with AI' 3부작으로 여러분의 업무에 날개를 달기를 바랍니다.

점쟁이는 점집에서 점만 치며 우리더러 열심히 하라고만 합니다. 하지만 ChatGPT는 바로 우리 옆에서 어떻게 일하면 되는지 알려주고 도와주고 심지어 귀찮은 일은 대신해 줄 거란 사실을 잊지 마십시오.

내 인생의 용한 점쟁이 겸 ChatGPT 같은 아내에게 감사하며
2023년 3월 23일에 김철수가 쓰다.

목차

1
ChatGPT로
기획·분석·보고하기

1 _ 초안을 만드는 ChatGPT   2

    기획 초안, 분석 초안, 보고 초안 만들기가 제일 어렵다   2

    ChatGPT가 초안을 만드는 시대가 왔다   4

    ChatGPT가 기획, 분석, 보고를 안내한다   6

2 _ 다양한 ChatGPT 서비스 사용법   7

    OpenAI의 ChatGPT 사용하기   7

    MS의 Bing 사용하기   10

    업스테이지의 AskUp 사용하기   18

2
ChatGPT로
기획하기

3 _ ChatGPT와 문제 파악   22

    문제 인지, 문제 인식, 문제 의식   22

    ChatGPT로 문제를 인지하고 인식하기   26

    문제를 제대로 파악했는지 아는 방법   30

    문제를 균형 있게 보고하기   33

    문제와 문제점   35

4 _ ChatGPT와 시장 조사   41

    보통 직장인의 조사 착각 3가지   41

    뭔가 엄청난 것을 조사한다   42

    자기가 처음 조사한다   46

    자기가 직접 조사한다   52

5 _ ChatGPT와 아이디어 기획   59

    아이디어의 원천   59

    ChatGPT의 브레인스토밍   64

    아이디어가 아니라 아이디어 설명   72

    ChatGPT로 아이디어 설명하기   73

    아이디어 설명 대신 질문하기   76

    사내 투자를 받는 6가지 질문   78

6 _ ChatGPT와 전략 수립　　　　　　　　　　　　　　88

　기업의 전략은 신년사에 다 있다　　　　　　　　　88
　팀 전략 만들기　　　　　　　　　　　　　　　　91
　ChatGPT로 팀 신년사 만들기　　　　　　　　　　94
　전략과 방안과 과제　　　　　　　　　　　　　　98
　전략과 과제 매트릭스　　　　　　　　　　　　　101

3
ChatGPT로 분석하기

7 _ ChatGPT와 데이터 분석   106

   데이터 정리와 데이터 분석   106

   예상치, 의지치, 목표치, 결과치   110

   통찰과 시사   114

   데이터 분류와 방안   119

8 _ ChatGPT와 실적 분석   123

   손익 분석   123

   ChatGPT로 인과 분석하기   132

   외부 환경과 내부 경영 분석 팁   137

9 _ ChatGPT와 업무 분석   140

   업무 배분과 WBS   140

   ChatGPT로 WBS 만들기   142

   과제를 어떻게 세부 업무로 나눌 것인가?   144

   각 업무를 어떻게 할당할 것인가?   146

   업무를 어디까지 관리할 것인가?   148

10 _ ChatGPT와 성과 분석   150

   실적을 만드는 BSC 전략 맵   150

   ChatGPT로 BSC 만들기   152

   실적과 성과의 차이   155

   ChatGPT로 KPI, MBO, OKR 만들기   158

   목표 관리의 핵심은 목표 달성이 아니라 진척과 예측   164

4

ChatGPT로
보고하기

11 _ ChatGPT와 업무 지시 … 172
- 업무 지시와 요요요 질문 … 172
- ChatGPT에게 질문 요청하기 … 177
- 위임전결과 팀장의 권한 … 180
- 팀원 동기 부여 … 185

12 _ ChatGPT와 업무 연락 … 188
- 쓸데없는 주간 회의를 계속하는 이유 … 188
- 팀 내 협의자와 통보자 지정하기 … 191
- 자료 요청 관리와 협업 … 193
- ChatGPT로 자료 요청 메일 작성하기 … 198
- 파일 버전 관리하기 … 201

13 _ ChatGPT와 보고 논리 … 207
- 비즈니스 사이클 … 207
- 비즈니스 논리와 기획·보고 … 211
- 보고서의 논리 … 216
- ChatGPT로 원 페이지 보고서 쓰기 … 219

14 _ ChatGPT와 보고서 검토 … 224
- 보고와 예상 질문 … 224
- 예상 질문 검토하기 … 227
- 주장과 상사의 상황 검토하기 … 233

부록 _ 이 책에서 사용한 프롬프트 모음   239

   1부. ChatGPT로 기획·분석·보고하기   239

   2부. ChatGPT로 기획하기   239

   3부. ChatGPT로 분석하기   242

   4부. ChatGPT로 보고하기   246

1

ChatGPT로
기획·분석·보고하기

1 _ 초안을 만드는 ChatGPT
2 _ 다양한 ChatGPT 서비스 사용법

1
초안을 만드는 ChatGPT

기획 초안, 분석 초안, 보고 초안 만들기가 제일 어렵다

직장인이 회사에서 기획하고 분석하고 보고하는 목적은 문제를 더 좋은 방법으로 해결하기 위함입니다. 문제를 해결하는 더 좋은 방법을 한 글자로 안(案)이라 합니다. 상사가 지시한 문제를 푸는 것이 기안(起案)이어서 기안서를 씁니다. 고객의 문제를 푸는 것이 제안(提案)이어서 제안서를 씁니다.

예부터 이불 밖은 위험합니다. 가장 안전하고 흡족한 곳은 이불 속입니다. 가족이 이불 속에 있으면 편안합니다. 그런데 옛날 양반들이 이불 이야기를 하려니 체면이 서지 않았나 봅니다. 이불 대신 책상을 썼습니다. 책상을 뜻하는 木(나무 목)과 가족이 집에 있는 安(편안할 안)을 붙여서 생각이나 안건을 뜻하는 案(안)을 만들었습니다.

직장인은 늘 초안을 만들고 상사는 검토합니다. 초안(草案)의 초를 처음의 초(初)로 아는 사람이 많습니다. 처음 만든 안을 초안이라고 오해합니다. 초안(草案)은 처음 만든 안이 아니라 풀처럼 엉성한 안을 뜻합니다. 봄철에 꽃이 피기 전에 파릇파릇하게 움트는 잎입니다.

초안은 분명 우리가 기대한 화려한 꽃은 아닙니다. 하지만 '될성부른 나무는 떡잎부터 알아본다'는 말처럼 초안을 보면 어떤 나무가 될지 어떤 꽃을 피울지 대충 감을 잡을 수 있습니다. 상사나 고객이 기대한 것이라면 초안을 잘 잡은 것이고, 그렇지 않다면 엉뚱한 안을 가져온 것입니다.

직장인이 기획하고 분석하고 보고할 때 가장 어려운 것이 초안을 잡아 쓰는 일입니다.

기획은 문제를 파악하고 조사를 하고 아이디어를 내고 전략을 수립하고 과제를 도출하는 일입니다. 처음부터 다루려는 문제를 제대로 잡아야 하고 조사의 방향도 제대로 설정해야 합니다. 아이디어도 먹힐 만한 것을 찾아야 하고 전략이나 과제도 실행 가능한 것이어야 합니다. 초안이라고 대충 기획해서 가져가면 혼만 나고 처음부터 다시 해야 합니다.

분석은 데이터를 정제하고 구분하고 분류해서 연관된 데이터를 찾고 패턴을 찾고 원인을 찾아 통찰하고 시사하는 일입니다. 처음부터 제대로 된 데이터를 가지고 다뤄야 합니다. 데이터를 체계에 맞게 구분하고 분류해야 합니다. 데이터가 보여주는 것을 제대로 찾고 업무에 활용할 수 있는 안을 내놓아야 합니다. 초안이라고 대충 엑셀로 정리해서 가져가면 할 일만 늘어납니다.

보고는 기획하고 분석해서 만든 안을 상사나 고객이 편안하게 읽고 볼 수 있게 일목요연하게 만드는 일입니다. 그러려면 처음부터 상사가 원하는 것이 무엇인지 정확히 물어봐야 합니다. 다른 사람에게 자료를 요청할 때도 제대로 요청해야 합니다. 내용은 논리 체계를 따라야 하고 보고서를 다 썼으면 검토하고 보고해야 합니다. 초안이라고 대충 써서 보고하면 고치는 데만 몇 날 며칠이 걸립니다.

그런데 이렇게 어렵고 막막한 기획의 초안, 분석의 초안, 보고의 초안 만들기를 인공지능이 대신한다면? 인공지능이 초안을 짜서 우리에게 제시하고 우리는 검토만 할 수 있다면? 아니, 검토도 인공지능이 할 수 있다면? 그렇다면 우리가 기획하고 분석하고 보고하는 방식이 완전히 달라지지 않을까요? 저는 그런 기대를 가지고 수십 년을 일해 왔습니다.

ChatGPT가 초안을 만드는 시대가 왔다

2022년 11월 30일에 초거대 언어 모델 ChatGPT가 무료 서비스를 시작하면서 인공지능이 기획하고 분석하고 보고하는 시대가 본격화했습니다.

예를 들어 회사에서 CEO가 새로운 만두 제품을 개발하여 출시하겠다고 선포합니다. 그러면 직원들은 뭔가 기획하고 분석하고 보고해야 합니다. 어떤 직원은 구글에 접속해서 검색하고, 어떤 직원은 설문지를 만들고, 어떤 직원은 과거 제품 데이터를 찾고, 어떤 직원은 보고서부터 쓸 수 있습니다. 그런데 ChatGPT가 초안을 짜는 시대에도 그렇게 일을 시작하는 것이 맞을까요?

저라면 당장 ChatGPT에게 우리가 무엇을 기획하고 분석하고 보고해야 하는지부터 물어보겠습니다.

회사에서 새 만두 제품을 개발하여 출시해야 한다. 무엇을 기획하고 분석하고 보고해야 하는지 알려 줘.

새 만두 제품을 개발하고 출시하기 위한 프로세스를 기획하고, 분석하고, 보고하려면 다음 단계들을 고려해야 합니다.

1. 시장 조사: 타겟 시장과 경쟁사를 분석하여 시장의 수요와 트렌드를 파악하세요. 소비자의 기호와 선호도에 대한 조사도 필요합니다.

2. 제품 아이디어 도출: 시장 조사를 바탕으로 독창적이고 매력적인 제품 아이디어를 도출하세요. 다양한 내부 브레인스토밍 세션을 통해 팀원들의 아이디어를 수집할 수 있습니다.

3. 제품 개발: 선택된 제품 아이디어에 대해 레시피 개발, 원재료 선택, 제조 공정 개선 등을 포함하여 제품을 개발하세요.

4. **가격 및 포장 디자인 결정**: 제품의 가격을 책정하고, 브랜드 아이덴티티와 시장의 기대치를 반영한 포장 디자인을 결정하세요.
5. **품질 테스트 및 규제 준수**: 제품의 품질을 확보하고 식품 안전 및 규제 준수를 확인하세요. 필요한 경우 제품의 인증 및 승인을 받으세요.
6. **프로모션 전략**: 제품 출시에 앞서 마케팅 전략과 홍보 계획을 세워야 합니다. 소셜 미디어, 오프라인 이벤트, 전통적인 광고 채널 등 다양한 매체를 활용하세요.
7. **유통 채널 확보**: 제품을 소비자에게 성공적으로 판매하기 위해 오프라인 매장, 온라인 쇼핑몰, 전문 유통업체 등 다양한 유통 채널을 확보하세요.
8. **출시 후 평가 및 개선**: 제품 출시 후 시장 반응을 평가하고 소비자 피드백을 수집하여 개선 사항을 도출하세요. 지속적인 개선을 통해 제품의 경쟁력을 높이세요.

이러한 단계별로 기획하고 분석한 내용을 보고서로 작성하여 관리진에게 제출하세요. 이를 통해 제품 개발의 전 과정을 체계적으로 관리할 수 있습니다. 보고서 작성 시 고려해야 할 사항은 다음과 같습니다.

1. **보고서 구성**: 보고서는 명확한 구조와 흐름을 가져야 합니다. 서론, 본론, 결론으로 구성하며, 각 단계별로 세부 내용을 작성하세요.
2. **서론**: 제품 개발의 배경, 목표, 타겟 시장 등에 대해 서술하세요. 이를 통해 관리진이 프로젝트의 전체적인 산업 환경과 목적을 이해할 수 있습니다.
3. **본론**: 위에서 언급한 각 단계별로 수행한 기획, 분석, 결정사항을 상세하게 작성하세요. 본론에는 다음과 같은 내용이 포함될 수 있습니다.

    - 시장 조사 결과 및 인사이트
    - 제품 아이디어 및 레시피 개발 과정
    - 가격 책정 및 포장 디자인
    - 품질 테스트 및 규제 준수 내용
    - 프로모션 전략 및 마케팅 계획
    - 유통 채널 확보 방안 및 계약 현황

- 출시 후 평가 및 개선 계획

4. 결론: 보고서의 결론에서는 제품 개발 프로젝트의 전반적인 결과 및 향후 개선 방향을 요약하여 제시하세요.

5. 시각화 자료 활용: 보고서에는 차트, 그래프, 이미지 등의 시각화 자료를 활용하여 복잡한 데이터를 쉽게 이해할 수 있도록 도와주세요.

6. 첨부 문서: 필요한 경우 시장 조사 자료, 제품 사진, 인증서, 계약서 등 관련 첨부 문서를 함께 제출하세요.

보고서 작성을 완료한 후 관리진 및 팀원들과 공유하고, 피드백을 수렴하여 계속 개선하세요. 이를 통해 새 만두 제품 개발 프로젝트가 성공적으로 진행될 수 있도록 지원하세요.

ChatGPT가 기획, 분석, 보고를 안내한다

수많은 초안을 쌀알이라고 해보겠습니다. 쌀알을 한 줌 쥐고 책상 위에 던지면 어떤 것은 책상 밖으로 떨어집니다. 책상 위에 남은 것 중 어떤 것은 모서리에, 어떤 것은 모퉁이에, 어떤 것은 한가운데 떨어집니다. 그중 가장 보기 좋고 편안한 것은 책상 한가운데 떨어진 쌀알입니다. 그래서 나머지 쌀알을 손으로 쓸어서 책상 한가운데에 모읍니다. 그것을 안내(案內)라고 합니다.

ChatGPT는 우리가 어떻게 일하면 되는지 안내(案內)합니다. 우리에게 더 좋은 안을 찾아 제시합니다. 우리가 잘못 생각한 것이 있는지 검토해 줍니다. 이제 ChatGPT를 사용해서 기획하고 분석하고 보고하는 것이 문제를 해결하는 더 좋은 방법입니다.

2
다양한
ChatGPT 서비스 사용법

OpenAI의 ChatGPT 사용하기

ChatGPT는 OpenAI가 2022년 11월 30일에 발표한 초거대 대화형 언어 모델입니다. 엄청나게 많은 데이터를 학습해서 사람의 질문에 대답하는 인공지능입니다. 웹사이트에서 무료로 쓸 수 있게 출시한 덕에 전 세계 모든 사람이 ChatGPT를 쓸 수 있었고, 인공지능 언어 모델에 놀라움을 금치 못했습니다.

ChatGPT를 운영하는 OpenAI 홈페이지에서 접속하면 ChatGPT를 사용할 수 있습니다. https://openai.com의 주소로 접속한 다음 ChatGPT 소개 아래에 있는 [Try ChatGPT] 메뉴를 클릭하거나 https://openai.com/blog/chatgpt에서 화면 가운데에 있는 [Try ChatGPT] 버튼을 클릭해서 접속할 수 있습니다. 바로 접속하려면 다음 주소를 사용하면 됩니다.

- https://chat.openai.com

ChatGPT 페이지에 접속하면 회원가입을 해야 합니다. 구글 계정이나 MS 계정으로 바로 가입할 수 있습니다. 회원가입 후에는 전화번호 인증이나 이메일 인증을 거쳐야 합니다. ChatGPT 첫 화면이 나타나면 화면 아래 입력창에 질문을 입력하고 엔터를 누르거나 종이비행기 아이콘을 클릭합니다. 입력창에 질문하는 내용을 프롬프트(prompt)라고 합니다. '안녕'도 프롬프트가 될 수 있고, '너는 누구니?'도 프롬프트가 될 수 있습니다. 프롬프트는 그냥 질문이라고 생각하면 됩니다. 두 줄 이상 입력해야 할 때는 [Shift + Enter]를 누릅니다.

일단 질문을 하면 왼쪽 사이드 패널 위에 대화 목록이 하나 만들어지고 해당 목록에서 대화를 계속 이어갈 수 있습니다. 새 대화를 원하면 왼쪽 사이드 패널 맨 위에 있는 [+ New chat]을 클릭하면 됩니다.

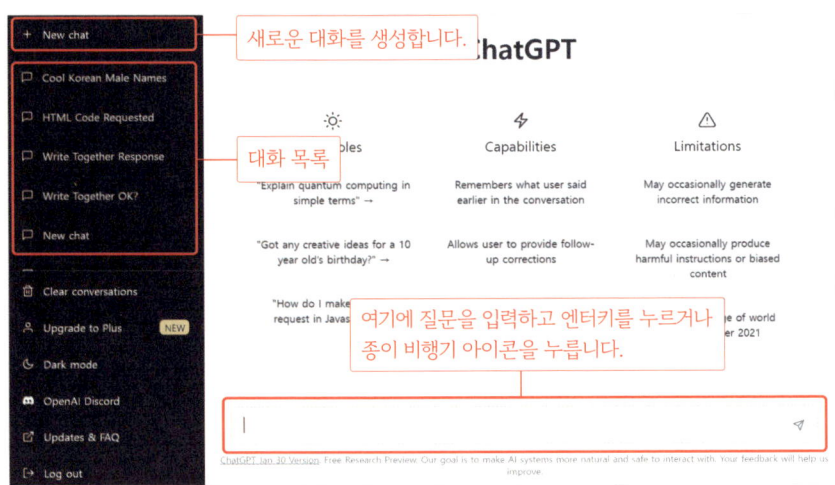

그림 2-1 ChatGPT 메인 화면

ChatGPT 메인 화면의 영어 문구는 다음과 같습니다.

Examples(질문 예시)

- "퀀텀 컴퓨팅을 간단한 용어로 설명해 줘"
- "10살 아이의 생일을 위한 어떤 창의적인 아이디어가 있니?"
- "자바스크립트로 HTTP 리퀘스트를 어떻게 만들지?"

Capabilities(ChatGPT의 능력)

- 사용자가 대화에서 말한 것을 기억한다.
- 사용자가 자신의 대화를 수정할 수 있다.
- 부적절한 질문이나 요청은 거부하도록 훈련되었다.

Limitations(ChatGPT의 한계)

- 가끔 부정확한 정보로 대답할 수 있다.
- 가끔 유해한 지시나 편향된 내용으로 대답할 수 있다.
- 2021년까지 데이터로 학습했으므로 그 이후에 일어난 일이나 지식은 모른다.

여기서 중요한 것은 ChatGPT의 한계입니다. ChatGPT는 2021년 9월까지의 데이터로 학습했기 때문에 그 이후의 일이나 지식에 관해 대답하지 못하거나 잘못 대답할 수 있습니다.

OpenAI는 2023년 2월부터 유료 버전인 ChatGPT Plus를 출시했습니다. 기존 무료 모델과 같지만 응답 속도를 높인 것입니다. 그리고 3월에는 논리력과 정확도를 더 높인 GPT-4를 발표했습니다. ChatGPT Plus와 GPT-4는 유료 계정에서만 사용할 수 있습니다.

그림 2-2 ChatGPT 유료 버전인 ChatGPT Plus에서는 GPT-3.5와 GPT-4 모델을 사용할 수 있다

유료 서비스의 이용료는 월 20달러이며, 유료 서비스를 이용하면 사용자가 많을 때도 응답하고, 응답 속도도 무료보다 빠릅니다. 유료 버전에서는 GPT-4도 쓸 수 있으니, 일단 무료로 쓰다가 본격적으로 사용하고자 한다면 유료 서비스를 이용하는 것을 추천합니다.

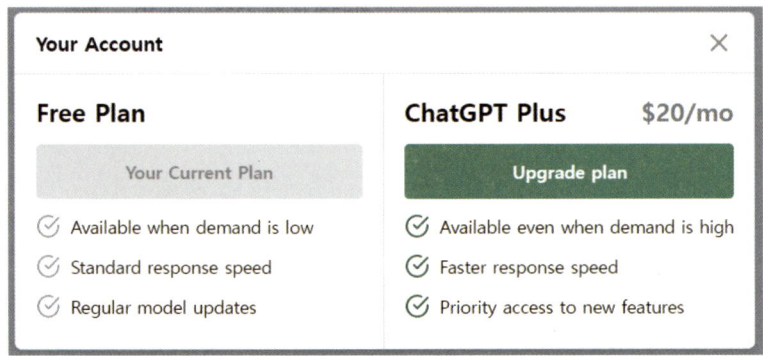

그림 2-3 ChatGPT 무료 버전과 유료 버전의 차이점

MS의 Bing 사용하기

OpenAI의 지분 49%를 가진 기업은 마이크로소프트, 즉 MS입니다. MS는 OpenAI의 ChatGPT를 자사의 검색 엔진인 Bing에 탑재했습니다. Bing에서 ChatGPT를 쓰려면 MS의 새 브라우저인 엣지(Edge)에서 https://www.bing.com으로 접속한 뒤 메뉴 중에서 [**채팅**]을 클릭합니다.

그림 2-4 Bing 메뉴 중에서 채팅을 클릭한다

Bing에 로그인되어 있지 않다면 채팅 기능을 사용하기 위해 로그인하라고 나오니 MS 계정으로 로그인합니다.

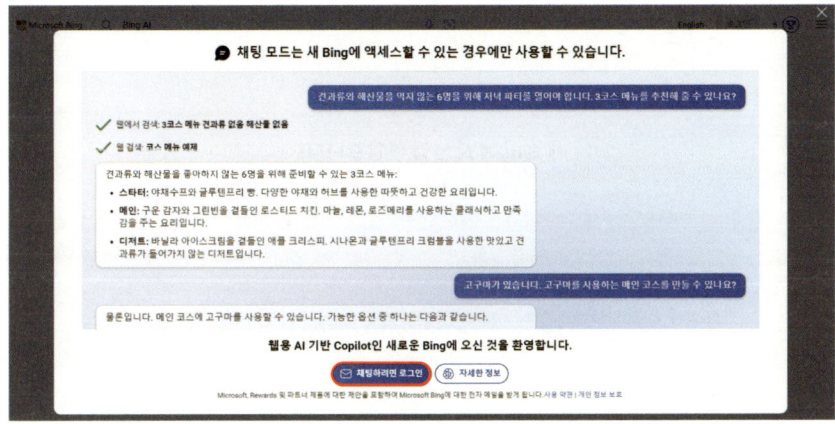

그림 2-5 Bing에서의 검색은 로그인 없이 사용할 수 있지만, ChatGPT와 채팅하려면 MS 계정으로 로그인해야 한다

그림 2-6 MS 계정으로 로그인해야 한다

로그인을 완료하면 채팅 화면으로 넘어갑니다. 여기서 아래쪽 입력창에 질문이나 요청을 하면 됩니다.

그림 2-7 Bing의 채팅 시작 화면

이미 로그인된 Bing에 접속했다면 검색창에 원하는 질문이나 요청을 쓰고 엔터를 누르면 됩니다. 예를 들어 새 만두 제품의 기획, 분석, 보고 방법을 알려달라고 검색창에 입력합니다.

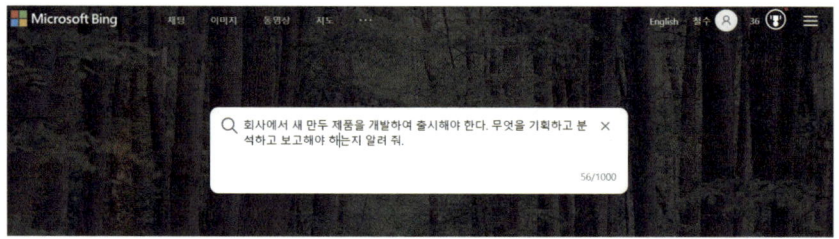

그림 2-8 검색 엔진에서 검색하듯이 검색창에 원하는 것을 질문하거나 요청하면 된다

그러면 화면이 바뀌면서 왼쪽에 검색 결과가 나타나고 오른쪽에는 ChatGPT가 대답한 내용이 나타납니다. 내용을 더 보고 싶으면 [더보기]를 클릭합니다.

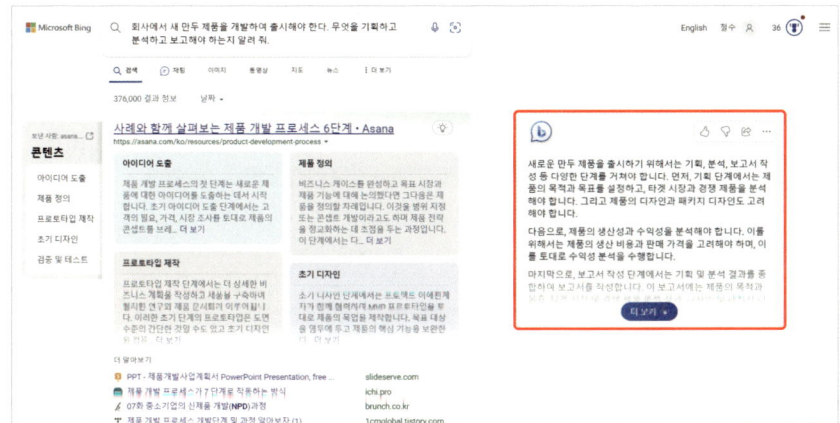

그림 2-9 Bing은 검색 결과와 ChatGPT의 대답을 같이 보여준다

ChatGPT의 대답 아래에 추가 질문이 나타납니다. 원하는 질문을 클릭하면 해당 질문에 대답합니다. [채팅하기]를 클릭하면 화면 전체가 ChatGPT와 채팅하는 화면으로 바뀝니다.

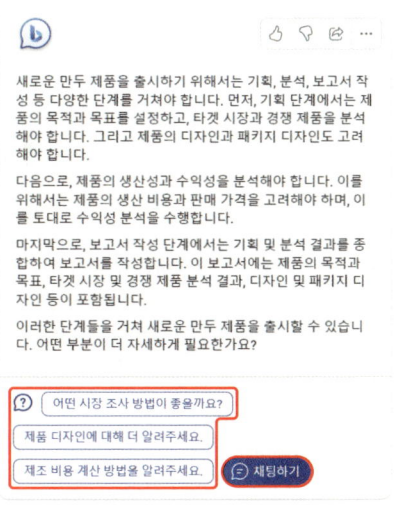

그림 2-10 추가 질문을 제안한다

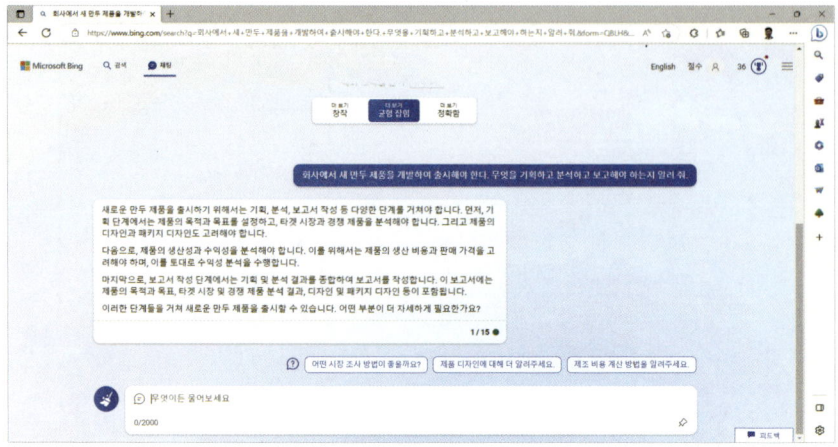

그림 2-11 Bing의 ChatGPT와 채팅하는 화면

ChatGPT는 2021년 9월까지의 데이터로 학습한 반면, Bing은 최근 3시간 이전까지의 데이터를 학습했다고 알려져 있습니다. 그래서 2023년의 공휴일이 며칠이냐는 질문에 Bing은 정확히 대답하고 그 대답의 출처도 알려줍니다.

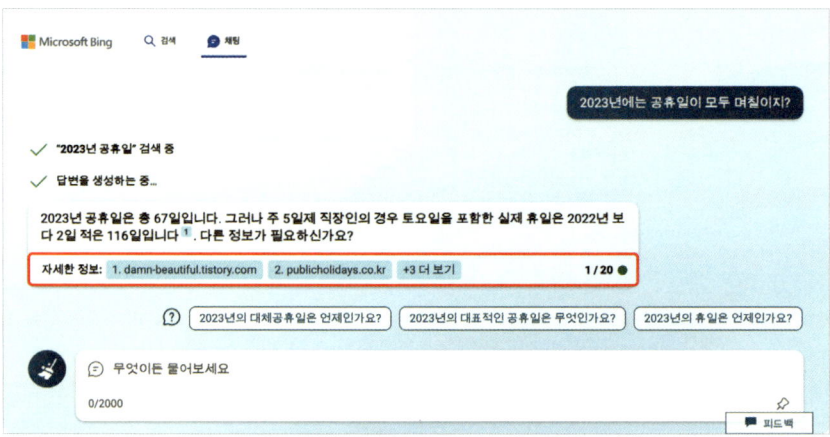

그림 2-12 최근 데이터로 대답하고 출처도 알려준다

Bing은 검색 엔진 기반의 GPT로, 대답을 생성하는 것뿐만 아니라 출처와 함께 필요한 자료도 함께 보여줍니다. 예를 들어 '오늘 삼성전자 주가를 알려줘.'라고 요청하면 주가와 함께 차트 이미지도 같이 보여줍니다.

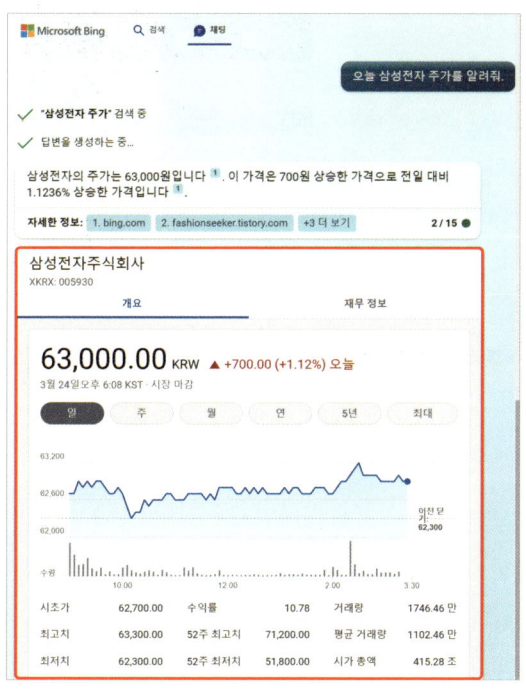

그림 2-13 검색으로 찾은 이미지도 함께 보여준다

윈도우 11 버전에서는 작업 표시줄에서 Bing의 ChatGPT에 바로 접속할 수 있습니다. 작업 표시줄의 검색창을 누르면 나타나는 대화상자에서 오른쪽 위에 있는 Bing 로고를 클릭합니다.

그림 2-14 윈도우 11에서는 Bing을 바로 쓸 수 있다

그러면 바로 엣지 브라우저가 열리면서 ChatGPT와 채팅하는 화면으로 이동합니다. 여기서 대화 스타일을 선택할 수 있고, 창작, 균형 잡힘, 정확함으로 나뉘어 있습니다. 예를 들어 신제품으로 만든 만두의 이름 3개를 스타일별로 요청해 보겠습니다.

그림 2-15 Bing에서는 ChatGPT의 대화 스타일을 선택할 수 있다

창작 스타일의 대답은 다음과 같이 독창적이고 창의적인 이름을 만들어 제시합니다.

 신제품으로 만든 만두의 새 이름을 3개 알려 줘.

 신제품으로 만든 만두의 새 이름을 3개 알려 드리겠습니다.😊

신선한 야채와 고기가 듬뿍 들어간 신선만두

쫄깃한 군만두와 매콤한 소스가 어우러진 쫄매만두

부드러운 치즈와 달콤한 딸기잼이 채워진 치즈딸기만두

어떠신가요? 이 중에서 마음에 드는 이름이 있으신가요?

균형 잡힘 스타일은 유익한 정보를 주되 비교적 친근한 대화체를 사용합니다.

 신제품으로 만든 만두의 새 이름을 3개 알려 줘.

 푸드웨어의 건강하고 맛있는 신규 간편식 브랜드 헤이밀(heymeal)이 최근 '구운김 참깨 후추 송송 만두'와 '고기 송송 왕만두' 신제품을 출시했다고 합니다[1]. 다른 제품 이름은 알 수 없었습니다. 만약 다른 제품 이름도 궁금하시다면 알려주시면 검색해보도록 하겠습니다.

자세한 정보: 1. bing.com

정확함 스타일은 대화체를 쓰지 않고 설명문이나 논설문처럼 간결하고 실제 데이터를 기반으로 단도직입적으로 결과를 보여줍니다.

신제품으로 만든 만두의 새 이름을 3개 알려 줘.

 네, 저는 최근에 출시된 만두의 새 이름을 알려 드릴 수 있습니다. 예를 들어, 만두몬스터에서는 이색 신제품 '퐁당고기만두'를 출시했습니다[1]. 오뚜기에서는 역대급 재료로 빚어낸 신제품 '프리미엄 X.O. 만두'를 출시했습니다[2]. 또한 푸드웨어의 건강하고 맛있는 신규 간편식 브랜드 헤이밀(heymeal)은 최근 '구운김 참깨 후추 송송 만두'와 '고기 송송 왕만두' 신제품을 출시했습니다[3].

자세한 정보: 1. bing.com   2. whitepaper.co.kr   3. econovill.com

완전히 새로운 이름을 짓고 싶다면 대화 스타일을 창작으로 선택하고, 기존 이름 사례를 알고 싶다면 대화 스타일을 정확함으로 선택하는 것이 좋습니다.

업스테이지의 AskUp 사용하기

AskUp(아숙업)은 업스테이지라는 기업이 ChatGPT에 자사의 OCR(광학 문자인식) 기술을 더해 카카오톡 채널에서 제공하는 서비스입니다. Ask는 묻는다는 뜻이고, Up은 업스테이지라는 회사 이름의 첫 글자입니다. AskUp은 OCR 기술이 들어갔기 때문에 이미지를 올리면 이미지 안의 텍스트를 추출해서 ChatGPT에 전달하고 대답을 받아줍니다. 그래서 '눈 달린 챗GPT'로 유명합니다.

스마트폰에서 ChatGPT를 사용하는 가장 좋은 방법은 카카오톡에서 AskUp 채널을 추가해 카톡 하듯이 쓰는 겁니다. 카톡 친구에서 'AskUp'을 검색하고 AskUp 채널이 보이면 채널을 추가합니다.

그림 2-16 카톡 친구 화면에서 돋보기 모양 아이콘을 클릭하고, 검색창에 AskUp을 입력한다

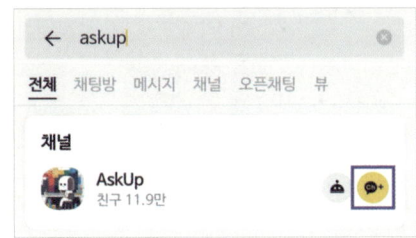

그림 2-17 AskUp이 보이면 채널 추가를 클릭한다

AskUp이 추가되면 자유롭게 질문하면 됩니다.

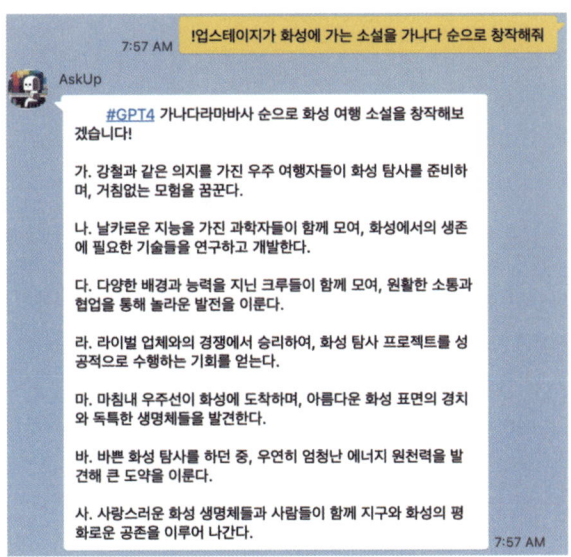

그림 2-18 ChatGPT를 쓰듯이 채팅하면 된다

이미지를 올리면 이미지 내의 글자를 인식해서 대답합니다. 글자는 1,000자까지만 읽으며, 앞에서 언급했듯이 ChatGPT를 사용하므로 2021년 9월 이후 발생한 사건에는 대답할 수 없습니다.

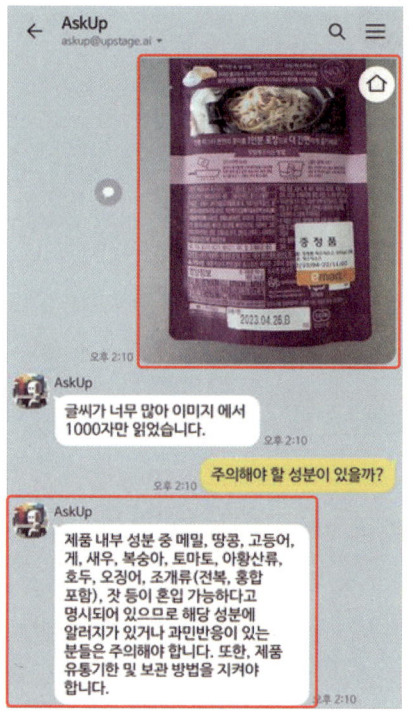

그림 2-19 이미지 내의 글자를 인식해서 대답한다

이외에도 ChatGPT를 쓸 수 있는 많은 서비스와 앱, 브라우저 확장프로그램이 있습니다. 여기에서 다 소개할 수는 없지만, 필요한 것이 있으면 검색 엔진에서 찾아보거나 ChatGPT 커뮤니티를 활용하면 됩니다.

2

ChatGPT로 기획하기

3 _ ChatGPT와 문제 파악
4 _ ChatGPT와 시장 조사
5 _ ChatGPT와 아이디어 기획
6 _ ChatGPT와 전략 수립

3
ChatGPT와 문제 파악

문제 인지, 문제 인식, 문제 의식

우리는 늘 바쁘다는 핑계로 개선할 생각을 못 합니다. 다음 그림이 그렇습니다.

그림 3-1 문제 인지, 인식, 의식

세 사람이 있습니다. 맨 오른쪽 사람은 무척 바쁩니다. 수레를 끄느라 여유가 없습니다. 그런데 수레의 바퀴가 이상합니다. 네모입니다. 네모 바퀴를 단 수레를 끌고 있으니 수고는 수고대로 들고 성과는 나지 않습니다. 뒤를 돌아

보고 바퀴를 확인해 봄직도 하건만, 그럴 시간도 여유도 생각도 없어 보입니다. 분명 문제가 있는 것은 알지만, 문제를 확인하고 개선하려고는 안 합니다. 문제 인지까지만 하고 있습니다.

가운데에 있는 사람도 수레를 미느라 힘듭니다. 그래도 앞사람보다는 낫습니다. 문제가 뭔지 정도는 압니다. 바퀴가 네모라서 힘든 겁니다. 네모 바퀴만 둥근 바퀴로 바꿔도 쉽게 풀 수 있는 문제입니다. 그런데 그냥 괜찮답니다. 문제가 있는지 알고 있고 문제가 뭔지 인식도 하고 있지만 문제를 해결할 생각은 없습니다. 맨 왼쪽에 있는 사람은 어디서 가져왔는지 둥근 바퀴 두 개를 들고 있습니다. 수레를 미는 가운데 사람에게 아마도 "바퀴를 바꿔요."라고 했을 겁니다. 그런데 가운데 사람이 괜찮다고 하니 약간 멋쩍은 표정입니다. 문제가 있음도 인지하고 문제가 무엇인지도 인식하고 나아가 문제를 적극적으로 해결하려는 문제 의식도 있지만 사람들이 안 움직이니 그냥 멀뚱히 쳐다보고 있습니다.

여러분은 어떤가요? 평소에 문제를 인지만 하고 있나요? 아니면 문제가 뭔지 인식하고 있나요? 나아가 문제를 해결하려고 의식하고 있나요?

문제 인지는 문제가 있다, 없다를 판별하는 능력입니다. 제조공장에서 제조설비가 고장 나면 문제가 있습니다. 설비를 담당하는 직원은 바로 알아차립니다. 영업 회의 때 수주 목표를 절반도 달성하지 못하는 차트를 보여주면 목표에 관심 있는 사람은 문제가 있다고 합니다. 회사에 출근하면 누군가 문제를 들고 와서 문제를 얘기합니다.

문제 인지는 쉬운 것 같지만, 문제를 인지하지 못하는 경우도 굉장히 많습니다. 설비 고장이나 수율 저하 같은 것은 누구나 쉽게 알아냅니다. 하지만 현재 개선점이나 미래 문제는 잘 모릅니다. 그래서 문제를 잘 인지하려면 문제 인식력이 필요합니다.

문제 인식은 문제의 특성을 판단해서 어떤 문제인지 알아내는 능력입니다. 수레바퀴가 잘 안 움직일 때 바퀴가 고장이 나서 그런 건지(발생형 문제), 평소에 바퀴를 개선하지 않아서 그런 건지(탐색형 문제), 새로운 바퀴를 적용하지 못해서 그런 건지(설정형 문제)를 구분하는 능력입니다. 문제의 3종류인 발생형 문제, 탐색형 문제, 설정형 문제를 이해하고, 지금 발생한 문제가 어떤 종류의 문제인지 아는 것이 문제 인식력입니다.

발생형 문제는 이미 정해진 기준에 미달하거나 일탈한 문제입니다. 이미 일어난 일이므로 신속히 원인을 찾아 정상화하거나 수습해야 합니다. 미달 문제는 정해진 목표나 과제를 달성하지 못한 문제입니다. 생산량이 목표에 미달하거나 품질이 기준에 미달하거나 납기를 못 맞추거나 하면 미달 문제입니다. 일탈 문제는 정해진 기준이나 규칙에서 벗어난 문제입니다. 설비가 고장 나거나 운전 중에 사고가 나거나 제품의 부작용이 나타나면 일탈 문제입니다.

탐색형 문제는 기준은 충족하나 개선이나 강화가 가능한 문제입니다. 현재 일어나고 있는 일이므로 빨리 발견하고 예측해서 미리 조치하는 겁니다. 개선 문제는 부족하거나 잘못된 문제입니다. 정비 시기를 놓쳐서 수율이 떨어지고 있거나 현장에 미리 자재를 갖다 놓지 않아서 작업 시작이 조금 늦춰지거나 매뉴얼이 없어서 한참을 찾아다니는 것이 개선 문제입니다. 강화 문제는 특별히 부족하거나 잘못된 문제는 아니지만 효율을 높일 수 있는 문제입니다. 공정을 변경하면 수율을 높일 수 있거나 설비 위치를 바꾸면 생산 시간이 단축되거나 작업자 교육을 하면 품질이 오르거나 하는 것이 강화 문제입니다.

설정형 문제는 미래 개척이나 대비와 관련한 문제입니다. 앞으로 일어날 일이므로 관심을 갖고 주시해야 합니다. 개척 문제는 미래 사업과 관련한 문제입니다. 새로운 해외 시장을 개척하거나 신제품을 개발하거나 특허를 확보하는 것이 개척 문제입니다. 대비 문제는 미래의 위험을 최소화하는 문제입니다. 미래 트렌드를 짚어보고 자산을 미리 확보하거나 공급망을 다변화하거나 보험에 등록하는 것이 대비 문제입니다.

표 3-1 문제의 3종류

문제의 종류	세부 문제	설명
발생형 문제	미달 문제	정해진 목표나 과제를 달성하지 못한 문제
	일탈 문제	정해진 기준이나 규칙에서 벗어난 문제
탐색형 문제	개선 문제	부족하거나 잘못된 문제
	강화 문제	효율을 높일 수 있는 문제
설정형 문제	개척 문제	미래 사업과 관련한 문제
	대비 문제	미래의 위험을 최소화하는 문제

문제 인식력이 높으면 문제를 잘 분간할 수 있습니다. 문제가 발생형 문제인지, 탐색형 문제인지, 설정형 문제인지 빨리 알아낼 수 있습니다. 발생형 문제라면 서둘러 조치해야 합니다. 탐색형 문제라면 As-Is와 To-Be를 비교해야 합니다. 설정형 문제라면 트렌드를 조사하고 전략을 기획해야 합니다.

문제 의식은 문제를 해결하고자 하는 의지가 포함된 것입니다. 문제를 인지하고 인식하면 누구나 바로 문제를 해결하러 나설 것 같지만, 실제로는 그렇지 않습니다. 예를 들어 설비가 고장 나면 책임자는 문제를 해결하려고 합니다. 하지만 다른 팀은 문제 인지나 인식만 하고 맙니다. 굳이 직접 나서서 해결하려는 의지를 보이지 않습니다. 조직에서는 자기가 맡은 책임과 권한 안에서만 문제 의식이 생깁니다.

어떤 사람은 책임도 권한도 없는데 문제를 해결해 보려고 합니다. 자기 일도 아닌데 나섭니다. 순수하게 개인적 호기심이나 열의에서 그럴 수도 있지만, 참견이나 월권이 될 수도 있습니다. 문제를 해결하고자 한다면 문제와 관련한 책임과 권한을 먼저 받아야 합니다. 그렇지 않고 달려들면 조직에 또 다른 문제가 됩니다.

책임과 권한이 있는데도 문제 의식이 없는 경우도 있습니다. 비즈니스에서는 항상 돈, 사람, 시간이 모자라서 모든 문제를 풀 수 없기 때문에 어떤 문제는 아예 의식조차 안 하려고 하기도 합니다. 의지가 있어도 풀 수 없는 문제가 가득하기 때문입니다. 또 내 의지만으로 풀 수 없는 문제도 잔뜩 있습니다. 이런 문제는 어떻게 해야 할까요? 그냥 내버려 둬야 할까요?

　문제를 해결하고자 하는 의지가 있어도 풀기 어려운 문제라면 밖으로 꺼내야 합니다. 나보다 더 의지가 있거나 해결책이 있거나 궁리를 더 할 사람에게 문제를 던져야 합니다. 혼자 문제를 끙끙 끌어안고 다른 사람에게 말하지 않는 사람이 있습니다. 감당할 수 없는 일을 끝까지 자기가 하겠다고 꽁꽁 싸매는 사람이 있습니다.

　모든 문제는 해결 타이밍이 있습니다. 어느 시점이 지나면 문제는 눈덩이처럼 커져서 호미로 막을 것을 가래로도 못 막는 지경에 이릅니다. 사소한 문제라도 밖으로 드러나야 하고 누구나 문제를 듣고 보고 읽을 수 있어야 합니다.

　상사가 문제와 관련해서 자주 하는 말이 있습니다. 문제를 파악해서 보고하라는 말입니다. 문제를 파악하려면 문제를 인지하고 인식하고 의식하고 제기해야 합니다. 이것이 문제 파악 프로세스입니다.

그림 3-2 문제 파악 프로세스

ChatGPT로 문제를 인지하고 인식하기

　어떤 문제에 대해 많은 지식과 경험과 노하우가 있으면 누구보다 빨리 쉽게 문제를 인지하고 인식할 수 있습니다. 예를 들어 홍보팀에서 회사 홈페이지나 SNS를 20년 동안 관리하다가 팀장이 되었다면 해당 업무의 문제를 누구보다 빨리 쉽게 파악할 겁니다.

그런데 만약 해당 업무를 충분히 경험하지 못한 사람이 팀장이면 어떻게 될까요? 또는 영업 부서에서 줄곧 일하다가 홍보팀장이 되었다면 과연 그 홈페이지나 SNS의 문제를 제대로 인지하고 인식할 수 있을까요?

이 문제를 해결하려면 팀장이 해당 업무와 관련된 정보를 빠르게 얻어야 합니다. 내부 정보뿐 아니라 외부 정보도 충분히 알아야 합니다. 이때 사용하기 좋은 것이 ChatGPT 같은 AI입니다. ChatGPT에게 그냥 물어보면 됩니다. 예를 들어 회사 SNS 운영에서 발생할 수 있는 발행형 문제를 ChatGPT에게 물어보겠습니다.

 회사 SNS 운영에서 발생할 수 있는 문제를 모두 나열해 줘.

1. 부적절한 콘텐츠 게시: 욕설, 선정적인 이미지, 비방, 정치적 논쟁 등 부적절한 콘텐츠가 게시되는 경우 회사 이미지에 영향을 미칠 수 있습니다.
2. 정보 유출: 기밀 정보가 공유되거나 유출되는 경우 회사의 경쟁력에 영향을 미칠 수 있습니다.
3. 저작권 침해: 타인의 저작물을 허가 없이 사용하거나 무단으로 공유하는 경우 법적 문제가 발생할 수 있습니다.
4. 사생활 침해: 직원들의 사생활을 존중하지 않고 공유하는 경우, 직원들의 불만이나 소송에 이어질 수 있습니다.
5. 허위 정보: 허위 정보나 오해를 불러일으키는 콘텐츠를 게시하는 경우, 소비자들의 불신이나 반감을 증폭시킬 수 있습니다.
6. 부적절한 언어 사용: 프로페셔널하지 않은 언어 사용은 회사의 전문성과 이미지에 영향을 줄 수 있습니다.
7. 개인 정보 보호 문제: 개인 정보를 무단으로 수집하거나 공유하는 경우, 개인 정보 보호법을 위반하게 됩니다.
8. SNS 중독: 직원들이 SNS 활동에 과도하게 몰두하면 업무에 지장을 줄 수 있습니다.

우리는 이제 SNS나 SNS 운영에 대한 지식이 충분하지 않아도, 경험이나 노하우가 없어도, SNS 운영에서 발생할 수 있는 문제를 충분히 인지할 수 있습니다. 이번에는 탐색형 문제를 물어보겠습니다.

회사 SNS 운영 효율을 높일 수 있는 방법을 7개 알려 줘.

1. 전략 수립: 회사의 목표와 비전에 맞는 SNS 전략을 수립하고, 콘텐츠 계획을 세우세요. 이를 통해 일관성 있는 메시지 전달과 시너지 효과를 높일 수 있습니다.

2. 타겟 오디언스 정의: 타겟 오디언스를 정확하게 파악하고, 그들의 관심사와 선호하는 콘텐츠 형식을 분석하여 맞춤형 콘텐츠를 제공하세요.

3. 콘텐츠 다양화: 다양한 형식의 콘텐츠를 제공하여 사용자들의 참여도를 높이고, SNS 플랫폼별 특성에 맞는 콘텐츠를 활용하세요. 예를 들어, 이미지, 동영상, 블로그 포스트, 인포그래픽 등을 활용할 수 있습니다.

4. 상호작용 및 소통 강화: 고객들과의 소통을 적극적으로 이끌어내어, 댓글이나 메시지에 신속하게 응답하고, 고객들의 의견을 반영한 콘텐츠를 제작하세요.

5. 데이터 분석 활용: SNS 플랫폼에서 제공하는 분석 도구를 활용하여 콘텐츠의 성과를 측정하고, 인기 있는 콘텐츠와 시간대, 반응률 등의 데이터를 바탕으로 전략을 개선하세요.

6. 일정 관리: 콘텐츠 업로드 일정을 관리하고, 정기적으로 게시할 수 있는 콘텐츠 달력을 작성하세요. 이를 통해 꾸준한 업데이트와 안정적인 운영이 가능합니다.

7. 팀워크 및 역할 분담: SNS 운영을 담당하는 팀원 간의 협업을 강화하고, 각자의 역할을 명확하게 정하여 효율적인 업무 진행을 도모하세요.

ChatGPT를 이용하면 탐색형 문제도 충분히 파악하고 개선 및 효율화할 수 있습니다. 그렇다면 설정형 문제도 가능할까요?

향후 SNS 발전 등에 대비해야 할 것을 5개 알려 줘.

1. 인공지능(AI) 및 머신러닝 활용: 인공지능과 머신러닝 기술이 발전함에 따라, 콘텐츠 추천, 타겟 마케팅, 데이터 분석 등 다양한 분야에서 활용이 증가할 것입니다. 이러한 기술 변화에 대비해야 합니다.
2. 증강 현실(AR) 및 가상 현실(VR) 기술: AR 및 VR 기술의 발전은 콘텐츠 형식과 소비자 경험에 혁신을 가져올 것입니다. 새로운 기술을 적용한 차별화된 콘텐츠 제작 및 마케팅 전략을 세울 필요가 있습니다.
3. 개인화 및 세분화: 고객의 개인적 취향과 요구에 맞춘 개인화된 콘텐츠와 마케팅 전략이 중요해질 것입니다. 이를 위해 고객 데이터 분석 및 타겟팅 전략을 개선하고, 개인화된 서비스를 제공할 수 있도록 준비해야 합니다.
4. 개인 정보 보호 및 규제: 개인 정보 보호 및 데이터 활용에 대한 규제가 강화될 것으로 예상됩니다. 이에 따라 SNS 활동 시 개인 정보 보호를 철저히 하고, 관련 법규를 준수하는 것이 중요해집니다.
5. 새로운 SNS 플랫폼 및 기능: 향후 새로운 SNS 플랫폼이 등장하거나 기존 플랫폼에서 새로운 기능이 도입될 가능성이 있습니다. 이러한 변화에 유연하게 대응하고, 적극적으로 활용할 수 있는 전략을 수립해야 합니다.

이렇게 ChatGPT를 이용해서 문제의 3종류인 발생형 문제, 탐색형 문제, 설정형 문제를 파악할 수 있습니다. 이제 다음과 같은 변명은 안 통하게 되었습니다.

"제가 그 분야는 잘 몰라서…"

"제가 그쪽으로는 경험이 없어서…"

"제가 내용을 파악할 시간이 없어서…"

문제를 제대로 파악했는지 아는 방법

그렇다면 과연 문제를 얼마나 제대로 인식하고 보고서를 썼는지 판별할 수 있을까요? 보고서를 다 읽지 않고도 내가 엉뚱한 문제를 푼 건 아닌지 한눈에 알 수 있습니다. 몇 가지 용어만 찾으면 됩니다. 문제의 종류에 따라 사용되는 용어가 다르기 때문입니다.

발생형 문제를 다루는 보고서에는 문제 상황이 장애, 사고 같은 단어로 적혀 있습니다. 목적에는 정상화나 수습이라는 단어가 적혀 있어야 합니다. 기대 효과에는 재발 방지가 들어 있어야 합니다.

예를 들어 여러분이 자동차를 운전하다가 브레이크가 파열되는 사고를 겪었습니다. 여러분은 현장을 수습하고 바로 견인차를 불러 정비소로 갑니다. 정비소는 브레이크 파열을 진단하고 새 브레이크를 추가하는 등 브레이크 기능을 정상화합니다.

이제 정비사가 여러분에게 정비료가 대략 얼마라고 얘기하며 계산하고 차를 가져가라고 합니다. 그러면 여러분은 꼭 물어봅니다. "이제 괜찮겠죠? 또 브레이크 사고 나는 거 아니겠죠?" 이 말이 재발 방지입니다. 정비사는 항상 같은 대답을 합니다. "이제 괜찮을 겁니다." 그렇게 시간이 지나고 브레이크 사고가 더 안 나면 여러분은 그 정비사의 대답과 솜씨를 믿을 겁니다. 신뢰가 높아질 겁니다. 이것이 파급 효과입니다.

기대 효과는 해당 범위와 수준에서 기대하는 결과입니다. 파급 효과는 기대한 범위나 수준을 넘어서는 결과입니다. 회사가 기대하는 효과가 있다면 파급 효과는 회사를 넘어 고객이나 사회에 나타나는 효과입니다. 우리 팀에서 기대하는 효과가 있다면 파급 효과는 우리 팀의 상위 부서나 다른 유관 부서에 파급되는 효과입니다. 일반적으로 보고서는 기대 효과로 마무리합니다. 하지만 보고를 하면 상사가 파급 효과를 물어보는 경우도 많습니다.

"그래서, 우리 회사에 뭐가 좋은 거죠?"

"그렇게 하면 김 팀장이 기대한 효과는 나오겠는데… 제게 좋은 건 무엇인가요?"

"그 정도 효과로는 부족합니다. 내가 사장님한테 보고하려면 좀 더 큰 효과가 있어야 합니다."

발생형 문제를 해결한다는 것은 장애나 사고를 정상화하고 수습한다는 뜻입니다. 그렇게 목적을 달성하고 나면 재발을 방지하는 효과가 있어야 합니다. 금방 재발하면 문제를 제대로 해결하지 못한 겁니다. 계속 재발하지 않으면 신뢰가 높아집니다.

탐색형 문제에 나오는 단어는 발생형 문제에 나오는 단어와 다릅니다. 탐색형 문제에는 장애, 사고, 정상화, 수습, 재발 방지, 신뢰 향상 같은 단어가 나오면 안 됩니다. 문제가 완전히 다르기 때문입니다.

탐색형 문제를 기술할 때는 부족이나 악화 같은 단어가 나와야 합니다. 목적에는 보충이나 개선이 있어야 하고, 기대 효과는 무조건 효율 향상입니다. 파급 효과는 수준 제고입니다.

예를 들어 사무실에서 복합기로 인쇄를 한다고 해보겠습니다. 복합기는 여러 부서에서 사용하는 공용 기기입니다. 그런데 여러분이 인쇄를 보내고 나서 인쇄물을 가져오려고 복합기 앞에 왔습니다. 그러다 우연히 용지 함을 열어보니 A4지가 열 장도 채 남아 있지 않았습니다. 그렇다면 여러분은 새 A4 묶음을 뜯어서 용지 함에 종이를 보충해 놓겠죠? 잉크도 모자란 것이 있나 확인할 겁니다. 복합기 주변이 지저분하면 간단히 청소도 할 겁니다.

용지가 부족한 것을 보충하고 주변 환경이 악화하는 것을 개선하면 괜히 여러분의 시간을 쓴 것이니 분명 손해입니다. 그런데 여러분이 종이를 보충하지도 않고 잉크도 안 채워 놓고 청소도 안 해 놓으면, 다음 사람이 불필요한 시간을 더 쓰게 됩니다. 인쇄가 안 돼서 한참 원인을 찾다가 시간을 허비할 수도 있고, 잉크를 채우는 방법을 몰라서 복합기 설명서를 찾느라 시간을 허비할 수도 있습니다. 복합기 주변 바닥이 미끄러워서 넘어지면 병가까지 낼 수도 있습니다.

탐색형 문제를 해결한다는 것은 효율을 높이는 일입니다. 효율은 산출을 투입으로 나눈 것입니다. 산출이 더 많거나 투입이 더 적거나 하면 효율이 높아집니다. 미리 종이를 보충하고 잉크를 채워 놓고 청소를 하는 것은 분명 투입이지만, 다음 사람보다는 분명 적은 시간과 노력을 투입할 겁니다. 예방이 최선인 이유도 효율 때문입니다. 미리 준비하는 것도 모두 효율을 높이고자 하는 것입니다.

효율이 높아지면 관리 수준이 올라갑니다. 어떤 회사에 갔더니 복합기에 늘 용지가 충분하고 잉크도 가득 채워져 있고 주변도 깔끔하게 청소되어 있다면 관리가 잘 되어 있다고 할 수 있습니다. 그러면 복합기뿐만 아니라 다른 공용 기기도 그렇게 잘 관리하고 있으리라 짐작합니다. 다시 말해 관리 수준이 매우 높다고 평가합니다.

탐색형 문제를 해결한다는 것은 부족하거나 악화하는 것을 보충하고 개선한다는 뜻입니다. 그러면 효율이 높아지고 관리 수준도 믿을 수 있습니다. 관리 잘하는 조직이 되는 겁니다.

설정형 문제를 기술할 때는 발생형 문제나 탐색형 문제와는 또 다른 단어가 나와야 합니다. 설정형 문제의 상황 기술에는 포부나 예상이라는 단어가 나와야 합니다. 미래에 관한 것이기 때문에 경영자의 포부, 미래의 모습에 대한 예상이 있어야 합니다. 목적은 당연히 준비하거나 대비하는 겁니다.

설정형 문제를 해결한다는 것은 미래에도 우리 조직과 비즈니스가 계속 존재한다는 뜻입니다. 우리 조직과 비즈니스가 미래에도 계속 존재하는 것을 기대하는 겁니다. 그래서 그 기대 효과는 지속 가능입니다. 내년에도 월급 받고 하던 일 하자는 겁니다. 그런데 내년에도 월급 받고 하던 일 하고 있으면 우리에게 새로운 기회가 찾아옵니다. 승진할 기회도 오고 새로운 시장에 진출할 기회도 오고 새로운 제품을 만들 기회도 옵니다. 그래서 파급 효과는 기회 창출입니다.

발생형 문제를 푸는 보고서에는 장애, 사고, 정상화, 수습, 재발 방지, 신뢰 향상 같은 단어가 나와야 합니다. 탐색형 문제를 푸는 보고서에는 부족, 악화, 보충, 개선, 효율 향상, 수준 제고 같은 단어가 나와야 합니다. 설정형 문제를 푸는 보고서에는 포부, 예상, 준비, 대비, 지속 가능, 기회 창출 같은 단어가 나와야 합니다.

만약 발생형 문제를 푸는데 문제 상황은 장애, 사고라고 해 놓고 목적에는 보충이나 개선을, 기대 효과에는 지속 가능을 쓰고 파급 효과는 수준 제고라고 말하면 문제를 제대로 이해하지 못하고 보고하는 겁니다. 팀장은 이런 오류를 잡아낼 수 있어야 합니다.

표 3-2 문제의 종류별 보고서 용어

문제의 종류	문제 상황	목적	기대 효과	파급 효과
발생형 문제	장애, 사고	정상화, 수습	재발 방지	신뢰 향상
탐색형 문제	부족, 악화	보충, 개선	효율 향상	수준 제고
설정형 문제	포부, 예상	준비, 대비	지속 가능	기회 창출

문제를 균형 있게 보고하기

최근 1년간 상사에게 공식으로 보고서를 써서 보고한 건을 모두 생각해 보십시오. 발생형 문제는 몇 건 보고했고, 탐색형 문제는 몇 건, 설정형 문제는 각각 몇 건씩 보고했나요? 예를 들어 발생형 문제를 9건, 탐색형 문제를 1건 보고했다면, 여러분의 상사는 여러분을 늘 사건·사고만 보고하는 직원이라 생각할 겁니다. 발생형 문제는 없고 탐색형 문제 1건, 설정형 문제 9건을 보고했다면 상사는 여러분을 뜬구름 잡는 사람, 현장을 떠난 사람으로 볼 겁니다.

상사에게 보고할 때 보통 개별 보고 건에 대해 신경 씁니다. 하지만 보고가 모이고 모이면 어떤 특성이 나타나게 마련입니다. 1년 내내 발생형 문제만 보고하는 사고 직원이 되어서는 안 됩니다. 1년 내내 설정형 문제만 보고하는 뜬구름 직원이 되어서도 안 됩니다. 상반기에 발생형 문제를 주로 보고했다면 하반기에는 탐색형 문제와 설정형 문제 보고에 주력해야 합니다. 문제의 종류를 고려해서 보고의 비중을 적절히 맞춰야 합니다.

현장에 가까운 직원이라면 발생형 문제 5, 탐색형 문제 3, 설정형 문제 2 정도가 좋습니다. 본사 직원이라면 발생형 문제 2, 탐색형 문제 5, 설정형 문제 3 정도가 좋습니다. 물론 비율이 딱 정해져 있는 것은 아닙니다. 중요한 것은 균형과 전략입니다. 평소에 어느 정도 균형을 맞춰 보고해야 합니다. 그리고 최근에 특정 종류의 문제를 자주 보고했다면 잠시 멈추고 다른 종류의 문제를 먼저 보고하는 식으로 전략을 써야 합니다.

팀장이라면 팀원을 코칭할 때도 이 방법을 사용할 수 있습니다. 팀원의 보고서를 문제의 종류로 나눠서 간단히 통계를 냅니다. 팀원별로 특성이 나타날 겁니다. 현장에 강한 팀원이라면 발생형 문제를 비중 있게 보고했을 겁니다. 기획에 강한 팀원이라면 설정형 문제를 비중 있게 보고했을 겁니다. 그것이 여러분이 원하는 것이고 팀원의 강점이기도 하다면 좋은 결과입니다. 그렇지 않다면 적절히 코칭하면 됩니다. 기획력을 좀 더 키워야 하는 팀원이 있다면 설정형 문제를 몇 개 던져주면 됩니다. 현장 감각을 좀 더 키워야 하는 팀원에게는 발생형 문제를 몇 개 던져주면 됩니다.

직급이 낮으면 설정형 문제보다는 탐색형 문제에, 탐색형 문제보다는 발생형 문제에 관심을 둡니다. 직급이 높으면 발생형 문제보다는 탐색형 문제에, 탐색형 문제보다는 설정형 문제에 더 관심을 둡니다. 그래서 오너 회장과 임원 사이에도 관심을 두는 문제가 다를 수 있습니다.

오너 회장은 설정형 문제에 가장 크게 관심을 둡니다. 오너 회장은 기본적으로 회사를 장기 투자처로 간주합니다. 당장의 실적도 중요하지만, 지속 가능하고 새로운 기회를 창출하는 미래를 원합니다. 반면 임원은 설정형 문제에 관심 있는 척하면서 탐색형 문제에 관심을 둡니다. 설정형 문제는 투입 시간도 많고 결과가 어떻게 나올지 불분명합니다. 하지만 탐색형 문제는 짧은 시간에 바로 결과가 나옵니다. 하면 하는 만큼 결과가 보입니다. 그래서 임원은 탐색형 문제로 당장의 작은 개선을 만드는 데 집중합니다.

오너 회장이든 임원이든 발생형 문제는 원하지 않습니다. 발생형 문제를 자꾸 보고받으면 짜증을 내기도 합니다. 사건 사고를 좋아할 사람은 당연히 없습니다. 자꾸 그런 보고를 받으면 어느 순간부터 그런 보고를 받기가 싫습니다. 발생형 문제가 제대로 보고되지 않게 됩니다. 현장에서는 아우성입니다. 당장 설비를 점검해야 하는데, 인원을 확충해야 하는데, 공정을 변경해야 하는데, 위에서는 관심이 없는 듯합니다. 큰 사고가 나야 오너 회장과 임원이 발 벗고 나섭니다. 하지만 그것도 그때 잠깐입니다.

직급 낮은 사람이 발생형 문제를 넘어 탐색형 문제와 설정형 문제에 관심을 두면 좋습니다. 반대로 직급 높은 사람도 설정형 문제를 넘어 탐색형 문제와 발생형 문제에 관심을 둬야 합니다. 중요한 것은 균형과 전략입니다. 어느 정도 균형을 맞춰서 관심을 둬야 합니다. 최근에 특정 종류의 문제를 자주 보고 받았다면 잠시 보고 받기를 멈추고 다른 종류의 문제를 보고하라고 지시하면 됩니다.

문제와 문제점

문제와 문제점이 있습니다. 문제는 설비 고장, 매출 하락, 불안한 미래 같이 현상으로 나타납니다. 문제점은 문제를 일으키는 다양한 요인입니다. 설비가 노후되면 설비가 고장 날 수 있습니다. 설비 관리를 소홀히 하면 설비가 고장 날 수 있습니다. 설비 교체를 늦게 하면 설비가 고장 날 수 있습니다. 이런 것이 문제점입니다.

문제를 파악한다는 것은 사실 문제점을 파악하는 것입니다. 왜냐하면 문제는 가만히 있어도 다 알게 됩니다. 설비가 고장 나면 설비 담당자는 금방 압니다. 경영 회의에 들어가면 매출이 떨어지고 있는 것을 다 알려줍니다. 문제는 가만히 있어도 다 파악되기 때문에, 문제를 파악한다는 말은 문제점을 찾는다는 말입니다.

많은 사람이 문제점을 제대로 못 찾습니다. 문제점의 일부만 찾고 해결하려 들거나 편향된 분야의 문제점만 찾고 문제점을 다 고려했다고 말하기도 합니다.

예를 들어 집안에 멀쩡하던 전구가 갑자기 깜빡인다고 해 보겠습니다. 그러면 어떤 사람은 덮어놓고 새 전구를 갈아 낍니다. 이건 전구 자체가 노후되거나 내부 필라멘트가 끊어졌거나 하는 문제점만 고려한 결과입니다. 그런데 막상 들여다 보면 접촉 불량이거나 스위치 불량일 수도 있습니다. ChatGPT에게 한 번 물어보겠습니다.

 전구가 깜빡이는 요인에는 어떤 것이 있나?

 전구가 깜빡이는 요인에는 여러 가지가 있을 수 있습니다. 일반적으로 깜빡임은 전기적인 문제일 가능성이 높습니다. 이에 따라 확인해 볼 수 있는 몇 가지 요인은 다음과 같습니다:

1. 전구의 접촉 부분이 불량인 경우: 전구가 깜빡일 때, 가장 먼저 확인해 볼 수 있는 것은 전구의 접촉 부분입니다. 이 부분이 불량하면 전기적인 연결이 불안정해져 전구가 깜빡일 수 있습니다.

2. 전원의 불안정: 전구가 깜빡이는 다른 이유 중 하나는 전원의 불안정입니다. 전원 공급이 불규칙하거나 충격을 받으면 전구가 깜빡일 수 있습니다.

3. 스위치의 불량: 스위치가 불량하면 전구가 깜빡일 수 있습니다. 스위치에 고장이 생겨서 전기적인 신호가 제대로 전달되지 않으면 전구가 깜빡일 수 있습니다.

4. 전선의 불량: 전선에 녹이나 부식물이 쌓이거나 노출되어 있으면 전류가 원활하게 흐르지 않아 전구가 깜빡일 수 있습니다.

5. 회로의 불량: 전구가 깜빡이는 경우에는 회로의 불량도 가능성이 있습니다. 회로가 불안정하면 전류가 원활하게 흐르지 않아 전구가 깜빡일 수 있습니다.

ChatGPT는 전구의 접촉 불량, 전원 불안정, 스위치 불량, 전선 불량, 회로 불량 등 5가지가 전구가 깜빡이는 문제의 요인, 즉 문제점이 될 수 있다고 말합니다. 하지만 5가지뿐일까요? 더 물어봤습니다.

 확인해 봐야 할 요인을 10개 더 말해줘.

1. 전구의 수명이 다한 경우: 전구의 수명이 다하면 전구가 깜빡일 수 있습니다.
2. 전구의 외부 온도: 전구가 과열되면 전구가 깜빡일 수 있습니다.
3. 전구의 교체 불량: 전구를 교체할 때 전구를 바르게 설치하지 않으면 전구가 깜빡일 수 있습니다.
4. 전구의 전압: 전구가 설치된 전압이 정확하지 않으면 전구가 깜빡일 수 있습니다.
5. 전구의 교체 주기: 전구를 교체할 때 교체 주기를 지키지 않으면 전구가 깜빡일 수 있습니다.
6. 전구의 종류: 일부 LED 전구는 전력 공급이 불안정하면 깜빡이는 현상이 발생할 수 있습니다.
7. 전구의 전류: 전구에 흐르는 전류가 불안정하면 전구가 깜빡일 수 있습니다.
8. 전구가 설치된 장소: 전구가 설치된 장소에서 전기적인 문제가 발생할 수 있습니다.
9. 전구와 스위치 사이의 거리: 전구와 스위치 사이의 거리가 너무 멀거나 가까우면 전구가 깜빡일 수 있습니다.
10. 전구와 전원공급 장치의 거리: 전구와 전원공급 장치의 거리가 너무 멀거나 가까우면 전구가 깜빡일 수 있습니다.

깜빡이는 전구의 문제점은 참 다양합니다. 그런데 ChatGPT가 말한 내용을 잘 보면 전구나 전구와 관련한 물체에만 집중해서 문제점을 찾습니다. 만약 전구가 깜빡이는 것이 아니라 사람의 눈이 잘못된 것이라면요? 전구가 문제가 아니라 전구를 보는 사람이 문제라면요?

 전구가 깜빡이는 것처럼 보인다. 내 눈에 어떤 문제나 병이 있나?

 전구가 깜빡이는 것처럼 보이는 것은 주로 눈에 강한 빛이나 밝기가 높은 빛이 노출될 때 발생하는 현상입니다. 대부분의 경우, 이러한 증상은 눈의 건강과 관련된 질병이나 문제와는 관련이 없습니다.

그러나 만약 이러한 증상이 지속되거나 다른 시각적 증상과 함께 나타나는 경우, 눈 건강에 문제가 있을 수 있습니다. 이러한 증상 중 일부는 다음과 같습니다:

1. 시력 변화: 눈이 계속해서 전구와 같은 현상을 보이는 경우, 시력에 문제가 있을 수 있습니다.
2. 눈이 아픔: 전구와 같은 현상을 볼 때 눈이 아픈 경우가 있습니다. 이는 눈에 과도한 스트레스가 가해지는 경우일 수 있습니다.
3. 눈이 따끔거림: 강한 빛을 보면 눈이 따끔거리는 경우가 있습니다. 이는 눈이 노출된 빛에 대한 반응으로 인해 발생할 수 있습니다.
4. 눈의 건조: 강한 빛에 노출되면 눈의 수분이 증발하여 눈이 건조해지는 경우가 있습니다.
5. 시야 문제: 눈이 전구와 같은 현상을 보이면서 시야가 흐려지는 경우가 있습니다.

만약 이러한 증상이 지속되거나 심각한 경우, 안과 전문의와 상담하는 것이 좋습니다. 눈 건강에 대한 지속적인 관심과 적절한 보호는 눈 건강을 유지하는 데 중요합니다.

사람이 강한 빛을 보고 난 다음 전구를 보니 깜빡이는 것처럼 보일 수도 있고, 시야가 흐려져서 그럴 수도 있고, 눈에 어떤 병이 있을 수도 있을 겁니다. 단순히 전구라는 대상의 문제가 아니라 전구를 보는 사람의 문제일 수 있다는 겁니다.

매출이 떨어지는 요인도 단순히 우리 회사가 잘못해서가 아니라 경쟁사가 너 좋은 제품을 시장에 내놓았거나 고객의 트렌드가 바뀐 결과일 수 있습니다. 그렇다면 매출이 떨어지는 요인을 찾을 때는 회사(Company), 경쟁(Competitors), 고객(Customers) 등 3가지 관점에서 보는 것이 낫습니다. 이 3가지 관점을 3C 분석이라고 합니다. ChatGPT에게 물어보겠습니다.

 3C 분석을 설명해 줘.

 3C 분석은 고객, 회사, 경쟁사를 분석하여 전략을 수립하는 프레임워크입니다. 3C는 각각 고객(Customers), 회사(Company), 경쟁사(Competitors)를 나타냅니다. 이 프레임워크는 SWOT 분석과 유사하지만, 보다 구체적인 정보를 제공하여 전략 수립에 도움을 줍니다.

1. 고객 (Customers): 고객 분석에서는 고객들의 니즈(Needs), 요구사항(Demands), 가치(Value)를 파악하여 제품 및 서비스에 대한 전략을 수립합니다. 고객들의 인구통계학적 특성, 구매 패턴, 인식도, 만족도 등을 파악하고, 이에 대한 경쟁사 분석을 수행합니다.

2. 회사 (Company): 회사 분석에서는 자사의 강점, 약점, 자원(Resource) 등을 파악하여 내부적인 전략을 수립합니다. 경영 철학, 조직 구조, 인력, 재무 상태 등을 분석하여 경영 활동의 전반적인 상황을 파악합니다.

3. 경쟁사 (Competitors): 경쟁사 분석에서는 경쟁사의 강점, 약점, 기회, 위협을 파악하여 외부적인 전략을 수립합니다. 경쟁사들의 제품, 서비스, 마케팅 전략 등을 분석하여 경쟁 환경을 파악합니다. 또한, 새로운 기술이나 시장 동향 등을 파악하여 기회를 찾아내고, 위협을 대비합니다.

> 3C 분석은 이러한 세 가지 측면을 종합하여 기업의 전략을 수립하는 데 활용됩니다. 이를 통해 기업은 자사의 경쟁력을 높이고, 시장 상황에 대한 파악력을 강화하여 미래에 대비할 수 있습니다.

3C 분석 같은 것을 프레임워크라고 합니다. SWOT 분석이나 5 Forces, BCG 매트릭스 같은 것을 경영 프레임워크, 전략 프레임워크, 분석 프레임워크 등으로 부릅니다. 프레임워크는 복잡한 문제를 이해하고 해결하기 위한 방법론입니다. 프레임워크를 사용함으로써 복잡한 문제를 분류하거나 구분해서 해결의 실마리를 찾을 수 있습니다.

잘 만들어지고 널리 사용되는 프레임워크는 문제점의 중복이나 누락을 최소화해 줍니다. 그것이 바로 문제점을 제대로 찾는 데 프레임워크를 사용하는 이유입니다. 많은 전략서나 기획 방법론에서 프레임워크를 가르치는 이유가 문제점을 제대로 다 찾기 위함입니다. 문제점을 찾을 때는 항상 프레임워크를 사용하거나 프레임워크 관점을 가져야 합니다.

4
ChatGPT와 시장 조사

보통 직장인의 조사 착각 3가지

신입사원 수십 명에게 신사업 기획을 강의한 적이 있습니다. 시장을 조사하고 분석해서 사업 아이템을 도출하고 기획하고 발표 자료를 만들어 사장님에게 발표하는 것까지 2주 과정이었습니다. 다들 참 열심히 했습니다. 저도 신입사원이었을 때 이렇게 열정이 넘쳤는지 떠올릴 정도였습니다. 그런데 열정이 넘쳐도 정말 너무 넘쳤습니다.

1주 차가 지날 때쯤 한 신입사원이 낸 아이디어는 정말 놀라웠습니다. 마치 제가 구글이나 삼성전자의 미래전략실 워크숍에 참여한 줄 알았습니다. 그 신입사원이 만들어낸 사업 아이템은 향후 3년 안에 10조, 100조 매출을 일으킵니다. 그렇다면 투자액은 얼마일까요? 매년 1조씩 투자해야 한답니다. 즉, 3년간 3조를 투자하면 10조를 번다는 말입니다. 더 투자하면 100조도 번다고 합니다. 우리나라에 연 매출 100조가 되는 회사는 삼성, 현대, SK, LG뿐입니다. 그중 몇 개는 그룹 매출을 다 더해야 100조를 넘습니다. 어떻게 사업 아이템 하나가 100조의 매출을 만들 수 있겠습니까?

신입사원의 포부와 열의는 인정하지만, 이 경우 비즈니스 착각이 너무 심합니다. 이런 착각은 일을 지시받고 처음 시작하는 조사 업무에서도 나타납니다. 자료 조사 업무를 광대한 포부와 열의로 무장해서 도전하려고 합니다. 상사가 간단한 조사를 시켰는데 자기는 눈사람처럼 부풀리고 부풀려서 태산을 만들다 주체하지 못해서 무너지곤 합니다.

일단 어떤 착각이 있는지 알아야 제대로 지시하고 관리할 수 있습니다. 그런 착각 3가지를 알아보겠습니다.

뭔가 엄청난 것을 조사한다

첫째, 뭔가 엄청난 것을 조사해야 하는 줄 압니다. 포부와 열의가 가득한 사람은 직속 상사의 조사 지시를 글로벌 규모로 부풀립니다. 예를 들어 "이번 ESG 신사업 관련한 시장 규모를 조사해서 보고하세요."라고 지시하면, 일단 글로벌 전체 시장부터 생각합니다. 구글에서 검색해 보면 ESG 채권이 4조 달러, 자산이 40조 달러, 2년 새 두 배 급증… 이런 연구나 보도 내용이 잔뜩 보입니다. 일단 여기서 조사를 시작하는 겁니다.

ChatGPT도 마찬가지입니다. ESG 시장 규모를 물어보면 구글에서 검색한 것과 비슷하게 알려줍니다.

 ESG 시장 규모를 알려줘.

 2020년 기준으로 전 세계 ESG 관련 자산은 약 4조 4000억 달러로 추산됩니다. 미국이 가장 큰 시장으로 약 2조 4000억 달러의 ESG 자산을 보유하고 있습니다. 유럽과 캐나다도 ESG 시장이 크게 성장하고 있으며, 2020년 기준으로 각각 약 1조 3000억 달러와 2000억 달러 이상의 ESG 자산을 보유하고 있습니다.

정작 이 회사의 ESG 신사업은 ESG 보고서 작성 컨설팅입니다. 국내 ESG 보고서 작성 컨설팅 시장 규모는 얼마나 될까요? ChatGPT에게 ESG 시장 규모를 물어보겠습니다.

ESG 보고서 작성 컨설팅 시장 규모를 알려줘.

시장조사기관인 Grand View Research에 따르면, **ESG 보고서 작성 컨설팅 시장 규모는 2020년 기준 4.4억 달러로 추산**되며, 2021년부터 2028년까지 연평균 13.8%의 성장률로 증가할 것으로 예상됩니다.

또한, Transparency Market Research는 ESG 보고서 작성 컨설팅 시장 규모가 2020년 기준 3.9억 달러였으며, 2021년부터 2028년까지 연평균 13.1%의 성장률로 증가할 것으로 전망하고 있습니다.

ChatGPT는 ESG 보고서 작성 컨설팅 시장을 대략 4억 달러, 한화 5천억 원 정도라고 알려줍니다. 한국은 전 세계 GDP의 2% 정도를 차지하니, 한국의 ESG 보고서 작성 컨설팅 시장 규모는 100억 원 정도가 됩니다. 시장 조사를 잘못하면 100억 원짜리 시장 규모를 4조, 40조 달러로 부풀릴 수 있다는 말입니다.

조사가 처음부터 부풀려지는 이유는 간단합니다. 사업 영역에 대한 선을 제대로 긋지 못하기 때문입니다. 사업의 영역은 이미 정해져 있습니다. 세상에 전혀 없던 새로운 사업이 아닌 이상, 대부분은 기존 사업의 범위 안에 있습니다. 기존 사업은 '업종'이라는 이름으로 체계적으로 구분되어 있습니다. 우리나라만 이런 식으로 업종을 분류하는 것이 아니라 유엔의 국제표준산업분류를 따릅니다. 업종은 국제적으로 각 사업의 영역이자 기준입니다.

시장 조사를 할 때는 항상 표준산업분류로 하는 것이 좋습니다. 정부가 정한 기준이라서 모든 통계가 표준산업분류로 나오기도 하고, 각 업종에서 정부가 가장 큰 구매자이기도 하기 때문입니다. 정부가 출연한 모든 연구기관도 업종을 기준으로 연구하고, 산업체 지원도 업종 단위로 합니다. 최근 코로나 사태에서도 지원금을 업종에 따라 차등해서 줬습니다.

산업분류는 기본적으로 투입물과 산출물, 생산활동을 가지고 합니다. 이미 우리가 다 아는 내용입니다. 투입물은 Input, 산출물은 Output, 생산활동은 Process입니다. 투입, 활동, 산출, 즉 IPO입니다. 투입물이 유사하거나 산출물이 유사하거나 생산활동이 유사하거나 하면 같은 업종으로 분류됩니다.

업종은 업태와 종목입니다. 사업자등록증에는 항상 업태와 종목이 적혀 있습니다. 전자세금계산서에도 업태와 종목을 적게 되어 있습니다. 업태는 업의 형태를 뜻합니다. 주로 투입물과 활동으로 나눕니다. 농업, 광업, 제조업, 숙박 및 음식점업, 정보통신업, 교육 서비스업, 전문 과학 및 기술 서비스업 등이 있습니다. ESG 보고서 작성 컨설팅 사업은 전문 과학 및 기술 서비스업에 포함됩니다. 투입은 전문 과학이나 기술이고, 활동은 서비스이기 때문입니다. 종목은 산출하는 방식이나 산출물의 종류, 산출물 전달 방식 등으로 나눕니다. ESG 보고서 작성 컨설팅은 경영과 관련한 과학이나 기술 지식을 자문의 방식으로 제공합니다. 그래서 종목은 경영 컨설팅업이 됩니다.

업태와 종목은 연결되어 있어서 업태가 상위 범주이고 종목이 하위 범주가 되곤 합니다. 그래서 표준산업분류도 산업을 업태로 크게 나누고 그 아래에 세세한 종목을 나열합니다. 일반적으로 산업분류의 중간 범주까지는 업태라 하고 맨 마지막 범주를 종목이라고 합니다.

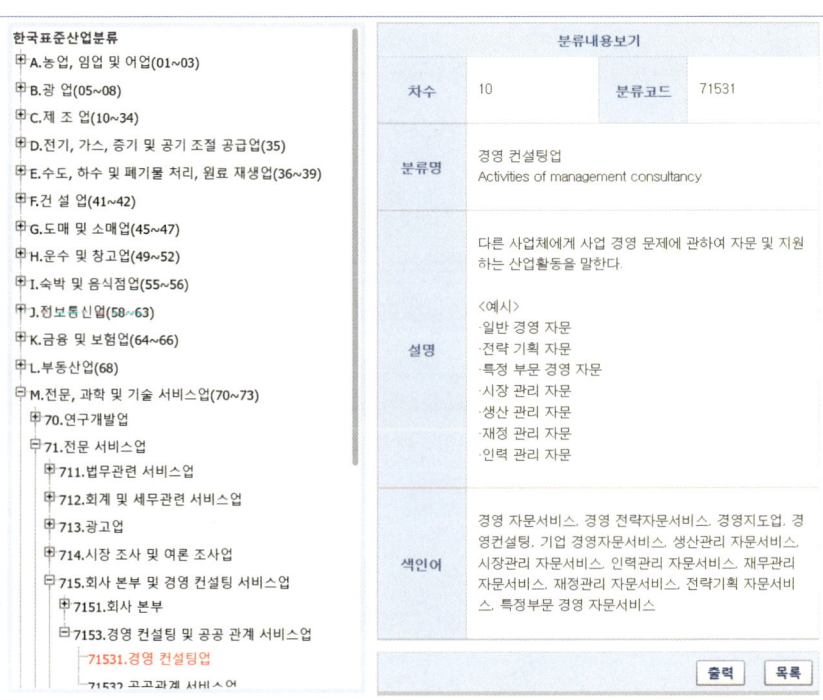

그림 4-1 한국표준산업분류 예시

팀원에게 ESG 보고서 작성 컨설팅 신사업의 시장 규모 조사를 지시할 때는 업종을 먼저 정확히 일러줘야 합니다. 만약 팀장도 신사업이 어떤 업종인지 모르겠다면 시장 규모를 조사하기 전에 어떤 업종에 해당하는지 먼저 확인하거나 업종 조사를 시켜야 합니다. 어느 업종에 해당하는지도 말해주지 않거나, 업종부터 조사하라고 안 하면 팀원은 항상 맨 상위 업종부터 조사할 수밖에 없습니다. 그러면 시장 규모는 수십에서 수백 조가 되어 버립니다. 팀장이 조사의 범위나 범주를 명확히 알려줘야 팀원이 제대로 조사할 수 있습니다.

예를 들어 ESG 보고서 작성은 경영 컨설팅업에 해당합니다. ChatGPT에게 ESG와 관련한 경영 컨설팅업의 세부 활동을 알려 달라고 해보겠습니다.

ESG와 관련한 경영 컨설팅업의 세부 활동을 알려줘.

 ESG(환경, 사회, 지배구조)와 관련하여 경영 컨설팅 업체는 다양한 활동을 수행합니다. 다음은 일반적으로 수행되는 세부 활동입니다.

1. ESG 리서치 및 평가: 기업의 ESG 성과와 위험을 평가하고, 비즈니스 전략과 일치시키는 방법을 제안합니다. 이를 위해 컨설턴트는 ESG 데이터와 리서치를 수행합니다.

2. ESG 전략 개발: 기업의 ESG 전략을 개발하고 실행하는 것이 포함됩니다. 이러한 전략은 환경 문제, 사회적 문제 및 지배구조 문제를 다루며, 더 나은 ESG 성과를 달성하는 방법을 제안합니다.

3. ESG 보고서 작성: 기업이 ESG 보고서를 작성하고, 투자자, 기관 및 다른 이해관계자들에게 제공하는 것을 도와줍니다. 이 보고서는 기업의 ESG 성과와 목표, ESG 전략 및 기업의 ESG 관리 체계를 설명합니다.

4. ESG 리더십 개발…

5. ESG 투자 포트폴리오 관리…

6. ESG 교육 및 훈련…

ChatGPT는 3번에서 ESG 보고서 작성을 얘기합니다. 이렇게 정확한 업종과 활동을 먼저 확인한 다음, 시장 규모를 찾든 업체를 찾든 해야 합니다.

자기가 처음 조사한다

둘째, 자기가 처음 조사하는 줄 압니다. 예를 들어 워크숍을 가기로 했습니다. 적당한 장소를 물색하고 평가하고 선정해야 합니다. 이때 필요한 자료를 본인이 직접 다 찾아야 하는 줄 압니다. 하지만 인터넷에서 검색만 하면 나보다 앞서 누군가가 이미 워크숍 장소를 물색했고 평가했고 선정했습니다. 지역이나 규모, 금액 같은 조건으로 추천하는 글이나 유튜브 영상이 넘칩니다.

그림 4-2 검색만 하면 누군가 먼저 조사해 놓은 자료를 볼 수 있다

그런데 이렇게 구체적인 장소를 ChatGPT는 잘 모르거나 엉뚱한 대답을 할 때가 있습니다. 실제로 경기도에서 워크숍 가기 좋은 장소를 추천해 달라고 하면 실제 존재하지 않는 장소를 허구로 만들어 추천하기도 합니다. ChatGPT 버전 중 GPT-3.5에 물어봤습니다.

 경기도에서 워크숍 가기 좋은 장소를 5개 추천해 줘.

1. 팜스테이 빌리지 (가평): 가평에 위치한 팜스테이 빌리지는 넓은 자연 속에서 농촌 체험과 액티비티를 즐길 수 있는 공간입니다. 여기서는 농작물을 심거나 수확하고, 곤충을 관찰하거나 바베큐를 즐길 수 있습니다.

2. 마리나 베이 (인천)...

3. 에버랜드 리조트 (용인)...

4. 인천 비치웨딩 (인천)....

5. 양평 베어트리플 (양평)...

ChatGPT가 추천한 곳 중 실제로 존재하는 곳은 3번 에버랜드 리조트뿐입니다. 나머지는 실제로 존재하지 않습니다. 이번에는 GPT-4에 물어봤습니다.

 경기도에서 워크숍 가기 좋은 장소를 5개 추천해 줘.

1. 포천 헤이리 예술마을…
2. 파주 출판단지…
3. 안산 단원미술관…
4. 남양주 산내마을
5. 광주 고인돌 유적지

이번에도 역시 2번 파주 출판단지와 3번 안산 단원미술관만 실제 존재하는 장소입니다. 1번 헤이리 예술마을은 포천이 아니라 파주입니다.

이번에는 Bing에 물어보겠습니다.

 경기도에서 워크숍 가기 좋은 장소를 5개 추천해 줘.

1. 서일농원
2. 캠프그리브스 디엠지 체험교실
3. 경기영어마을
4. 수원전통문화관 전통식생활체험관
5. 밀머리체험 마을

Bing은 좀 더 정확한 장소를 추천합니다. 모두 경기도에 실제로 존재하는 장소입니다. Bing이 좀 더 정확한 장소를 추천할 수 있는 이유는 Bing은 인터넷 검색을 먼저 한 다음, 자료를 정리했기 때문입니다. 즉, 누가 먼저 조사해서 인터넷에 올려놓은 자료를 Bing도 이용하는 겁니다.

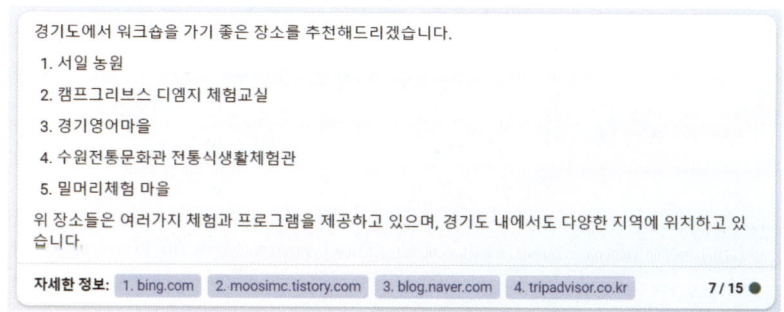

그림 4-3 Bing도 누군가가 먼저 조사해 놓은 것을 활용한다

간혹 내년 트렌드를 조사해야 할 때도 있습니다. 이때는 서점에 가면 됩니다. 연말이 되면 서점에 트렌드 책이 넘쳐납니다. 그런데 이런 책을 일일이 읽어보지 않아도 됩니다. 목차와 용어만 잘 정리해도 훌륭한 트렌드 보고서가 됩니다. 서점에 가는 것이 귀찮다면 인터넷 서점에서 검색해도 됩니다.

그림 4-4 요즘은 분야별로 트렌드 서적이 출간된다

Bing에게 트렌드를 요약해 달라고 해보겠습니다. 먼저 책을 물어보겠습니다.

우리나라에서 2022년 후반에서 2023년 초반에 출간한 트렌드 도서를 5권 알려줘.

2022년 후반에서 2023년 초반에 출간된 트렌드 도서 5권을 알려드릴게요.

1. <트렌드 코리아 2023> - 서울대 소비트렌드 분석센터의 2023 트렌드 분석 결과를 담은 책입니다. (이벤트 도서 포함, 국내서·외서 5만원 이상 구매 시 무료 배송)
2. <2022년 테크트렌드 서적 5권 종합 정리> - 2022년 테크트렌드 서적 5권을 종합 정리한 글입니다
3. <2022 대한민국이 열광할 시니어 트렌드> - 전 세계 수많은 기업들이 MZ세대의 마음을 사로잡기 위해 애를 쓴다. 하지만 실제로는 전체의 부(富)를 가지고 있는 시니어들이 소비의 주체가 되고 있다는 것을 알고 있을까?

이 외에도 <2022년 트렌드> 시리즈, <2022년 트렌드 분석>, <2022년 트렌드 리포트> 등이 있습니다.

책을 직접 참고해도 좋지만 Bing에게 종합해 달라고 할 수도 있습니다.

지금 알려준 책 3권을 종합해서 핵심 트렌드 7개를 알려 줘.

1. 코로나19 이후의 새로운 일상
2. 포스트 코로나 시대의 소비 트렌드
3. 환경과 미래
4. 디지털과 미래
5. 건강과 미래
6. 메타버스
7. 시니어 마케팅

특정 기업이나 경쟁사, 특정 산업을 조사해야 할 때도 있습니다. 이때도 처음부터 조사할 필요가 없습니다. 네이버 같은 포털의 증권 페이지만 들어가도 증권사가 분석해 놓은 자료가 잘 정리되어 있습니다.

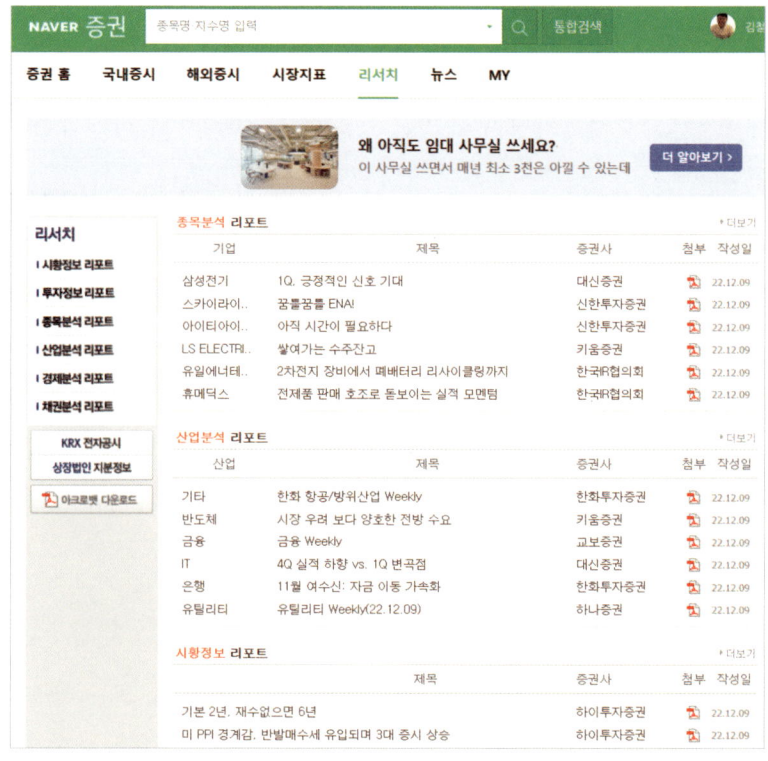

그림 4-5 포털에만 가도 웬만한 시장 리포트는 다 있다

우리가 자료 조사 전문업체고 내가 자료 조사 전문요원이라면 어떤 것을 처음 조사할 수 있습니다. 그런데 보통 회사 보통 팀에서 자료를 처음 조사할 일은 극히 드뭅니다. 이건 내부 자료도 마찬가지입니다. 예를 들어 사내 컴퓨터 관련 자산 현황을 조사해서 보고하라는 지시가 왔다고 해보겠습니다. 이런 조사는 처음이니까 모든 팀을 방문해 자리를 돌아다니면서 컴퓨터, 모니터, 마우스, 키보드, 태블릿 같은 것이 있는지 찾아야 할까요?

자산이란 것은 갑자기 하늘에서 툭 떨어지는 것이 아닙니다. 회사의 자산은 항상 구매 프로세스를 거쳐야 합니다. 누군가 구매 품의를 올려야 하고 누군가 승인을 해야 하고 누군가 그 과정을 검토해야 합니다. 누군가 그 일에 독점권을 갖고 있을 겁니다. 총무팀이 독점권을 가지고 있다면 사내 컴퓨터 관련 자산 현황을 조사한 자료가 있는지 총무팀에 먼저 물어보면 됩니다. 총무팀이 따로 조사한 것이 없다면 구매 자료를 받으면 됩니다. 구매 자료를 토대로 구매자를 추출해서 해당 구매 자산 보유 여부만 메일이나 회의 때 물어보면 됩니다.

어느 지역의 매출이 갑자기 떨어져서 문제가 뭔지 조사하려고 할 때도 마찬가지입니다. 일단 그 지역의 매출 관리자나 영업 부서장부터 만나야 합니다. 그들도 이미 뭔가를 조사했을 겁니다. 아니면 영업 대표나 지점 직원을 만나면 됩니다. 항상 누군가가 먼저 조사했다는 생각을 가지고 시작하는 것이 중요합니다. 그렇다면 팀장이 팀원에게 조사를 지시할 때는 누군가가 먼저 조사했을 테니 그 사람부터 찾아보라고 하면 됩니다.

자기가 직접 조사한다

셋째, 자기가 직접 조사해야 하는 줄 압니다. 페르미 문제, 또는 페르미 추정이라는 것이 있습니다. 어떤 문제에 대해 기초적인 지식과 논리적 추론만으로 짧은 시간 안에 대략적인 근사치를 추정하는 방법입니다. 대표적인 문제가 시카고의 피아노 조율사 수를 맞히는 문제입니다. 이 문제는 페르미가 실제로 시카고대학 학생들에게 출제했다고 합니다. 페르미는 일단 가정부터 하면 된다고 합니다.

- 시카고의 인구는 약 300만 명이다.
- 가구당 구성원은 약 3명이다.

- 피아노 보유율을 10% 정도라 하면 10만 가구가 피아노를 갖는다.
- 피아노 조율은 일 년에 한 번 한다고 가정한다.
- 조율사가 조율에 걸리는 시간은 이동시간을 포함해 2시간 정도다.
- 조율사는 하루 8시간, 주 5일, 1년에 50주간 일한다.

자, 이제 가정을 바탕으로 대략적인 숫자를 추정합니다.

- 시카고에는 총 100만 가구가 있다.
- 피아노는 총 10만 대다.
- 피아노 조율은 연간 10만 건이다.
- 피아노 조율사는 1년간 1000대를 조율한다.
- 피아노 조율사는 100명이다.

저도 여러분에게 문제를 내 보겠습니다. 우리나라의 피아노 조율사는 몇 명일까요? 여러분 중 대부분은 ChatGPT에게 물어볼 겁니다. 페르미 추정으로 물어볼까요?

 대한민국의 피아노 조율사 수를 페르미 추정으로 해줘.

1. 대한민국의 인구: 대한민국의 인구는 약 5,200만 명입니다.
2. 피아노 보급률: 가정의 경우, 대략 100가구 중 1가구가 피아노를 가지고 있다고 가정해봅시다. 이 경우 1%의 보급률이라고 할 수 있습니다. 학교, 학원, 음악당 등 공공장소와 전문가들을 고려하면, 추가로 0.5%를 더해 총 1.5%의 보급률로 가정하겠습니다.
3. 피아노 수: 5,200만 명의 인구에서 피아노 보급률 1.5%를 적용하면, 대한민국에는 대략 78만 대의 피아노가 있다고 추정할 수 있습니다.

> 4. 피아노 조율 빈도: 피아노는 일반적으로 1년에 1회 조율하는 것이 권장되지만, 실제로는 그보다 덜 자주 조율하는 경우가 많습니다. 평균적으로 피아노가 1년에 0.5회 조율된다고 가정합시다.
> 5. 피아노 조율 작업: 조율사가 하루에 2대의 피아노를 조율할 수 있다고 가정하고, 1년에 250일 일한다고 가정하면, 조율사 1명이 1년 동안 500대의 피아노를 조율할 수 있습니다.
> 6. 필요한 조율사 수: 78만 대의 피아노가 1년에 0.5회 조율된다면, 1년에 총 39만 대의 피아노 조율 작업이 필요합니다. 이를 조율사 1명이 1년 동안 조율할 수 있는 500대로 나누면, 대한민국에는 약 780명의 피아노 조율사가 필요하다고 추정할 수 있습니다.

페르미 추정을 하지 않고 그냥 우리나라 피아노 조율사가 몇 명이냐고 물으면 ChatGPT는 대답을 못합니다.

대한민국의 피아노 조율사는 몇 명인가?

대한민국의 피아노 조율사의 정확한 수를 제공할 수 없습니다. 피아노 조율사의 수는 지역, 시장 수요, 경제 상황 등 다양한 요인에 영향을 받기 때문에 수시로 변동할 수 있습니다. 현재 시점에서 가장 정확한 정보를 얻으려면 대한민국 음악 관련 단체나 대학교에 문의하거나, 피아노 조율사 디렉터리나 검색 엔진을 이용해 찾아보는 것이 좋습니다.

그런데 ChatGPT는 힌트를 줍니다. 피아노 음악 관련 단체나 대학교에 문의하라고 하네요. 또는 피아노 조율사 디렉터리나 검색 엔진을 이용해 찾아보라고 합니다. 그렇다면 피아노 조율사와 관련한 단체나 협회가 있지 않을까? 구글에서 피아노 조율사 협회를 검색해 보겠습니다.

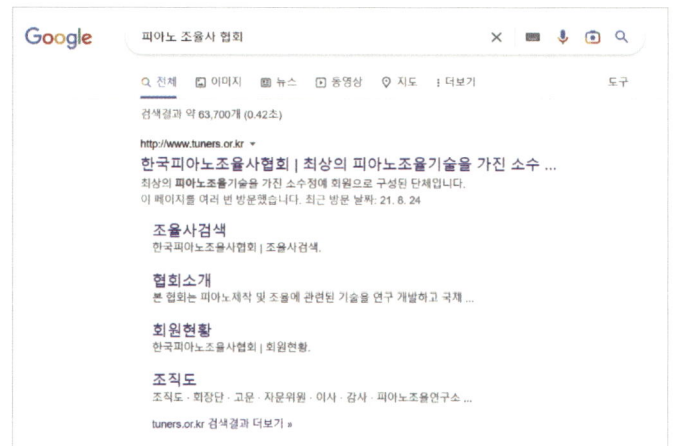

그림 4-6 구글에서 피아노 조율사 협회를 검색하면 한국피아노조율사협회가 나온다

한국피아노조율사협회가 있습니다. 협회 홈페이지에 들어가서 협회 소개 페이지를 보니 국내에서 활동하는 피아노 조율사는 2,000에서 2,500명 정도라고 나옵니다. 더 정확하게 알고 싶으면 협회에 전화하면 됩니다. 이런저런 이유로 피아노 조율사가 정확히 몇 명인지 알고 싶다고 하면 협회 담당자가 웬만하면 다 알려줍니다.

그림 4-7 어지간한 자료는 협회를 통하면 쉽게 구할 수 있다

그렇다면 한국피아노조율사협회를 기준으로 피아노 조율사가 몇 명인지 물어봐도 되지 않을까요?

 한국피아노조율사협회 기준으로 한국 내 피아노 조율사의 수가 얼마나 되는지 알려줘

 죄송합니다. 제가 최신 정보를 제공하지 못합니다. 2021년 9월 이후의 정보를 갱신할 수 없으므로, 한국피아노조율사협회(KPTA)의 기준에 따른 한국 내 피아노 조율사의 정확한 수를 알 수 없습니다. 현재 가장 정확한 정보를 얻으려면 한국피아노조율사협회의 공식 웹사이트를 참조하거나 해당 기관에 직접 문의하는 것이 좋습니다.

특정 웹사이트를 참고해야 한다면 출처를 알려주는 Bing에게 물어보는 것이 좋습니다.

 대한민국의 피아노 조율사는 몇 명인가?

 대한민국에서 활동하는 피아노 조율사는 총 1,500명에서 2,000명가량으로 추정됩니다. 이 가운데 협회에 소속된 회원 수는 600명가량입니다.

 무슨 협회지?

 한국피아노조율사협회입니다

 한국피아노조율사협회가 추정하는 피아노 조율사는 몇 명이지?

 네, 한국피아노조율사협회가 추정하는 피아노 조율사는 총 1,500명에서 2,000명가량입니다.

Bing이 제시하는 숫자는 실제와 좀 다르지만, 출처로 협회 자료를 찾습니다. 기업에서 찾는 시장 자료, 산업 자료, 고객 자료, 내부 자료 같은 것은 협회에 가면 많이 있습니다. 협회는 협회원이 공통으로 하는 일 중 일부를 대신합니다. 시장 조사나 통계 분석, 자료 수집이나 세미나 운영, 정부 대응이나 외부 협력 같은 일입니다. 그러다 보니 은근히 자료를 많이 가지고 있습니다.

우리가 어느 회사를 가든 협회 하나쯤은 등록되어 있습니다. 대기업이면 전경련, 대한상의, 경총 같은 경영자단체 중 하나 이상에 소속되어 있습니다. 업종 협회도 많아서 석유화학업체면 석유화학협회, 철강업체면 철강협회, 패션업체면 의류협회 같은 데에 다 등록되어 있습니다. 직무 협회도 있습니다. 인사 업무를 한다면 인사협회, 재무 업무를 한다면 재무회계협회, 영업을 한다면 영업협회 같은 것이 있습니다.

협회 회원사는 협회에 회비를 냅니다. 회비는 협회 직원의 월급이 됩니다. 협회 직원에게 자료 요청 같은 것을 하면 협회 직원도 좋아합니다. 협회 직원은 협회원에게 최대한 서비스를 잘해야 하고 그것이 본업이기 때문입니다. 협회가 갖고 있지 않은 자료라면 협회 직원이 대신 찾아 주기도 합니다. 협회도 회원사가 원하는 자료를 미리 갖고 있으면 좋습니다. 협회 자료실에 올려놓기도 하고 뉴스레터에 실어서 보내도 반응이 좋습니다.

현실적으로는 협회를 들락날락하는 사람을 좋지 않게 봅니다. 일은 안 하고 협회 다니면서 인맥만 쌓는다고도 하고, 협회 행사에 공짜 밥 먹으러 간다고도 합니다. 다른 회사 사람들 만나서 이직 궁리한다고도 합니다. 팀장이든 팀원이든 괜히 눈치도 보이고 하니 협회 활동을 잘 안 합니다. 하지만 협회 활동을 많이 하는 사람은 임원급입니다. 임원들은 협회가 주관하는 조찬 모임, 오찬 모임, 만찬 모임, 주말 골프 모임 같은 것을 빼놓지 않고 참석합니다. 그러는 데는 다 이유가 있습니다. 진짜 중요한 정보는 인터넷이 아니라 사람에게 있습니다. 임원은 뭔가를 알고 싶으면 항상 사람을 먼저 찾습니다. 그 자료를 갖고 있거나 갖고 있을 사람에게 말입니다. 그리고 부탁합니다. 자료를 달라고 하거나, 대신 조사해 달라고 합니다.

자료의 가치가 높을수록 직접 조사하는 것이 문제가 됩니다. 예를 들어 여론 조사 같은 것을 직접 하는 건 큰 위험입니다. 조사 방식도 잘 모르고 결과도 제대로 설명할 수 없습니다. 한 번도 가보지 않은 해외 어떤 국가의 시장을 조사할 때도 마찬가지입니다. 이런 것은 전문 시장조사업체에 외주를 주는 것이 좋습니다. 무턱대고 조사를 지시하거나 조사할 것이 아니라 우리 팀이 할 수 있는지 없는지 결정부터 해야 합니다. 우리가 못할 것 같다면 상위 부서장에게 공을 넘기든지, 아니면 외주 업체를 써야 한다고 보고하면 됩니다.

5
ChatGPT와
아이디어 기획

아이디어의 원천

회사에서 '기획'하면 떠오르는 전형적인 이미지가 있습니다. 회의실에서 가운데 상석에 앉은 팀장이 팀원에게 "좋은 아이디어 좀 내 보세요."라고 다그치고 팀원은 다들 꿀 먹은 벙어리처럼 말없이 눈치만 계속 보는 장면입니다. 팀장은 기획력 없는 팀원을 탓하고 팀원은 자기가 아이디어 자판기도 아닌데 어떻게 매번 아이디어를 내냐고 투덜댑니다.

흔히 아이디어는 무에서 유가 나타나듯 번뜩 떠오르는 것으로 생각합니다. 하지만 이런 식으로 떠오르는 아이디어는 일반적인 창의력입니다. 비즈니스에서는 이런 식으로 뜬금없이 기획 아이디어가 떠오를 수가 없습니다. 그렇게 나온 아이디어일수록 실행될 확률이 적습니다. 그 이유는 간단합니다. 기획은 분석의 연장선이기 때문입니다. 앞서 조사하거나 분석한 것을 모두 제쳐 놓고 새로운 아이디어를 만들 수 없습니다.

실제로 ChatGPT에게 아이디어를 달라고 해 보고, 아이디어를 어디서 얻는지도 물어보겠습니다.

좋은 아이디어 좀 내 줘.

 물론입니다! 어떤 분야의 아이디어를 원하시나요? 예를 들어 비즈니스, 테크놀로지, 예술, 건강 등이 있습니다. 좀 더 구체적으로 언급해 주시면 더욱 도움이 될 것 같습니다.

 너는 아이디어를 어디서 얻는 거니?

 전 세계의 다양한 정보와 지식에 접근할 수 있는 인터넷을 통해 아이디어를 얻습니다. 그리고 이전에 제가 처리했던 다양한 질문과 대화에서도 아이디어를 참고할 수 있습니다. 또한, 제가 학습한 데이터를 기반으로 문장을 생성하고 트렌드를 분석하기 때문에 새로운 아이디어를 제공하는 데 도움이 됩니다.

ChatGPT도 결국 과거의 자료를 수집하고 학습하고 분석해서 아이디어를 얻습니다.

기획이 비즈니스 분석의 연장선이라면 당연히 과거의 분석 결과에서 나와야 합니다. 예를 들어 기존 제품의 개선 아이디어를 찾는다고 해보겠습니다. 그러면 생산이나 판매 과정에서 생긴 문제, 고객의 구매 과정에서 생긴 문제, 고객이 사용하면서 느낀 문제 등을 먼저 분석해야 합니다. 다음과 같이 아이디어를 요구하는 질문부터 분석에 기반을 둬야 한다는 겁니다.

"기존 제품을 생산하는 과정에서 적외선 센서 공급이 원활하지 않았습니다. 매번 늦게 도착해서 제품 생산에 차질이 잦았습니다. 이런 문제를 해결한 사례가 있을까요?"

"고객이 온라인에서 구매할 때 주문을 잘못해서 반품하고 재발송하는 경우가 종종 있습니다. 온라인 팀에서는 제품 스펙을 좀 단순화해 달라고 하는데요. 외국 선진 기업은 어떻게 스펙을 단순화했나요?"

> "고객이 우리 제품을 사용하면서 가끔 팔목이 시리다고 얘기합니다. 팔목이 안 시리게 제품을 변형하는 방법이 있을까요? 또는 부가적으로 개발할 제품이 있을까요? 이와 관련한 특허나 선진사의 움직임이 있나요?"

비즈니스 아이디어는 분석에 기반해서 나와야 합니다. 외부 환경 분석과 내부 경영 분석에서 아이디어를 찾는 것이 자연스러운 수순입니다. 시장이 비수기에 진입했다고 해보겠습니다. 해당 제품의 시장 수요가 감소합니다. 그러면 다음과 같이 과거에서부터 시작해서 아이디어를 좀 더 쉽게 구상할 수 있습니다.

> "우리 제품이 시장 비수기일 때도 잘 팔리려면 어떤 마케팅을 하면 될까요? 지난번에 B 제품은 비수기 때 사전 예약을 하면서 5% 할인 이벤트를 했습니다. 그런 식으로 우리도 성수기에 대비해서 사전 예약을 해보면 어떨까요?"

> "시장 성수기에 대비해서 비수기에 미리 준비해야 할 것은 무엇일까요? 우리가 지난번에 받은 신제품 기획 교육을 토대로 신제품 아이디어를 구체화해 보면 어떨까요?"

> "우리가 개선하거나 혁신한 활동 중에서 다시 쓰거나 강화할 활동은 어떤 것이 있을까요? 경쟁사의 프로세스 개선은 어떤 것이 있었나요? 경쟁사가 이번에 시도한 공정 변경을 우리도 해보면 어떻게 될까요?"

다른 기업이 어떻게 하는지를 분석해서 아이디어를 구상할 수도 있습니다.

> "선진사는 시장 비수기일 때 어떻게 하나요? 제가 알기로는 고객과 정기적으로 만나서 성수기를 대비한다고 들었습니다. 우리도 고객 뉴스레터 같은 것을 만들거나 정기 세미나를 열면 어떨까요?"

"시장 비수기에 판매할 대체품으로는 어떤 것이 가능할까요? 우리와 똑같지는 않지만, A사는 제품이 비수기에 들어갈 때 대체품을 개발해서 팝니다. 우리도 대체품으로 팔거나 개발할 것이 어떤 것이 있을까요?"

고객에게 직접 묻거나 로드맵을 참고하는 것도 좋은 방법입니다.

"고객이 가장 만족했거나 재구매율이 높은 고객에게 설문을 해보면 어떨까요? 왜 만족했고 재구매했는지 직접 물어보면서 아이디어를 찾으면 어떨까요?"

"최근에 우리 비즈니스와 관련하여 새로운 특허나 연구가 어떤 것이 있나요? 우리 기술 로드맵을 먼저 만들어보면 새로운 제품 아이디어가 나오지 않을까요?"

이 중에서 몇 가지를 ChatGPT에게 물어보겠습니다.

기존 제품을 생산하는 과정에서 적외선 센서 공급이 원활하지 않았습니다. 매번 늦게 도착해서 제품 생산에 차질이 잦았습니다. 이런 문제를 해결한 사례가 있을까요?

적외선 센서 공급이 원활하지 않아 제품 생산에 문제가 발생하는 경우 해결 방법은 다양할 수 있습니다. 다음은 가능한 대처 방법 몇 가지입니다.

1. 다른 공급 업체를 찾아보기: 적외선 센서를 제공하는 다른 공급 업체를 찾아보는 것이 첫 번째 옵션입니다. 두 개 이상의 공급 업체를 사용하면 원활한 공급이 유지될 가능성이 높습니다. 적어도 하나의 업체에서 문제가 발생해도 다른 업체에서 재고를 제공할 수 있기 때문입니다.

2. 공급 계획을 재조정하기: 적외선 센서의 공급 문제가 지속되는 경우, 공급 계획을 재조정하는 것이 좋습니다. 이를 위해서는 제품 생산 일정과 재고 관리 방법을 검토하여 최적의 방법을 찾아야 합니다. 예를 들어, 선별적 재고 관리(SMI) 방법을 도입하여 불필요한 재고를 줄이고 제품 생산 일정을 유지할 수 있습니다.

3. **대안 소재 사용하기**: 적외선 센서를 대체할 수 있는 대안 소재를 찾는 것도 방법 중 하나입니다. 다른 센서나 기술을 사용하여 비슷한 성능을 얻을 수 있는지 확인해볼 필요가 있습니다. 이를 통해 적외선 센서가 도착하기 전까지도 생산을 유지할 수 있습니다.

4. **협력 업체의 지원 받기**: 적외선 센서를 제공하는 업체가 해결책을 찾지 못할 경우, 협력 업체의 지원을 받는 것도 방법 중 하나입니다. 다른 제품 생산 업체나 기술 업체와 협력하여 문제를 해결할 수 있습니다.

시장 성수기에 대비해서 비수기에 미리 준비해야 할 것은 무엇일까요? 우리가 지난번에 받은 신제품 기획 교육을 토대로 신제품 아이디어를 구체화해 보면 어떨까요?

시장 성수기와 비수기에 대한 대응 방법은 매우 중요합니다. 성수기에는 판매량이 많아져 제품 생산이나 공급 등을 충분히 대비해야 하고, 비수기에는 매출이 감소하므로 적극적인 대응이 필요합니다.

따라서, 비수기에 대비해서 미리 준비해야 할 것은 다음과 같습니다.

1. **예산 조정**: 비수기에는 매출이 감소하므로 예산을 조정해야 합니다. 예산이 충분하지 않은 경우에는 비용 절감을 통해 예산을 조절할 필요가 있습니다.

2. **마케팅 계획**: 비수기에는 고객 수요가 줄어들므로, 마케팅 활동을 강화해야 합니다. 예를 들어, 할인 프로모션, 새로운 이벤트, 광고, SNS 등을 통해 고객 유치를 할 수 있습니다.

3. **제품 다양화**: 기존 제품에 대한 경쟁이 심해질 수 있으므로, 새로운 제품을 출시하거나 기존 제품의 변형을 통해 다양한 제품 라인업을 구성할 필요가 있습니다.

4. **인력 조정**: 비수기에는 인력을 조정할 필요가 있습니다. 예를 들어, 시즌에 따라 인력을 추가로 고용하거나, 비수기에는 인력을 축소하는 등의 조치가 필요합니다.

신제품 기획 교육을 토대로 신제품 아이디어를 구체화하는 것은 좋은 아이디어입니다. 비수기에 적합한 제품을 개발하고 출시하여 매출을 활성화시킬 수 있습니다. 그러나 신제품을 출시하기 전에 시장 조사를 통해 시장 수요를 파악하고, 경쟁사 제품과의 차별화 포인트를 설정하는 등의 마케팅 전략을 세우는 것이 중요합니다.

비즈니스는 맨땅에서 시작할 수 있지만, 아이디어는 맨땅에서 나오지 않습니다. 그렇다면 어떤 원리나 방법론이 있을 겁니다. 비즈니스에서 가장 많이 알려진 것은 브레인스토밍입니다. 아이디어를 무조건 많이 내는 대신 즉석에서 판단하지 않는 겁니다. 지금도 브레인스토밍을 많이들 합니다. 하지만 제대로 브레인스토밍 효과를 보는 경우는 드뭅니다. 그 이유는 간단합니다. 브레인스토밍 자체가 비즈니스 기획 원리가 아니기 때문입니다.

ChatGPT의 브레인스토밍

브레인스토밍은 광고 책임자였던 알렉스 오스본이 1939년에 만든 회의 방법입니다. 광고 회사에서 제품의 이름이나 광고 카피를 만들어내는 회의에서 사용한 방법을 브레인스토밍이라 이름 지은 것입니다. 예를 들어 여러분이 책을 썼습니다. 그런데 책 제목을 '재미있는 책'이라고 지었습니다. 아마 출판사 편집장은 책 제목이 마음에 안 들 겁니다. 그는 여러 편집자와 회의를 하면서 "이번에 출간할 책이 재미있는 책입니다. 제목이 마음에 안 드네요. 어떤 제목이 있을까요?"라고 묻습니다. 편집자들은 다들 생각나는 대로 한마디씩 합니다.

"웃기는 책 어때요?"

"네, 웃기네요. 잼이 없는 책이 낫지 않나요?"

"폭소 클럽 어때요?"

"재미와 의미 사이는요?"

이런 식으로 마구잡이로 제목을 얘기합니다. 이것이 브레인스토밍입니다. 어쩌다가 하나 걸려들 때가 있습니다. 그러면 다들 기다렸다는 듯이 대꾸합니다.

"와… 재미와 의미? 괜찮은데요."

"역시, 김 편집장! 최곱니다."

"재미와 의미, 재미도 있고 의미도 있고, 그런 뜻으로 엮을 수 있겠네요."

"재미와 의미 사이에는 뭐가 있을까로 해봐도 괜찮겠는데요?"

이런 식은 이제 ChatGPT가 다 해줍니다. 바로 물어보겠습니다.

 이번에 출간할 책이 재미있는 책입니다. 어떤 제목이 있을까요?

1. 열정과 모험의 여행: 내가 발견한 인생의 비밀
2. 위대한 탐험가의 기록: 이세계의 발견과 모험
3. 끝없는 모험: 새로운 세계를 찾아서
4. 꿈을 실현하는 방법: 내가 이룬 성공 비결
5. 인생의 고난과 역경: 극복하고 성장하는 법

제목이 밋밋합니다. 좀 더 과감한 제목을 요청해 보겠습니다.

 제목이 밋밋합니다. 과감한 제목을 알려주세요.

1. 인생은 이것 밖에 없다: 성공을 위한 과감한 선택
2. 내 삶, 내 규칙: 나만의 규칙으로 살아남는 법
3. 이젠 끝났어, 이젠 내가 할 차례: 내 인생, 내가 주인공
4. 미친 듯이 살기: 두려움과 변화를 극복하는 방법
5. 세상은 날 위해 돌아가지 않는다: 내가 바꿀 수 있는 것, 바꾸지 않으면 안 되는 것

그다지 과감해 보이지는 않지만 그래도 이전보다는 낫습니다. 재치 있는 제목을 말해 달라고도 해보겠습니다.

 재치 있는 제목을 알려 줘.

1. 내 인생, 패닉 어택: 급소공격을 피하는 방법
2. 난 대담하다: 그래서 무슨 일이 벌어졌을까?
3. 돌아온 커리어 여신: 이젠 내가 주인공
4. 일탈하는 법: 어떻게 멋진 범죄자가 될 수 있는지
5. 세상은 나를 닮아가고 있어: 참을 수 없는 나의 매력

ChatGPT를 사용하면 이제 굳이 사람이 억지로 브레인스토밍을 하며 머리를 쥐어짤 필요가 없습니다. 사실상 ChatGPT가 무한하게 제목을 만들어 줍니다.

책 제목을 정하는 것은 분명 비즈니스에서 중요한 일입니다. 제품의 제목, 가격, 스펙, 광고 카피 등을 정하는 일은 충분히 비즈니스에서 시간과 노력을 투자할 대상입니다. 하지만 이것을 기획이라고 할 수 없습니다. 기획은 기본적으로 문제를 풀기 위해 분석을 기반으로 해결안을 내놓는 것입니다. 단순히 제품의 이름을 짓는 것은 기획으로 문제를 해결하는 것이 아니라 그냥 생각나는 것을 얘기하는 것뿐입니다.

기존 제품의 이름이 다른 제품과 혼동되거나 시대 트렌드나 감수성에 맞지 않아서 변경해야 한다면 이것은 기획이 될 수 있습니다. 문제를 해결하는 것이기 때문입니다. 기존 이름이 가진 문제를 해결하기 위해 새로운 이름을 만들어야 합니다. 새로운 이름은 단순히 괜찮다는 정도가 아니라, 기존에 문제가 되었던 것을 해결하는 이름이어야 합니다. 다른 제품과 혼동도 되지 않고, 시대 트렌드나 감수성에도 맞아야 합니다. 이름을 변경하는 데 드는 노력도

최소화해야 합니다. 단순히 이름을 발상하는 것이 아니라 비즈니스 문제를 해결해야 하는 것입니다.

예를 들어 최근 사명을 HD현대로 바꾼 현대중공업의 새로운 사명을 ChatGPT와 함께 찾아보겠습니다.

우리 회사 이름은 '현대중공업'인데 이름을 바꾸고자 한다. 왜냐하면 기존 이름은 제조업 중심의 이미지가 강하다. 앞으로는 투자 지주회사로서 위상과 역할을 강화하고자 한다. 향후 미래 사업 분야의 신성장 동력을 적극적으로 발굴하고 육성하려고 한다. 이런 미래 지향점을 가진 새로운 이름을 지어 줘.

회사의 새로운 방향성을 반영하고 미래 지향적 이미지를 강조할 수 있는 이름 몇 가지를 제안해 드리겠습니다.

1. "퓨처홀딩스"(Future Holdings): 미래를 대비한 투자 지향적인 이미지를 강조합니다. "홀딩스"는 투자 회사를 의미하는 용어로 널리 사용됩니다.
2. "넥스트웨이브"(Next Wave): 미래 지향적인 이미지를 강조하면서, 혁신적이고 새로운 파도를 일으키겠다는 의지를 나타냅니다.
3. "비전캐피탈"(Vision Capital): 미래를 내다보는 비전과 투자의 의미를 담고 있으며, "캐피탈"은 투자 회사를 의미하는 용어로 사용됩니다.
4. "프로스퍼웨이"(Prosper Way): "프로스퍼"는 번영하다, 번창하다는 의미로, 향후 성공적인 비즈니스를 향한 염원을 나타내며, "웨이"는 방향을 의미합니다.
5. …

이름이 다소 뜬금없긴 합니다. 기존 현대중공업에서 '현대'는 반드시 있어야 합니다.

'현대'라는 말이 회사 이름에 들어가야 한다.

 그렇다면 "현대"라는 단어를 유지하면서도, 회사의 새로운 방향성과 미래 지향적인 이미지를 반영할 수 있는 이름을 제안해 드리겠습니다.

1. "현대퓨처홀딩스" (Hyundai Future Holdings): "퓨처홀딩스"는 이미 제안 드린 이름 중 하나로, 미래 지향적인 이미지를 강조하면서도, "현대"라는 브랜드의 신뢰성과 안정성을 함께 나타냅니다.

2. "현대넥스트웨이브" (Hyundai Next Wave): "넥스트웨이브"는 이미 제안드린 이름 중 하나로, 혁신적이고 새로운 파도를 일으키겠다는 의지를 나타내면서도, "현대"라는 브랜드의 역사와 전통을 함께 나타냅니다.

3. "현대비전캐피탈" (Hyundai Vision Capital): "비전캐피탈"은 이미 제안드린 이름 중 하나로, 미래를 내다보는 비전과 투자의 의미를 담고 있으면서도, "현대"라는 브랜드의 글로벌한 인지도와 함께 나타낼 수 있습니다.

4. "현대프로스퍼웨이" (Hyundai Prosper Way): "프로스퍼웨이"는 이미 제안드린 이름 중 하나로, 번영하다, 번창하다는 의미로, 향후 성공적인 비즈니스를 향한 염원을 나타내면서도, "현대"라는 브랜드의 신뢰성과 안정성을 함께 나타낼 수 있습니다.

5. …

ChatGPT가 준 이름이 나쁘진 않지만, 요즘 트렌드인 이니셜도 물어보겠습니다.

 새로운 단어를 추가하는 것보다는 영어 이니셜을 쓰는 것은 어떤가? 요즘 그런 트렌드다.

 영어 이니셜을 사용하는 것은 현재의 비즈니스 트렌드 중 하나이며, 회사의 이름을 변화시키면서도 브랜드 이미지를 유지하는 데 도움이 될 수 있습니다. 따라서, "현대중공업"의 경우 "HIC" 또는 "HDC"와 같은 영어 이니셜을 사용할 수 있습니다. 이니

셜은 간결하고 기억하기 쉬우며, 국제적으로도 인식되기 때문에 글로벌 시장 진출을 고려하는 회사에게 유용할 수 있습니다. 단, 이니셜을 사용할 경우 회사의 정식 명칭과 함께 적극적으로 사용하여 브랜드 인식을 높이는 것이 중요합니다.

HD현대는 어떤가?

"HD현대"라는 이름은 "현대"라는 브랜드명에 "HD"라는 접두어를 추가하여 새로운 이미지를 전달하는 것으로 생각됩니다. "HD"는 고화질(High-Definition)을 의미하는 약어로, 더 나은 품질과 기술력을 상징한다는 의도를 가질 수 있습니다. 하지만, 이는 다소 애매한 이미지를 전달할 수도 있고, 이미 HD라는 용어가 많은 분야에서 사용되고 있어서, 혼란을 야기할 수도 있습니다. 따라서, 기존 브랜드명인 "현대"를 활용하면서도, 새로운 이미지를 담은 다른 이름을 고려하는 것이 더 나은 선택이 될 수 있습니다.

ChatGPT는 HD라는 단어가 많은 분야에 사용되고 있어서 혼란스러울 수 있다고 하지만 로고까지 이어서 대화해 보겠습니다.

HD현대로 사명을 정했다면 어떤 로고가 좋을까?

1. **"현대"와 "HD"의 조합**: "HD"라는 접두어와 "현대"라는 브랜드명을 조합하여 로고를 디자인할 수 있습니다. 이러한 디자인은 기존 "현대" 브랜드 이미지와 일관성을 유지하면서도, 새로운 이미지를 전달할 수 있습니다.

2. **"HD"를 강조하는 로고**: "HD"라는 접두어를 강조하는 로고를 디자인할 수 있습니다. 이는 회사의 새로운 이미지와 함께 기존 "현대" 브랜드 이미지를 유지하는 데 도움이 될 수 있습니다.

3. **이미지와 함께 "HD현대" 텍스트 사용**: 이미지와 함께 "HD현대"라는 텍스트를 사용하는 로고를 디자인할 수 있습니다. 이러한 디자인은 이미지를 통해 회사의 새로운 방향성을 전달하면서도, "현대" 브랜드 이미지를 유지할 수 있습니다.

> 4. "HD"와 기존 "현대" 브랜드 로고의 조합: "HD"라는 접두어와 기존 "현대" 브랜드 로고를 조합하여 로고를 디자인할 수 있습니다. 이는 "현대" 브랜드 이미지를 유지하면서, "HD"라는 새로운 이미지를 전달할 수 있습니다.

로고는 로고 이미지와 조합하는 것이 일반적이므로 로고 이미지를 추천해 달라고 하겠습니다.

> 이미지와 조합한다면 어떤 이미지가 좋을까?

> 1. **화살표**: 화살표는 성장과 발전을 상징하는 이미지입니다. "HD현대"의 로고에 화살표를 추가하여, 회사의 미래 지향적인 이미지를 강조할 수 있습니다.
> 2. **퍼즐 조각**: 퍼즐 조각은 협력과 연결을 상징하는 이미지입니다. "HD현대"의 로고에 퍼즐 조각을 추가하여, 회사가 혁신적인 기술과 협력을 통해 미래를 이끌어 나가겠다는 이미지를 전달할 수 있습니다.
> 3. **선박 혹은 기계 이미지**: "HD현대"는 기존 "현대중공업"의 브랜드 이미지를 계승하면서도, 새로운 방향성을 제시하고자 합니다. 따라서, 선박이나 기계와 같은 이미지를 추가하여, 회사가 새로운 분야에서도 기술적인 역량을 갖추고 있다는 이미지를 전달할 수 있습니다.
> 4. **지구본**: 지구본은 글로벌 시장에서의 경쟁과 확장을 상징하는 이미지입니다. "HD현대"의 로고에 지구본을 추가하여, 글로벌 시장에서 성장과 발전을 추구한다는 이미지를 강조할 수 있습니다.

기존 선박, 기계, 지구 같은 이미지를 벗으려고 이름을 바꾸는 겁니다. 화살표와 퍼즐 조각이 괜찮아 보입니다. 내친김에 색깔도 물어보겠습니다.

이미지 컬러는 어떤 것이 좋을까?

1. **청록색**: 청록색은 청량감과 신뢰성을 상징하는 컬러입니다. "HD현대"의 로고에 청록색을 사용하여, 회사의 새로운 방향성과 미래 지향적인 이미지를 강조할 수 있습니다.
2. **회색**: 회색은 안정감과 신뢰성을 상징하는 컬러입니다. "HD현대"의 로고에 회색을 사용하여, 회사의 기존 브랜드 이미지를 유지하면서도, 새로운 방향성을 제시할 수 있습니다.
3. **청색**: 청색은 신뢰성과 전문성을 상징하는 컬러입니다. "HD현대"의 로고에 청색을 사용하여, 회사가 새로운 분야에서도 전문성을 유지한다는 이미지를 전달할 수 있습니다.

이렇게 해서 사명을 바꾸고 로고 타입까지 시안을 만들 수 있습니다. 실제로 현대중공업이 바꾼 이름과 로고는 다음 그림입니다.

그림 5-1 현대중공업의 새 사명과 로고

비즈니스 아이디어를 찾는 회의를 하겠다면 다이어리 하나 들고 회의실에 모여 수다를 떨 듯이 해서는 안 됩니다. 기존의 문제를 정확히 조사하고 분석한 결과와 핵심 원인을 책상 위나 벽에 정리해 놓고 하나씩 짚어가면서 해결책을 찾아 나가야 합니다. 해결책은 반드시 기존 문제를 해결할 수 있어야 하며 그 설명이 논리적으로 합당해야 합니다. 비즈니스에서는 아이디어 회의를 하나의 프로젝트로 생각해야 기획력이 발휘될 수 있습니다.

아이디어가 아니라 아이디어 설명

아이디어는 누구에게나 있습니다. 비즈니스에서 문제를 해결하는 방법은 누구나 갖고 있습니다. 아무리 대기업이라도 입사 2년 차만 되면 이 회사가 무슨 문제가 있는지, 어떻게 하면 해결할 수 있는지 다 머릿속에 쌓입니다. 아이디어는 잔뜩 있는데 회사를 바꿀 수는 없으니 대리급만 되면 회사에 불만이 가득합니다. 모든 조직 진단에서 대리급 직원이 가장 회사 만족도가 낮은 이유입니다.

현장에서 수십 년 일한 반장에게도 아이디어가 넘칩니다. 본사 직원이 가서 술 한 잔 같이하면서 회사 일 어떠냐 물으면 술에 취해 나자빠질 때까지 아이디어를 쏟아냅니다.

> "이건 이렇게 하면 되는데 본사에서 뭘 몰라도 한참 모른다."
>
> "내가 회장이면 저건 저렇게 해서 벌써 매출이 두 배가 되었을 것이다."
>
> "본사 가면 이것 좀 하라고 해라."
>
> "아니다 됐다, 내가 백번 천번을 말해 봤지만 아무도 관심이 없더라."

현장 반장은 이렇게 개선할 것이나 혁신할 것이 많았나 싶을 정도로 많이 얘기해 줍니다. 회사에서 일을 하면 누구나 이렇게 아이디어가 넘칩니다. 그런데 왜 아이디어를 얘기하지 않을까요? 또는 얘기했는데 왜 받아들여지지 않을까요? 여기서부터 아이디어 설명에 관한 문제가 시작됩니다.

머릿속에 아이디어는 있습니다. 문제는 아이디어가 아니라, 아이디어를 설명하는 데에 있습니다. 아이디어를 제대로 설명하지 못하기 때문에 아이디어를 내지 않는 겁니다. 어떤 팀원이든 아이디어를 제대로 설명하지 못해서 팀장에게 다음과 같은 말을 들으면 다음부터는 절대 아이디어를 말하지 않습니다.

"도대체 무슨 소립니까?"

"뭔 말인지 하나도 못 알아듣겠네요."

"제발 정리 좀 제대로 하고 말하세요."

"누구 다른 사람이 좀 설명해 보세요."

"됐고, 내일까지 문서로 정리해서 보고하세요."

아이디어가 있는 것과 그것을 상사에게 설명하는 것은 완전히 다른 능력입니다. 우리가 흔히 말하는 창의력은 아이디어를 떠올리는 능력입니다. 비즈니스를 하면 자연스럽게 아이디어가 떠오릅니다. 누가 말해주기도 합니다. 가만히 있어도 개선할 점 혁신할 점 바꿀 점이 다 눈에 보입니다. 그런데 정작 그걸 제대로 설명해내지 못하는 겁니다. 회사에서 아이디어를 설명하는 법을 배우지 못했기 때문입니다.

머릿속에 탁월하고 기발한 아이디어가 떠올라도 그걸 설명하지 못하면 도루묵이 됩니다. 아이디어가 현실화하지 못하는 겁니다. 비즈니스에서 현실화하지 못하는 아이디어는 아무 소용이 없습니다. 현실화하지 못했더라도 설명이라도 하면 특허라도 낼 수 있습니다. 그런데 설명 자체를 못 하면 특허도 못 냅니다. 그렇다면 어떻게 해야 아이디어를 잘 설명할 수 있을까요?

ChatGPT로 아이디어 설명하기

일단 ChatGPT를 활용하면 됩니다. ChatGPT에게 아이디어를 알려주고 설명하는 글을 써 달라고 하면 됩니다. 예를 들어 이번에 출간할 책 제목으로 "세상은 날 위해 돌아가지 않는다: 내가 바꿀 수 있는 것, 바꾸지 않으면 안 되는 것"을 정했다고 해보겠습니다. 이 책의 제목이 적절한지 설명하는 글을 ChatGPT에게 요청하면 됩니다.

책 제목을 "세상은 날 위해 돌아가지 않는다: 내가 바꿀 수 있는 것, 바꾸지 않으면 안 되는 것"으로 정했다. 왜 이 제목을 선택했는지 설명하는 글을 200자로 써 줘.

 이 책의 제목 "세상은 날 위해 돌아가지 않는다: 내가 바꿀 수 있는 것, 바꾸지 않으면 안 되는 것"은 인생의 진리와 순간적인 선택의 중요성을 강조합니다. 우리는 모두 한정된 시간 안에서 살아가고 있으며, 세상은 우리를 위해 멈춰서 기다리지 않습니다. 이 책은 우리가 자신의 삶을 어떻게 바꿀 수 있는지에 대한 가이드를 제공하며, 중요한 것들은 놓치지 않고 바꾸어야 한다는 것을 강조합니다.

제목의 전반적인 의미는 인생에서 중요한 것들은 한 번 놓치면 다시 되돌릴 수 없다는 것입니다. 우리는 지금 현재의 선택이 우리의 미래를 결정하는 것을 알고 있어야 합니다. 따라서, 이 책은 우리가 지금 살아가는 순간을 최선으로 살아갈 수 있도록, 우리가 바꿔야 할 것들과 바꾸지 않으면 안 되는 것들에 대한 내용을 다룹니다. 이 책은 여러분의 삶을 변화시키는 데에 큰 도움이 될 것입니다.

커피숍에서 사용하는 플라스틱 빨대 대신 종이 빨대를 쓰자는 아이디어가 나왔다고 해보겠습니다. 이걸 설명할 때도 ChatGPT를 사용하면 됩니다.

 커피숍에서 쓰는 플라스틱 빨대 대신 종이로 만든 빨대를 쓰게 하는 아이디어가 있다. 이 아이디어를 설명하는 글을 200자 써 줘.

 현재 많은 사람들이 환경 보호에 관심을 가지고 있습니다. 그 중에서도 플라스틱 사용량을 줄이는 것은 매우 중요합니다. 커피숍에서는 많은 음료수를 판매하며, 많은 손님들이 빨대를 사용합니다. 그렇기 때문에 플라스틱 빨대 대신 종이로 만든 빨대를 사용하면 매우 좋을 것입니다. 종이 빨대는 생분해성이 있어서 자연 속에서 분해됩니다. 또한 일회용 품목이기 때문에 사용 후 바로 버릴 수 있습니다. 이를 통해 환경 오염을 줄이는 것이 가능합니다. 또한, 종이 빨대를 사용하는 것은 새로운 트렌드로 자리 잡을 수 있습니다. 따라서 커피숍에서는 종이 빨대를 채택하여 환경 보호에 기여할 수 있으며, 동시에 새로운 트렌드를 제시할 수 있을 것입니다.

ChatGPT로 아이디어를 설명하는 것을 넘어서 ChatGPT에게 내 아이디어에 대해 예상 질문을 달라고 할 수도 있습니다.

다음과 같이 종이 빨대 아이디어를 설명하려고 한다. 이 아이디어 설명을 듣고 예상하는 질문을 5개 해 줘.

현재 많은 사람들이 환경 보호에 관심을 가지고 있습니다. 그 중에서도 플라스틱 사용량을 줄이는 것은 매우 중요합니다. 커피숍에서는 많은 음료수를 판매하며, 많은 손님들이 빨대를 사용합니다. 그렇기 때문에 플라스틱 빨대 대신 종이로 만든 빨대를 사용하면 매우 좋을 것입니다. 종이 빨대는 생분해성이 있어서 자연 속에서 분해됩니다. 또한 일회용 품목이기 때문에 사용 후 바로 버릴 수 있습니다. 이를 통해 환경 오염을 줄이는 것이 가능합니다. 또한, 종이 빨대를 사용하는 것은 새로운 트렌드로 자리 잡을 수 있습니다. 따라서 커피숍에서는 종이 빨대를 채택하여 환경 보호에 기여할 수 있으며, 동시에 새로운 트렌드를 제시할 수 있을 것입니다.

이 아이디어 설명을 듣고 예상되는 질문은 다음과 같습니다.

1. 종이 빨대의 생산 비용은 플라스틱 빨대에 비해 높은가요?
2. 종이 빨대는 음료수를 마실 때 품질이나 사용감 측면에서 차이가 있나요?
3. 종이 빨대를 사용하면서 물에 빨리 무너지거나 흐물거리지 않을까요?
4. 종이 빨대의 생산 과정에서도 환경에 미치는 영향은 어떤가요?
5. 커피숍 외에 다른 음식점이나 이벤트에서도 종이 빨대 사용을 확산시키는 방안은 있나요?

ChatGPT의 질문은 아이디어 자체의 효용성, 차별성, 영향력 등을 주로 다룹니다.

아이디어 설명 대신 질문하기

비즈니스 현장에서는 여러분이 팀장이라고 했을 때 팀원의 아이디어 자체를 잘 이해하지 못할 때가 있습니다. 그때는 다음 질문을 차근차근 하나씩 하면 됩니다.

"그 아이디어가 해결하고자 하는 문제가 뭔가요?" ⇒ Why

"그 아이디어가 그 문제를 어떻게 해결하는 건가요?" ⇒ How

"그래서 만들고자 하는 것이 정확히 뭐죠?" ⇒ What

여기까지입니다. 여기서 더 나아가 봤자 팀원은 머릿속에서 짜깁기를 하거나 대충 생각나는 대로 말합니다. 일단 Why, How, What을 들으면 어느 정도 아이디어를 이해할 수 있습니다. 이제 아이디어 회의를 끝내야 합니다. 아이디어를 낸 팀원에게 문서로 보고하라거나 다음 시간에 더 얘기하라거나 하는 말은 절대 하면 안 됩니다. 대신, 회의가 끝나고 그 팀원을 따로 불러서 다시 한번 아이디어를 설명해 보라고 하는 겁니다.

팀원은 여러 사람이 있을 때와 팀장과 독대할 때 말투나 내용의 범위와 수준이 달라집니다. 아무래도 팀원이 같이 있을 때보다 팀장과 단독으로 얘기할 때 좀 더 생각을 정리해서 말할 수 있습니다. 이때 팀장이 큰 종이를 가져와서 팀원이 말하는 것을 그려가며 경청하면 좋습니다. 팀원은 팀장이 그리는 것을 보다가 어느 정도 생각이 분명해지면 종이에 직접 그림을 그립니다. 아이디어가 말을 넘어 그림으로 그려지는 순간입니다.

비즈니스에서 아이디어가 실현되려면 돈, 사람, 시간이 필요합니다. 그중에서 가장 필요한 것은 단연 돈입니다. 팀에서 돈은 운영비와 투자비로 나뉩니다. 아이디어를 실현하는 데 필요한 돈이 운영비에서 감당 가능하다면 팀장이 결정해서 집행하면 됩니다. 어떤 아이디어는 운영비로는 부족해서 투자비가 필요할 때가 있습니다. 운영비 계정으로는 집행 자체가 불가능해서 투자비를 따로 신청해서 받아야만 하는 경우도 있습니다. 이때 사내 투자 심의를 받아야 합니다. 대기업 이상이면 대부분 투자심의위원회 규정이 있습니다. 대표이사나 임원이 위원장을 맡곤 합니다.

아이디어의 계곡이 있습니다. 아이디어가 구현될 때까지 넘어야 할 산과 절벽이 있습니다. 첫 번째는 당연히 아이디어 도출입니다. 아이디어 자체를 도출하지 못하고 실패하는 경우입니다. 두 번째는 아이디어 설명입니다. 아이디어를 제대로 설명하지 못해서 다음 단계로 못 나아가는 겁니다. 세 번째가 투자심의위원회에서 통과하지 못하는 경우입니다.

많은 팀장이 투자 심의를 잘 못 받습니다. 투자 심의를 받기 싫어서 아이디어를 묵살하기도 합니다. 투자 심의가 탁상공론이라며 굳이 제힘으로 아이디어를 구현하려고 애쓰기도 합니다. 하지만 투자비가 필요하면 투자 심의를 받으면 됩니다. 투자 심의는 경영 활동의 하나이므로 두려워하거나 회피할 필요가 전혀 없습니다. 투자할 만하면 투자하고 투자할 만하지 않으면 투자하지 않는 것뿐입니다.

막상 투자 심의를 받게 되면 팀장의 고민은 아이디어를 어떻게 잘 설명할지에 초점이 맞춰집니다. 문제는 여기서 시작합니다. 아이디어가 뭔지 잘 설명하는 것은 아이디어를 낸 팀원이 팀장에게 하는 일입니다. 투자심의위원에게 설명하는 것은 아이디어가 아닙니다.

아이디어가 좋으면 회사가 당연히 투자할 것이라 생각합니다. 정말 그럴까요? 예를 들어 지금 가장 좋은 아이디어는 자율주행 전기차입니다. 지금 자율주행 전기차를 만들면 무조건 팔립니다. 이만한 사업 아이디어로는 반도체도 있습니다. 반도체를 만들면 잘 팔립니다. 그러면 자율주행 전기차와 반도체 같은 아이디어를 올리면 투자심의위원회에서 좋다고 찬성할까요? 우리 회사가 삼성이나 애플도 아닌데요.

투자심의위원회도 물론 아이디어가 어떤 것인지 궁금합니다. 그런데 그것보다 더 궁금한 것은 그 일을 왜 우리 회사가 해야 하느냐, 왜 하필 지금 해야 하느냐, 다른 회사는 왜 안 하느냐, 우리가 안 하면 어떻게 되느냐, 우리가 할 수 있느냐, 누가 할 것이냐 같은 겁니다. 다음 6가지 질문에 팀장이 대답을 제대로 해야 투자심의위원이 투자를 결정합니다.

"왜 우리 회사가 해야 하는가?" ⇒ Why we?

"왜 하필 지금 해야 하는가?" ⇒ Why now?

"다른 회사는 왜 안 하는가?" ⇒ Why don't they?

"우리가 안 하면 어떻게 되는가?" ⇒ If we don't?

"우리가 할 수 있는가?" ⇒ Can we?

"누가 맡아서 해야 하는가?" ⇒ Who lead?

각 질문에 답을 내놓기 전에 먼저 ChatGPT에게 물어보고 초안으로 사용하면 됩니다. 예를 들어 우리 회사가 커피 프랜차이즈 기업이라고 하고 종이 빨대를 개발하는 것에 대해 투자심의위원처럼 질문해 보겠습니다.

사내 투자를 받는 6가지 질문

첫째, '왜 우리 회사가 해야 하는가(Why we)?'입니다. 이 질문은 정체성(Identity)에 관한 질문입니다. 정체성은 기업의 변하지 않는 성질입니다. 예를 들어 반도체 회사가 갑자기 은행 사업을 할 수는 없습니다. 회사의 DNA가 반도체 제조인 회사가 갑자기 은행 서비스를 한다는 것은 회사의 정체성을 바꾸는 일입니다. B2B 기업이 갑자기 B2C 사업을 하는 것도 매우 어려운 일입니다. OEM 기업이 갑자기 브랜드를 론칭하겠다는 것도 사실상 거의 불가능한 일입니다.

물론 전혀 불가능한 일은 아닙니다. 새로운 회사를 세워서 그 회사가 그 사업을 하게 하면 됩니다. 회사는 지주 체계로 만들고 기존 사업은 물적, 또는 인적 분할을 해서 계열사로 만들면 됩니다. 하지만 이것은 엄연히 회사를 나누는 것입니다. 한 회사에서 이처럼 성질이 다른 사업을 벌이는 것은 결코 쉽지 않습니다. 사내 벤처든 TF든 어떤 형식으로든 기존 사업과 분할할 수밖에 없습니다. 안 그러면 그 기업의 정체성에 혼란이 오기 때문입니다.

회사의 DNA뿐 아니라 소비자의 기업 인식도 고려해야 합니다. 소비자는 특정 기업을 특정 제품이나 서비스, 또는 브랜드나 상징으로 일정한 범위를 정해 인식합니다. 예를 들어 삼성전자는 가전, 반도체, 스마트폰으로, 현대자동차는 자동차 제조로, SKT는 무선통신기업으로 규정합니다. 그런데 갑자기 삼성전자가 자동차를 제조한다고 하면 뭔가 뜨악한 기분이 듭니다. 낯설고 서먹하고 꺼림칙합니다. 현대자동차가 식품을 배달한다고 하는 것도 마찬가지입니다. SKT가 은행을 한다는 것도 마찬가지입니다. 소비자의 기업정체성을 바꾸는 일은 정말 엄청난 노력이 필요하고, 실패 확률도 굉장히 높습니다.

"왜 우리 회사가 해야 하는가?"라는 질문에 답하기 어렵다면 다른 식으로 질문을 유도하면 됩니다. 예를 들면 "이 사업은 사내 벤처로 만들어 추후 독립해야 합니다."라고 설명하면 투자심사위원은 바로 "왜 우리가 사내 벤처를 만들어야 합니까?"라고 질문할 수밖에 없습니다. 그때 회사의 정체성을 얘기하면서 이 사업은 새로운 기업의 정체성을 필요로 한다고 설명하면 됩니다.

우리 회사는 커피 프랜차이즈 기업이다. 우리 회사가 왜 종이 빨대를 개발해야 하나? 200자로 알려줘.

커피 프랜차이즈 기업으로서, 종이 빨대 개발은 환경 보호와 기업 책임을 다하는 중요한 방법입니다. 플라스틱 빨대는 해양 생태계와 환경에 해로운 영향을 미치며, 이에 대한 공감대가 높아짐에 따라 고객들의 기대도 변화하고 있습니다. 종이 빨대를 도입함으로써 친환경적 이미지를 강화하고, 고객들의 선호도와 충성도를 높일 수 있습니다. 이를 통해 경쟁력을 갖추고 지속 가능한 성장을 추구할 수 있습니다.

둘째, '왜 하필 지금 해야 하는가(Why now)?'입니다. 흔히 하는 말로 비즈니스 타이밍(Timing)입니다. 2015년에 TED에서 빌 그로스 아이디어랩 CEO가 스타트업을 성공으로 이끄는 다섯 가지 요인을 발표했습니다. 아이디어, 팀, 비즈니스 모델, 자금 조달, 그리고 타이밍입니다. 빌 그로스는 처음에 이 다섯 가지 중에서 가장 성공에 영향을 끼치는 것은 아이디어라고 생각했답니다. 그런데 200여 스타트업을 분석한 결과 가장 큰 성공 요인은 타이밍이라는 것을 밝혀냈습니다. 정확하게는 타이밍이 비즈니스 성공에 42%의 영향을 준다고 합니다. 팀은 32%, 아이디어는 28%, 비즈니스 모델은 24%, 자금 조달은 14%라고 합니다.

빌 그로스는 에어비앤비나 우버 등을 예로 들어 설명합니다. 에어비앤비가 본격적으로 사업을 시작한 2008년은 2007년 서브프라임 모기지 사태로 경제가 매우 어려운 시기였습니다. 이때 사람들은 보유한 집을 공유용으로라도 써서 이자를 갚거나 집을 살리는 쪽을 선택했고, 이 타이밍에 에어비앤비가 적절한 솔루션이 되었다는 겁니다. 최근 코로나 사태로 모두가 죽을 것 같았지만 이 타이밍에 ZOOM 같은 기업은 수십 배 성장했습니다.

비즈니스 타이밍은 크게 두 가지로 나뉩니다. 하나는 외부 타이밍, 다른 하나는 내부 타이밍입니다. 외부 타이밍은 시장이나 고객이 우리의 제품이나 서비스를 받아들일 준비가 되어 있느냐 하는 겁니다. 내부 타이밍은 우리가 그 제품이나 서비스를 개발하거나 제공할 준비가 되어 있느냐 하는 겁니다. 두 타이밍이 절묘하게 맞아떨어지기 직전이 기획을 보고할 타이밍입니다. "왜 하필 지금 해야 하는가"라는 질문에 외부 타이밍과 내부 타이밍이 모두 Soon 단계라고 보고해야 투자를 받을 수 있습니다.

		내부 타이밍			
		Yet	Soon	Now	Already
외부 타이밍	Yet				
	Soon		√보고		
	Now				
	Already				

그림 5-2 비즈니스 타이밍

왜 하필 지금 종이 빨대를 개발해야 하나? 200자로 알려줘.

지금 종이 빨대를 개발해야 하는 이유는 환경 문제의 급증과 소비자 인식의 변화 때문입니다. 기후 변화와 환경 보호에 대한 관심이 증가함에 따라, 고객들은 친환경적인 제품과 서비스를 선호하게 되었습니다. 따라서 종이 빨대 개발은 고객들의 요구에 부응하고 시장 경쟁력을 유지하기 위한 중요한 전략입니다. 또한 많은 국가에서 플라스틱 사용 제한이 강화되고 있어, 종이 빨대 개발은 법규 준수를 위해 필요한 조치이기도 합니다. 지금이야말로 환경 친화적인 대안을 찾아 변화를 주도할 시기입니다.

셋째, '다른 회사는 왜 안 하는가(Why don't they)?'입니다. 누구나 뭔가를 시작할 때 늘 하는 말이 있습니다. 옆집 애도 한다는 겁니다. 과외든 학원이든 피아노든 옆집 애가 하면 우리도 해야 한다는 겁니다. 옆집 애가 잘 살고 공부 잘하면 더더욱 따라 합니다. 따라쟁이가 되어도 상관없습니다. 일단 경쟁사가 하면, 선진사가 하면, 갑이 하면 나도 하는 겁니다.

남이 하니 나도 한다는 논리는 누구나 쉽게 씁니다. 하지만 제삼자 입장에서 보면 남이 한다고 따라 한다는 논리는 굉장히 무색한 논리입니다. 논리라고 부르기도 민망합니다. 그래서 투자심의위원은 남이 하니 우리도 해야 한다는 말에 "그러면 안 하는 회사는 왜 안 하는가?"라고 물을 수밖에 없습니다.

현재 사업하는 회사가 그 사업을 왜 하는지를 알아내는 것은 쉽습니다. 그 회사 홈페이지만 봐도, 신년사만 봐도, 회사 소개 자료만 봐도, 공시하는 사업보고서만 봐도 그 회사가 그 사업을 왜 하는지 알 수 있습니다. 남이 하는 자료는 찾기 쉬워서 기획서에 잘 들어갑니다. 그러면 다 해야 하는 걸로 착각합니다. 그런데 그 사업을 안 하는 회사가 왜 그 사업을 안 하는지 이유를 알기는 무척 어렵습니다. 회사 내부에서 결정하고 정리한 일이므로 밖으로 잘 새어 나오지 않습니다. 자료를 찾기 어려우니 기획서에 넣을 것도 없습니다.

이 문제를 해결하는 방법은 간단합니다. 기획서 목차에 처음부터 항목을 집어넣는 겁니다. '이 사업을 다른 회사가 하는 이유', 그리고 바로 밑에 '이 사업을 다른 회사가 안 하는 이유'를 넣고 두 항목의 내용을 똑같은 비중으로 채우면 됩니다. 예를 들어 파워포인트로 기획서를 쓴다면 둘 다 슬라이드 한 장씩 차지하게 하면 됩니다.

 다른 회사는 왜 안 하는가? 200자로 알려줘.

 다른 회사들이 종이 빨대를 도입하지 않는 이유는 다양합니다. 일부 회사는 비용 문제 때문에 전환을 고려하지 않을 수 있습니다. 종이 빨대는 플라스틱 빨대에 비해 생산 비용이 높을 수 있어 초기 투자가 필요합니다. 또한, 기존의 공급망과 인프라를 변경해야 하는 데 어려움을 겪을 수 있습니다. 일부 회사는 소비자들의 선호도를 과소평가하거나 종이 빨대의 성능에 대한 우려 때문에 미룰 수 있습니다. 하지만 이러한 장애물을 극복하고 지속 가능한 대안을 적용하는 것이 장기적으로는 기업 이미지와 경쟁력에 긍정적인 영향을 미칩니다.

넷째, '우리가 안 하면 어떻게 되는가(If we don't)?'입니다. 서울대 행정대학원장 최종훈 교수의 인생교훈이란 것이 있습니다. 다음과 같은 명언입니다.

"갈까 말까 할 때는 가라."

"살까 말까 할 때는 사지 마라."

"말할까 말까 할 때는 말하지 마라."

"줄까 말까 할 때는 줘라."

"먹을까 말까 할 때는 먹지 마라."

결정이란 것이 무척 어렵지만 그것보다 더 어려운 것이 있습니다. 그런 결정을 안 하면 어떻게 되냐 하는 겁니다. 갈까 말까 할 때는 가라고 했는데, 안 가면 어떻게 되냐는 겁니다. 살까 말까 할 때는 사지 말라고 했는데 사면 어떻게 되냐는 겁니다. 어떤 사업을 꼭 해야 한다고 팀원이 강력히 주장하는데, 그 사업을 안 하면 어떻게 되냐는 겁니다.

이것은 기회비용과는 다릅니다. 같은 돈을 A 사업과 B 사업에 투자했는데, A 사업은 말아먹고 B 사업은 2배 이익을 봤습니다. 그러면 A 사업에 투자한 돈을 B 사업에 투자했다면 하는 기회비용이 산출됩니다. 그런데 그 사업을 안 했다면 어떻게 됐을까 하는 문제는 기회비용이 아닙니다. 처음부터 투자를 하느냐 마느냐의 문제이고, 투자를 하지 않으면 결과를 알 수 없는 문제입니다. 나중에 가서 "거 보세요. 그때 하자 그랬잖아요."라고 한들 비교 대상이 없으니 증명도 못 합니다.

게다가 사내 투자심의위원의 인생 교훈은 반대입니다. "투자할까 말까 할 때는 하지 마라."입니다. 왜냐하면 투자를 하기로 결정하거나 지지하는 순간 일정한 책임이 따르기 때문입니다. 투자를 안 하면 아무 책임도 발생하지 않습니다. 그러니 투자를 안 하는 쪽으로 항상 기울기 마련입니다. 이미 기울어진 운동장에서 팀장은 기획을 보고해야 하는 상황입니다.

기울어진 운동장에서 논리를 따지는 것은 의미 없습니다. 기회비용도 얘기할 수 없는 상황에서 우리가 할 수 있는 일은 겁박뿐입니다. 시장 점유율이 빠

진다, 고객이 외면한다, 회사가 망한다… 이런 겁박을 해야 합니다. 실제로 이런 사업이나 이런 기회를 잡지 못해서 망한 회사 얘기도 해야 합니다. 더 좋은 것은 동아줄을 잡는 겁니다. 회장님이 추진을 강력히 지시하셨다, 사장님이 자리를 걸고 약속하셨다… 같은 것이 동아줄입니다. 앞서 3가지 질문에는 논리가 통하지만, 이제부터 3가지 질문에는 논리가 안 먹힙니다. 정치력이 필요한 질문입니다.

 우리가 안 하면 어떻게 되는가? 200자로 알려줘.

 만약 회사가 종이 빨대 도입을 고려하지 않으면, 여러 가지 불이익이 발생할 수 있습니다. 첫째로, 친환경적인 제품과 서비스를 선호하는 고객들의 관심을 잃게 됩니다. 이로 인해 경쟁력이 저하되고 시장 점유율이 감소할 수 있습니다. 둘째로, 국가 및 지역의 환경 규제에 따라 플라스틱 사용에 대한 제한이 강화되면 법규 준수에 어려움을 겪게 됩니다. 이 경우 법적 제재 및 과징금 등의 불이익을 감수해야 할 수 있습니다. 마지막으로, 환경 보호에 대한 책임을 다하지 못함으로 인한 기업 이미지 손상이 발생할 가능성이 있습니다.

다섯째, '우리가 할 수 있는가(Can we)?'입니다. 여기서 흔히 역량을 생각하는 분이 있습니다. 이 질문은 역량에 관한 것이 아닙니다. 역량은 이미 기획서 중간에서 다 증명되었습니다. 회사에 투자할 돈이 없는데 투자하라고 기획서 쓰지 않습니다. 회사에 사람이 없는데 사람을 써서 일하겠다고 할 수는 없습니다. 이미 역량은 증명된 상태에서 투자심의위원이 묻는 '우리가 할 수 있는가?'라는 질문은 의지를 말합니다.

의지(Will)와 역량(Skill) 모델이 있습니다. 직원의 성과를 향상하는 데 주로 쓰는 프레임워크입니다. 그런데 우리가 할 수 있는가에 대한 답이 이 프레임워크에 있습니다. 일반적으로 사업 기획은 위에서 떨어지는 지시로 시작합니다. 이 지시를 한 사람은 당연히 의지가 높고 역량은 낮습니다(1). 역량을 모른다고 하는 편이 더 정확합니다. 그래서 실무진에게 기획하라고 하는 겁니다. 높은 데서 그런 지시를 받은 실무진에게 의지와 역량이 있을 리가 없습니다(2). 그러나 기획을 해 나가면서 점점 역량을 찾아냅니다. 만약 내부에 역량이 없다면 외부의 역량을 가져오는 방법을 찾습니다(3). 이제 투자심의위원회에 기획을 보고할 때는 의지를 포함해야 합니다. 최소한 처음 지시한 사람 이상의 의지를 보여줘야 합니다(4).

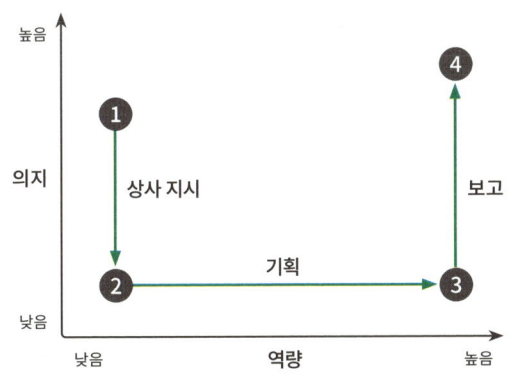

그림 5-3 의지 역량 매트릭스로 우리가 할 수 있다는 것을 보여줘야 한다

 우리가 할 수 있는가? 200자로 알려줘.

 당연히 할 수 있습니다. 종이 빨대 도입을 위해 첫 단계로는 시장 조사를 통해 가장 적합한 종이 빨대 공급업체를 찾아야 합니다. 이를 통해 품질과 비용 효율성을 균형 있게 유지할 수 있습니다. 둘째로, 종이 빨대를 시험 도입해 고객들의 반응과 사용성을 평가할 수 있습니다. 이를 바탕으로 개선 사항을 파악하고 최적화된 제품을 선보입니다. 셋째로, 마케팅 전략을 통해 친환경적인 제품 도입을 알리고, 기업 이미지와 고객 인식을 개선할 수 있습니다. 지속적인 노력으로 종이 빨대 도입이 가능하며, 이를 통해 환경에 긍정적인 영향을 미칠 수 있습니다.

마지막 여섯째, '누가 맡아서 해야 하는가(Who lead)?'입니다. 이 질문이 나왔다는 것은 이미 사내 투심은 통과했다는 의미입니다. 그런데 많은 팀장이 이 질문에 대한 답을 준비하지 않고 갑니다. 그건 상위 부서장이 알아서 결정할 일이라고 보는 겁니다. 겸손의 의미로 나서지 않는 경우도 있고, 누가 해야 할지 몰라서 답을 못하기도 합니다.

하지만 누가 해야 하는지를 분명하게 대답하지 않으면 상황이 굉장히 애매해집니다. 투자심의위원회는 책임자를 지정할 권한이 없습니다. 권한은 당연히 위임전결 규정에 따라 상위 부서장 중 누군가에게 있습니다. 그 권한이 CEO에게 있다고 해보겠습니다. 그러면 일반적으로 CEO가 투자심의위원회의 위원장을 맡을 겁니다. 기획해서 보고하는 사람이 책임자 후보를 올리지 않으면, CEO가 투자심의위원에게 자기가 생각하는 후보를 제시하거나 투자심의위원의 의견을 들어볼 겁니다.

문제는 여기서 결정이 나더라도 당사자가 거부하거나 다른 사유를 들어서 못 한다고 하면 다시 원점으로 돌아온다는 겁니다. 기획도 보고도 잘해 놓고 막판에 적임자가 없어 도루묵이 되거나, 책임자를 찾았는데 다르게 실행하면 결국 손해는 기획하고 보고한 사람에게 돌아옵니다. 기획을 했으면 누가 할 건지까지 마무리해야 합니다. 본인이 하고 싶으면 본인이 적임자라고 기획해야 하고, 본인이 하기 싫으면 다른 적임자를 내세워야 합니다.

누가 맡아서 해야 하는가? 200자로 알려줘.

종이 빨대 도입을 성공적으로 이끌기 위해서는 여러 부서가 협력해야 합니다. 첫째로, 구매 및 공급망 관리 부서가 적합한 공급업체를 찾고 계약을 체결하는 역할을 맡아야 합니다. 둘째로, 영업 및 마케팅 부서가 고객 대상 시험 도입과 관련된 프로모션 전략을 수립하고, 친환경 제품에 대한 고객 인식을 높이는 캠페인을 기획해야 합니다. 셋째로, 연구개발(R&D) 부서는 종이 빨대의 사용성과 품질을 평가하고 개선

> 방안을 제안하는 역할을 수행해야 합니다. 마지막으로, 경영진은 종이 빨대 도입에 필요한 자원과 지원을 제공하며 전체 프로젝트를 관리하고 지휘해야 합니다. 이렇게 다양한 부서가 협력하여 종이 빨대 도입을 성공적으로 추진할 수 있습니다.

기획이 분명 중요하지만, 기획한 것을 상대에게 설명하는 것은 더 중요합니다. 하지만 상대에게 뭔가를 쉽고 정확히 설명하기가 어렵기 때문에 질문하고 대답하는 방법으로 뭔가를 설명해 냅니다. 팀장이 팀원에게 질문하고, 팀원이 팀장에게 대답하는 과정에서 서로가 내용을 정확히 파악할 수 있습니다. 투자심의위원이 투자를 요청하는 직원에게 질문하고, 직원이 투자심의위원에게 대답하는 것도 마찬가지입니다. 직원이 자신이 기획한 내용을 제대로 설명하고, 투자심의위원도 그 기획을 정확히 이해하기 위함입니다.

나아가 이제는 ChatGPT에게 먼저 질문해 보면 됩니다. ChatGPT를 이용해서 제대로 질문하고 제대로 대답할 때 아이디어가 현실로 바뀝니다.

6
ChatGPT와 전략 수립

기업의 전략은 신년사에 다 있다

전략 얼라인(Align: 정렬)을 가장 먼저 하는 부서가 전략기획팀입니다. 전략기획팀은 고전적인 전략 수립 방법을 사용해서 전략을 짭니다. 보통 매년 연말이 되면 다음 해 전략을 짭니다. 이 내용은 수십 장의 산출물로 나오는데, 대부분 사내 비밀문서처럼 처리됩니다. 회장이나 CEO, 특정 임원급에만 공유됩니다. 하지만 큰 굴지의 내용은 대부분 모든 직원이 알 수 있게 공개합니다. 바로 신년사입니다.

대기업의 경영 전략은 보통 신년사로 나타납니다. 신년사를 보면 그 기업이 과거와 현재를 어떻게 리뷰하고 미래 전략을 어떻게 짰는지 알 수 있습니다. 특히 경영자의 시각이 그대로 들어있기 때문에 하위 전략은 모두 이 신년사를 바탕으로 정렬하면 됩니다. 가장 쉽게 부서 전략을 짜는 방법입니다.

신년사는 대부분 지난 한 해를 리뷰하고 올해를 전망하면서 핵심 전략 몇 가지를 설명하는 방식으로 씁니다. 예를 들어 C 그룹의 최근 신년사를 보면서 설명해 보겠습니다. 먼저 인사를 합니다.

"2023년 계묘년 새해가 밝았습니다. 새해에도 모든 임직원 여러분과 각 가정에 건강과 행복이 늘 함께 하시길 기원합니다."

곧바로 외부 환경을 리뷰합니다.

"지난 2022년은 엔데믹 전환 및 글로벌 인플레이션 1년 차로 보건 영역뿐만이 아니라 경세와 시정학에서도 구조적 변화가 가속화된 한 해였습니다. 40년 만에 도래한 고물가 환경에서 미국 연준을 비롯한 각국 중앙은행이 급격하게 금리를 인상한 결과 채권, 주식, 부동산을 포함해 전 세계 보는 자산시장이 큰 충격을 받았습니다. 그리고 지난해 유럽의 에너지 위기와 공급망 위기, 중국의 제로 코로나 정책 및 부동산 경기 위축으로 글로벌 동시 경기침체 가능성이 크게 증가했습니다."

이어서 내부 경영을 리뷰합니다.

"한편, 우리 그룹은 이러한 어려운 경영환경 속에서도 여러분 모두 각고의 노력을 기울인 결과 지난해에도 역대 최고의 실적을 달성하였습니다. 이 자리를 빌어 다시 한번 묵묵히 현장에서 최선을 다하는 여러분 모두에게 감사의 말씀을 드립니다. 각 사업별로 2022년의 성과를 돌아보면 제당 사업은 어려운 경영환경 속에서도 최대 실적을 창출하고, 글로벌 경쟁력을 강화한 의미 있는 한 해였습니다. 식품 사업은 글로벌 원료가격 급등 상황에서도 수익성 기반 강화 및 미국을 중심으로 한 K-Foods 글로벌화를 가속화하였습니다...(중략)"

이제 새해를 전망합니다.

"임직원 여러분, 올해 경영환경도 지난해 못지않게 어려울 것으로 예상됩니다. 글로벌 인플레이션은 정점을 지나고 있으나 여전히 높은 수준을 지속하고 있어 미국 등 주요국 금리 인상 기조는 상반기까지 이어질 것으로 보입니다. 그 결과 올해 글로벌 동시 경기침체 위험이 높아지면서 수출 기업의 어려움이 한층 가중되는 가운데 국내에서도 가계의 이자 부담 증가와 주택가격 하락에 따라 소비가 둔화되며 내수 기업도 어려워질 가능성이 있습니다. 또한 러시아-우크라이나 전쟁이 장기화되는 가운데, 미중 대립은 경제 전쟁을 넘어 지정학적 갈등으로 한층 더 심각해질 것으로 예상됩니다."

전망을 기반으로 돈, 사람, 시간의 비즈니스 제약을 설명합니다.

"이와 같이 급변하는 국내외 경영환경은 우리에게는 위기이자 아주 큰 도약의 기회입니다. 경영환경이 급변하는 시기에 대응을 잘한 기업은 위기를 기회로 만들어 보통의 기업보다 엄청난 격차를 벌렸습니다. 우리도 퀀텀 점프하여 글로벌 메이저 플레이어로 가느냐 아니면 단순히 국내시장에 안주해 존재감 없이 쇠퇴해 가느냐는 올해 얼마만큼 초격차 역량과 최고 인재를 확보해 담대한 미래 전략을 구상하고 철저히 실행하는가에 달려있습니다. 2년째 최고 실적을 달성하고 있음에도 그룹 시가총액이 정체되어 있는 것은 우리 그룹의 경쟁력에 대한 시장의 확신이 여전히 부족하다는 것을 의미합니다. 따라서 우리는 새롭게 정립할 2025중기 전략을 성공적으로 실행하여 글로벌 라이프스타일 기업으로 도약해야 합니다."

이제 경영 전략을 3가지 설명합니다.

"첫째, 우리의 핵심 가치인 OnlyOne을 토대로 미래혁신성장을 반드시 달성해야 합니다. 계열사는 4대 미래 성장엔진인 Culture, Platform, Wellness, Sustainability 기반 위에 새롭게 정비된 혁신성장 사업 중심으로 과감하고 신속한 투자와 M&A 등을 철저히 실행하여 새로운 영역과 영토로 확장을 지속해 나가야 할 것입니다. (중략)

둘째, 가장 중요한 최고 인재의 선제적 확보와 육성, 그리고 근본적인 조직문화 개선이 필요합니다. 결국 혁신성장을 가능하게 하는 것은 우리의 인재입니다. 올해에도 의지와 역량 있는 반듯한 하고잡이 인재에게 연공서열을 타파한 다양한 기회와 공정한 경쟁을 보장하고 탁월한 성과에 대해서는 파격적인 보상을 한층 강화할 것입니다. (중략)

셋째, 우리는 핵심 사업에 있어 초격차 역량을 재정립하고 조기 구축하여 글로벌 경쟁사가 넘볼 수 없는 구조적 경쟁력을 확보하고 강화해 나가야 합니다. 먼저 초격차 역량 및 실질적인 성과 지표를 더욱 정교하게 하여 우리 자신의 진짜 실력을 정확히 알고 선제적으로 대처해야 합니다. (중략)"

이제 마지막 인사를 합니다.

"올 한 해도 변함없이 우리 그룹의 무궁한 발전을 위해 최고의 노력을 경주해 주시기 부탁드리며, 세계 각국의 임직원과 가족 여러분께서 소망하시는 일들 모두 이루시고 가정에 건강과 행복이 가득하길 바랍니다. 새해 복 많이 받으십시오. 감사합니다."

팀 전략 만들기

신년사를 보면 그룹의 경영 전략을 자세히 알 수 있습니다. 따라서 팀의 전략도 경영 전략 수립 방법과 그 산출물을 그대로 이어받아야 합니다. 우선 팀 전략 수립 방법을 경영 전략 수립 방법과 동일하게 만드는 겁니다. 그룹의 경영 전략, 즉 신년사는 다음과 같이 구성되어 있습니다.

구분	내용
외부 환경 리뷰	경제와 지정학에서 구조적 변화 가속화
내부 경영 리뷰	어려운 경영 환경에서도 글로벌 경쟁력 강화
새해 전망	수출과 소비 모두 악화
비즈니스 제약	시가총액 정체 최고 인재 부족 급변하는 시기
경영 전략	영업 혁신 성장 최고 인재 확보와 육성 핵심 사업 영업 경쟁력 확보

이제 팀장은 이 신년사를 가지고 팀의 전략을 수립하면 됩니다. 신년사에는 기본적인 구조와 방향이 다 있으므로 문구를 그대로 사용하면서 스케일을 팀 수준으로 낮추면 됩니다. 예를 들어 영업팀은 다음과 같이 전략을 수립하면 됩니다.

구분	내용
외부 환경 리뷰	영업 환경에서 구조적 변화 가속화
내부 경영 리뷰	어려운 영업 환경에서도 영업 경쟁력 강화
새해 전망	소비 악화로 국내 영업 악화
비즈니스 제약	영업 가치 정체 최고 영업 인재 부족 급변하는 영업 환경
팀 전략	영업 혁신 성장 최고 영업 인재 확보와 육성 핵심 제품 영업 경쟁력 확보

품질팀은 다음과 같이 전략을 수립하면 됩니다.

구분	내용
외부 환경 리뷰	품질 관리 환경에서 구조적 변화 가속화
내부 경영 리뷰	어려운 품질 관리 환경에서도 품질 경쟁력 강화
새해 전망	수출과 소비 악화로 품질 요구 증가
비즈니스 제약	품질 관리 비용 정체 최고 품질 관리 인재 부족 급변하는 품질 환경
팀 전략	품질 혁신 성장 최고 품질 관리 인재 확보와 육성 핵심 제품 품질 경쟁력 확보

물류팀은 다음과 같이 전략을 수립하면 됩니다.

구분	내용
외부 환경 리뷰	물류 환경에서 구조적 변화 가속화
내부 경영 리뷰	어려운 물류 환경에서도 물류 경쟁력 강화
새해 전망	수출과 소비 악화로 물류 요구 증가
비즈니스 제약	물류 가격 정체 최고 물류 관리 인재 부족 급변하는 물류 환경
팀 전략	물류 혁신 성장 최고 물류 관리 인재 확보와 육성 핵심 제품 물류 경쟁력 확보

부서 전략을 수립하면서 가장 많이 하는 실수가 있습니다. 회사의 비전이나 미션, 핵심 가치 같은 것에서 전략을 만드는 것입니다. 예를 들어 핵심 가치가 도전, 정직, 창조라고 해보겠습니다. 여기서 도전 전략, 정직 전략, 창조 전략 같은 것을 만들어 낼 수 없습니다. 왜냐하면 경영 전략 어디에도 도전 전

략, 정직 전략, 창조 전략 같은 것이 없기 때문입니다. 전략은 기본적으로 제약에서 시작하고, 제약은 과거의 리뷰에서 시작하는데, 핵심 가치 체계 같은 것은 좋은 의견을 모아 선별한 것이기 때문에 전략과 이어질 수가 없습니다.

게다가 가치 체계는 인사팀이 만들고 전략 체계는 전략기획팀이 만들기 때문에 둘 사이는 그리 잘 연계되지 않습니다. 물론 신년사에 가치 체계가 들어가긴 합니다. 하지만 신년사에 들어간 가치체계는 흔히 말하는 덕담 같은 것입니다. 으레 들어가는 것이지 그게 전략적으로 들어간 것은 아니라는 뜻입니다.

ChatGPT로 팀 신년사 만들기

팀 전략을 구상했으면 팀 신년사를 써서 배포하는 것을 추천합니다. 새해 첫 회의 때 신년사를 낭독하는 것도 좋습니다. 팀 신년사는 결국 팀원 업무에서 전략적 기준이 됩니다. 그런 전략적 신년사가 없는 팀은 한 해의 업무 기준을 잡지 못하고 헤맵니다. 물론 팀 전략이 KPI나 MBO 등에 반영되겠지만, 큰 틀의 기조는 결국 팀 신년사로 정리해 줘야 합니다.

사실 많은 팀장이 팀 신년사를 잘 못 씁니다. 핵심 내용은 알아도 글로 구성하기는 쉽지 않습니다. 예를 들어 물류 팀장이 외부 환경을 '물류 환경에서 구조적 변화 가속화'라고 했지만, 이걸 풀어쓰기가 쉽지 않습니다. 이때 ChatGPT에게 요청하면 됩니다.

팀에서 외부 환경을 리뷰한 결과 '물류 환경에서 구조적 변화 가속화'가 핵심 메시지로 도출되었다. 이 메시지의 세부 내용을 발표 형식으로 200자 써 줘.

저희 팀에서 외부 환경을 조사한 결과, 물류 산업에서 구조적 변화가 가속화되고 있다는 메시지를 도출했습니다. 이러한 변화는 전자상거래 산업의 성장과 더불어 물류 시장에서 새로운 경쟁자들이 등장하면서 더욱 빠른 속도로 진행되고 있습니다.

이에 따라 기존 물류 기업들은 더욱 효율적이고 유연한 시스템과 프로세스를 도입하고, 물류 네트워크를 재구성하여 경쟁력을 유지하거나 강화해야 합니다. 또한, 물류 산업에서는 디지털 기술의 도입과 인공지능 기술의 활용이 점점 더 중요해짐에 따라, 기존의 비즈니스 모델과 프로세스를 적극적으로 변화시켜야 할 필요성이 있습니다.

이제 내부 경영 리뷰도 달라고 해보겠습니다.

우리 팀은 작년에 어려운 물류 환경에서도 물류 경쟁력 강화를 이뤄냈다. 이 내용을 구체화하여 발표 형식으로 200자 써 줘.

작년 우리 팀은 어려운 물류 환경에서도 물류 경쟁력을 강화하는 데 성공했습니다. 이를 실현하기 위해 우리는 디지털 기술의 도입과 인공지능 기술의 활용을 적극적으로 추진했습니다. 또한, 물류 네트워크를 재구성하고, 물류 프로세스를 최적화하며, 고객과 긴밀한 협력을 유지했습니다. 이러한 노력은 물류 시스템의 효율성을 대폭 개선하고, 고객 만족도와 서비스 수준을 높이는 데 큰 기여를 했습니다. 결과적으로, 우리는 물류 산업에서 경쟁력을 강화하며, 더욱 안정적이고 성장 가능한 비즈니스 모델을 구축했습니다. 이를 통해 우리는 성공적인 물류 기업으로서의 지위를 유지하고, 미래에도 물류 산업에서 선도적인 역할을 수행할 수 있도록 노력할 것입니다.

이제 새해 전망을 ChatGPT에게 구체화해 달라고 해보겠습니다.

새해에는 수출과 소비 악화로 물류 산업이 어려워진다는 내용의 전망을 발표 형식으로 200자 써 줘.

새해에는 수출과 소비 악화 등으로 물류 산업이 어려워질 전망입니다. 특히 코로나 19로 인한 경제 불황으로 인해 수출과 수입이 감소하고, 소비에 대한 불황적인 전망이 제시되고 있습니다. 이에 따라 물류 산업에서는 수입 및 수출 채널의 다양화와 물류 네트워크의 재조정이 필요해질 것으로 예상됩니다. 또한, 디지털 기술의 적극적인

> 도입과 빠른 정보 공유를 통해 물류 프로세스의 효율성을 높이는 것이 더욱 중요해질 것입니다. 물류 기업들은 이러한 어려운 환경 속에서도 고객 만족도와 서비스 수준을 유지하고, 경쟁력을 유지하기 위해 지속적인 노력이 필요할 것입니다. 따라서 물류 산업은 더욱 혁신적이고 효율적인 비즈니스 모델을 도입하며, 적극적인 대응과 협력을 통해 이 어려운 시기를 극복해 나가야 할 것입니다.

이제 비즈니스 제약 3가지, 물류 가격 정체, 최고 물류 관리 인재 부족, 급변하는 물류 환경에 대해 구체적으로 써 달라고 해보겠습니다.

> 우리 회사는 물류 기업이다. 다음과 같은 3가지 비즈니스 제약에 대해 하나씩 100글자 이내로 구체화해서 발표 형식으로 써 줘.
>
> 1. 물류 가격 정체
> 2. 최고 물류 관리 인재 부족
> 3. 급변하는 물류 환경

> 1. 물류 가격 정체: 우리 회사는 물류 가격 정체에 대한 비즈니스 제약을 경험하고 있습니다. 이러한 상황에서는 기존의 물류 가격 정책을 재고해야 하며, 더욱 효율적인 운영을 위한 비용절감 방안을 마련해야 합니다. 또한, 물류 고객과 긴밀한 협력을 유지하여 서비스 수준을 높이고, 고객 만족도를 유지해 나가야 합니다.
>
> 2. 최고 물류 관리 인재 부족: 우리 회사는 최고의 물류 관리 인재 부족에 대한 비즈니스 제약을 경험하고 있습니다. 이를 극복하기 위해서는 물류 관리 인재를 유치하기 위한 적극적인 인재 영입 전략과, 현직 물류 전문가들의 교육 프로그램을 마련해야 합니다. 또한, 기존의 물류 인력들에 대한 교육과 인센티브 제도를 개선하여 직원들의 역량 개발과 물류 경쟁력 강화에 노력해야 합니다.
>
> 3. 급변하는 물류 환경: 우리 회사는 급변하는 물류 환경에 대한 비즈니스 제약을 경험하고 있습니다. 이를 극복하기 위해서는 민첩한 대응이 필요합니다. 물류 환경 변화를 예측하고, 이를 반영하는 새로운 물류 전략을 수립해야 하며, 신기술 및 인공지능을 활용하여 물류 시스템을 최적화하는 것이 필요합니다. 또한, 물류 산업과 관련된 새로운 기술과 동향을 지속적으로 추적하여 물류 산업의 변화에 민감하게 대응해 나가야 합니다.

내용에 이미 어느 정도 전략이 포함되어 있으니 적절히 수정하면 됩니다. ChatGPT에게 팀 전략 3가지, 물류 혁신 성장, 최고 물류 관리 인재 확보와 육성, 핵심 제품 물류 경쟁력 확보를 알려주고 전략을 달라고 해보겠습니다.

우리 팀의 올해 전략은 다음 3가지다. 각각의 전략을 100자로 구체화해 줘.

1. 물류 혁신 성장
2. 최고 물류 관리 인재 확보와 육성
3. 핵심 제품 물류 경쟁력 확보

1. 물류 혁신 성장: 우리 팀의 첫 번째 전략은 물류 혁신 성장입니다. 이를 위해서는 기존의 물류 시스템과 프로세스를 새로운 기술과 아이디어를 활용하여 혁신적으로 개선해 나가야 합니다. 또한, 물류 인프라를 최신 기술로 강화하고, 물류 네트워크를 확장하는 것이 필요합니다. 이를 통해 물류 시장에서의 선도적인 역할을 수행하며, 더욱 안정적인 성장을 추구할 것입니다.

2. 최고 물류 관리 인재 확보와 육성: 우리 팀의 두 번째 전략은 최고의 물류 관리 인재 확보와 육성입니다. 이를 위해서는 물류 관리에 필요한 역량을 가진 인재들을 적극적으로 영입하고, 교육 및 인센티브 제도를 통해 인재들의 역량 개발과 성장을 촉진해야 합니다. 또한, 기존의 물류 인력들의 역량 개발과 인센티브 제도를 개선하여 직원들의 만족도와 참여도를 높이는 것이 필요합니다.

3. 핵심 제품 물류 경쟁력 확보: 우리 팀의 세 번째 전략은 핵심 제품 물류 경쟁력 확보입니다. 이를 위해서는 고객 요구사항을 충족시키는 물류 서비스를 제공하고, 물류 프로세스의 효율성을 높여야 합니다. 또한, 새로운 물류 기술과 아이디어를 도입하여 제품 물류의 경쟁력을 확보하며, 급변하는 물류 환경에 대응하기 위해 민첩하게 대응하는 것이 필요합니다. 이를 통해 핵심 제품의 물류 경쟁력을 유지하며, 새로운 비즈니스 모델과 수익성을 창출할 것입니다.

이렇게 ChatGPT의 도움을 받아서 팀의 신년사를 만들 수 있습니다. 물론 ChatGPT가 준 것을 그대로 쓸 수는 없습니다. 다만, 팀원이 작성한 신년사 초안으로 생각하고 세부 내용을 조금씩 손보면 됩니다. 처음부터 백지에서 시작하는 것보다는 이렇게 ChatGPT가 초안이라도 내놓으면 글을 쓰기가 훨씬 수월합니다.

전략과 방안과 과제

전략은 주어진 제약에서 최선의 선택입니다. 비즈니스에서 주어지는 제약은 돈, 사람, 시간입니다. 늘 돈, 사람, 시간이 모자랍니다. 모자란 돈, 사람, 시간을 갖고 최선의 경영 활동을 만들어내는 것이 전략입니다.

로또에 당첨되었는데 안타깝게도 3등입니다. 세금 빼고 300만 원 받았습니다. 어쨌든 공짜로 들어온 돈입니다. 집과 관련해서 어디에 쓸까요? 아마 노트북을 바꾸거나 소파 또는 침대, TV 정도 바꾸지 않을까요?

만약 미국 로또 1등에 당첨되면 어떻게 할까요? 미국 로또는 워낙 규모가 커서 1등이 되면 몇백억, 몇천억까지도 준다고 합니다. 여러분이 1천억 원을 받으면 뭘 바꿀까요? 노트북? 소파? 침대? TV? 아니죠. 아마 집을 통째로 바꿀 겁니다. 아니면 완전히 새집으로 이사할 겁니다. 가구도 모두 새것으로 바꿀 겁니다.

돈, 사람, 시간이라는 제약이 없다면 전략이 필요 없습니다. 항상 제약이 있기 때문에 전략을 짭니다. 영화 〈300〉을 보면 스파르타군과 페르시아군이 장렬한 전투를 벌입니다. 스파르타군은 규모의 열세 때문에 첫 전투에서부터 치열하게 전략을 세워 싸웁니다. 규모가 엄청난 페르시아군은 특별한 전략 없이 그냥 밀고 들어옵니다. 스파르타군은 패배하기 전까지 끊임없이 전략을 수정하거나 새로운 전략을 세웁니다. 점령지까지 서둘러 가야 하는 페르시아군은 시간이 촉박해지고 피해가 커지자 전략을 세우기 시작합니다. 그냥 밀고 들어오는 것이 아니라 전선을 다시 구축하고 보다 효율적으로 싸울 수 있는 군인을 내보냅니다.

전략은 항상 제약에서 나옵니다. 제약이 없으면 전략이 나오지 않습니다. 연말이 되면 내년 전략을 짜기 위해 전략 워크숍을 많이 갑니다. 여기서 올해의 제약을 검토합니다. 올해 돈을 얼마 벌었고 얼마 못 벌었고, 사람은 몇 명이었고 얼마나 역량을 발휘했고, 시간은 얼마나 단축하거나 지연되었고, 이런 식으로 리뷰합니다. 그리고 내년의 돈, 사람, 시간 전략을 정합니다. 내년에 돈을 어디서 얼마 벌 것이고, 사람은 몇 명으로 하고 어떤 사람을 채용하거나 육성할 것이고, 언제 무엇을 하고 언제 완료할 것인지 정합니다. 항상 올해를 리뷰하고 내년의 전략을 짭니다.

전략을 수립할 때는 항상 문제가 되는 것이 있습니다. 예를 들어 내년에 주요 설비부터 점검한다는 전략을 짰다고 해보겠습니다. 돈, 사람, 시간이 무한하면 주요 설비부터 점검하지 않습니다. 그냥 전수 점검하거나 새 설비를 도입하거나 새 공장을 지어버리면 끝납니다. 하지만 늘 제약이 있으므로 모든 설비를 점검할 수는 없고 주요 설비부터 점검하기로 했습니다.

그러면 주요 설비는 뭔가요? 뭘 주요 설비라고 할까요? 어떤 사람은 비싼 설비, 어떤 사람은 가동률이 높은 설비, 어떤 사람은 고장이 잦은 설비, 어떤 사람은 최신 설비, 어떤 사람은 담당 설비라고 할 겁니다. 주요 설비가 무엇인지부터 정의를 내리지 않으면 전략이 제대로 작동하지 않습니다. 이때 주요 설비가 무엇인지 기준을 정하거나, 주요 설비를 선정하는 방법을 찾아야 합니다. 이것이 방안입니다.

방안은 전략을 실행하는 기준이나 방법입니다. 주요 설비 선정 방안이 있어야 주요 설비부터 점검할 수 있습니다. 디자인 업무를 외부에 맡기고자 하는 전략에도 외부 업체 선정 방안이 필요합니다. 조직문화를 수평적으로 바꾸겠다는 전략에는 조직문화 전환 방안이 필요합니다. 무엇이 조직문화이고 무엇이 수평적인지부터 기준을 정해야 합니다.

전략 하나에 방안이 여러 가지가 나오기 때문에 방안 중에서 추진하기로 선택한 것이 과제가 됩니다. 주요 설비부터 점검한다는 전략에 '최신 설비부터 점검', '가동률 높은 설비부터 점검', '고장 잦은 설비부터 점검', '고가 설비부터 점검' 같은 방안이 나올 수 있습니다. 이 중에서 '최신 설비부터 점검'이라는 방안을 추진하기로 선택했다면 이것이 과제입니다. 전략에서 나왔기 때문에 '전략 과제'라고 말합니다.

전략 과제는 일반적으로 부서(장)에 주어집니다. 부서장은 과제를 분석해서 부서원에게 배분해야 합니다. '최신 설비 목록 수집', '설비 데이터 분석', '설비 점검 계획 수립', '설비 점검', '설비 점검 이력 관리' 같이 과제를 조각내서 개인에게 배분하는 일이 업무입니다. 과제는 주로 KPI(Key Performance Indicator)로 관리합니다. 업무는 주로 MBO(Management by Objectives)로 관리합니다.

전략을 구체화하면 과제가 되므로 올바른 과제를 선정하고 추진해야 합니다. 좁은 의미로 이것을 기획이라고 합니다. 과제는 개인에게 잘 배분되어 올바르게 처리할 수 있어야 합니다. 계획, 또는 실행이라고 합니다. 전략에서 과제를 거쳐 업무가 되므로 어떤 업무를 하든 전략에 맞게 해야 합니다. 이것을 전략 정렬(Align)이라고 합니다.

그림 6-1 전략, 과제, 업무의 얼라인(Align)

전략에서 과제가 나오고 과제에서 업무가 나오는 것은 당연합니다. 그런데 전략이 없이 과제가 나오기도 합니다. 예를 들어 현장에서 안전 교육을 해달라, 설비 점검 인력을 추가 투입해 달라, 보고나 회의 프로세스를 개선해 달라

같은 요구가 있을 수 있습니다. 이렇게 현장에서 올라오는 과제를 현장 과제라고 합니다. 전사의 전략에서 나오지 않기 때문에 전략 없는 과제가 있을 수 있습니다. 마찬가지로 과제 없는 전략도 있을 수 있습니다. 전략을 지금 막 수립하고 있다면 아직 과제가 없습니다. 또는 과제를 만들어 부서에 주지 않고, 부서로 하여금 직접 과제를 만들라고 할 수도 있습니다. 그렇다면 전략이 있고 없고, 과제가 있고 없고를 가지고 매트릭스를 만들 수 있습니다.

전략과 과제 매트릭스

전략을 알고 과제도 안다면 여러 과제 중 우선순위를 결정하면 됩니다. 전략은 알지만, 과제를 모른다면 과제를 기획해야 합니다. 전략을 모르는데 과제만 안다면 전략과 정렬되게 검토해야 합니다. 전략도 모르고 과제도 모른다면 일단 전략부터 수립해야 합니다.

		무엇을 해야 할지(What = 과제)	
		안다	모른다
왜 해야 할지 (Why = 전략)	안다	우선순위 결정	과제 기획
	모른다	전략 정렬 검토	전략 수립

그림 6-2 전략과 과제 매트릭스

전략도 알고 과제도 안다면 여러 과제 중에 우선순위를 결정해야 합니다. 이때 흔히 범하는 실수가 중요도와 시급성을 가지고 과제 우선순위를 정하는 겁니다. 우선순위를 결정하는 기준에는 중요도와 시급성 말고도 많습니다. 난이도도 있고 가능성도 있고 내부 역량이나 관심, 성과의 크기나 영향력도 있습니다.

직급이 높으면 중요도나 시급성보다는 대주주의 관심이나 성과의 크기, 영향력 발휘 같은 것으로 우선 과제를 선정합니다. 직급이 낮으면 난이도가 가장 큰 기준이 됩니다. 무턱대고 중요도와 시급성을 갖고 우선순위를 정해서는 안 됩니다. 중요하지 않고 시급하지 않아도 대주주가 관심을 많이 둔다면 그 과제를 먼저 해야 합니다. 중요하고 시급하지만, 성과가 돋보이지 않는다면 우선순위에서 밀릴 수 있습니다. 업무 우선순위와 과제 우선순위는 선정 기준이 다르다는 것을 꼭 알고 정해야 합니다.

그림 6-3 직급에 따라 과제 우선순위 결정 기준이 다르다

전략은 아는데 과제를 모른다면 과제를 기획해야 합니다. 전사에서 전략이 나오면 생산기획팀은 생산 과제를 기획합니다. 영업 기획팀은 영업 과제를 기획합니다. 품질기획팀은 품질 과제를 기획합니다. 과제는 어떤 것이든 3종류에 불과합니다. 왜냐하면 문제가 3종류이기 때문입니다. 과제는 전략적으로 문제를 해결하는 것이므로 문제의 3종류, 즉 발생형 문제, 탐색형 문제, 설정형 문제에 대한 과제로 나타납니다.

발생형 과제는 장애나 사고 발생 등을 정상화하거나 수습하는 과제입니다. 탐색형 과제는 부족하거나 악화하는 것을 보충하거나 개선하는 과제입니다.

설정형 과제는 경영자의 포부나 예상한 미래에 대비하거나 준비하는 과제입니다. 예를 들어 '영업 혁신 성장'이란 전략이 있다면 다음과 같이 3가지 과제를 도출할 수 있습니다.

- **발생형 과제**: 실주(수주에 실패한 건) 데이터 분석으로 제안 기준 마련
- **탐색형 과제**: 기존 고객 제품 추천 시스템 구축
- **설정형 과제**: 하이브리드 영업 체계 구축

문제의 종류와 관계없이 과제를 기획하면 한쪽 성향의 과제로 치우치곤 합니다. 발생형 과제, 탐색형 과제, 설정형 과제를 적절히 배분하여 팀 과제로 만드는 것이 좋습니다.

표 6-1 문제의 종류와 과제의 종류

문제의 종류	문제 상황	목적	과제의 종류
발생형 문제	장애, 사고	정상화, 수습	발생형 과제
탐색형 문제	부족, 악화	보충, 개선	탐색형 과제
설정형 문제	포부, 예상	준비, 대비	설정형 과제

전략은 모르는데 과제만 있으면 전략에 정렬되는지 검토해야 합니다. 현장에서는 올라오는 현장 과제가 주로 여기에 해당합니다. 현장 과제를 운영비로 해결할 수 있다면 전략 과제로 올릴 필요는 없습니다. 하지만 운영비로는 부족해서 투자비로 해결해야 한다면 어쩔 수 없이 전략 과제로 만들어야 합니다.

예를 들어 현장에서 야간 점검 때 1인 1조는 안전하지 않으니 2인 1조로 바꿔 달라고 할 때 이것을 전략으로 올려야만 투자비를 받을 수 있습니다. 만약 전사 또는 상위 부서에 안전 강화 같은 전략이 있다면 이 전략과 연결하면 됩니다. 안전 강화 전략의 과제를 야간 점검 제도 개편으로 정하면 됩니다.

전사 또는 상위 부서에 적절한 전략이 없다면 방법은 두 가지입니다. 하나는 전략을 제안하는 것입니다. 전략 수립 초기에 안전 강화 전략이 필요하다고 계속 주장하면 전략 수립 때 반영될 수도 있습니다. 저는 이것을 수직적 전략 정렬이라고 부릅니다. 다른 하나는 안전 강화 전략이 있는 부서를 찾는 것입니다. 과제를 우리 팀만 할 필요는 없습니다. 다른 팀의 운영비나 투자비로 감당할 수 있다면 그 팀에 과제를 넘기는 것이 좋습니다. 또는 여러 팀이 협력해서 과제 하나를 할 수도 있습니다. 저는 이것을 수평적 전략 정렬이라고 부릅니다.

마지막으로 전략도 모르고 과제도 모르는 경우입니다. 실제로 이런 경우가 많습니다. 새로운 팀을 만들거나, 두 팀을 합치거나, 한 팀을 쪼개거나 하면 전략도 과제도 모를 때가 있습니다. 새로 취임한 본부장이 팀을 개편하면 당연히 전략도 과제도 없습니다. 새해가 되면 없던 전략과 과제를 만들어내야 합니다.

이때는 무턱대고 전략이나 과제를 찾는 팀장이 있습니다. 다짜고짜 회의를 열어서 전략 있냐, 과제 있냐 물어보는 팀장이 있습니다. 물론 그렇게 해서 전략을 세우고 과제를 만들 수도 있습니다. 하지만 그렇게 만든 전략과 과제는 상위 전략과 정렬되지 않습니다. 따라서 상위 전략을 먼저 확인하고 그에 맞춰 전략과 과제를 정렬해야 합니다.

이와 더불어 전략을 보고할 때는 반드시 과제를 같이 보고해야 합니다. 전략은 상위 부서장이 관리하고 과제는 하위 부서장이 관리합니다. 전략만 보고한다는 말은 상위 부서장이 할 일만 보고하는 것과 같습니다. 과제를 같이 보고해야 우리 팀이 무엇을 할지 상위 부서장이 이해하고 가타부타 말을 할 수 있습니다. 또한 전략과 과제가 얼마나 정렬되어 있는지도 파악하고 조언할 수 있습니다.

3

ChatGPT로 분석하기

7 _ ChatGPT와 데이터 분석
8 _ ChatGPT와 실적 분석
9 _ ChatGPT와 업무 분석
10 _ ChatGPT와 성과 분석

7
ChatGPT와 데이터 분석

데이터 정리와 데이터 분석

많은 사람이 데이터 정리를 분석이라고 생각합니다. 데이터를 정리해 놓고 분석했다고 말합니다. 데이터 정리는 분석을 위한 준비 과정입니다. 정리한 데이터를 해명하거나 의미를 명료하게 하는 것이 분석입니다.

분석(分析)이란 말의 사전적 의미는 칼로 자르고 도끼로 벤다는 뜻입니다. 얽혀 있거나 복잡한 것을 풀어서 개별적인 요소나 성질로 나누고 나서 논리적으로 해명하는 것입니다. 얽혀 있거나 복잡한 것을 풀어서 개별적인 요소나 성질로 나누는 것이 데이터 정리입니다. 그다음에 그것을 논리적으로 해명하는 것이 분석입니다.

비즈니스에서 정량 데이터를 분석할 때는 복잡한 것을 풀어서 개별적인 요소나 성질로 나누어 논리적으로 해명하는 방법을 사용합니다. 정성 데이터를 분석할 때는 개념이나 문장을 보다 단순한 개념이나 문장으로 나누어 그 의미를 명료하게 하는 방법을 사용합니다.

예를 들어 홈페이지 방문자 분석을 한다고 해보겠습니다. 우선 방문자 데이터를 수집해야 합니다. 방문자 데이터는 서버에 로그 파일로 기록되곤 합니다. 파일을 찾아서 열어보면 다음 그림처럼 얽히고 복잡한 형태로 되어 있습니다.

표 7-1 웹 로그 예시

```
ate time s-ip cs-method cs-uri-stem cs-uri-query s-port cs-username c-ip cs(User-
gent) sc-status sc-substatus sc-win32-status time-taken
015-08-03 12:40:57 209.133.7.95 GET /course-eligibility.asp - 80 - 115.118.114.159
ozilla/5.0+(X11;+Linux+x86_64)+AppleWebKit/537.36+(KHTML,+like+Gecko)+Ubuntu
Chromium/37.0.2062.120+Chrome/37.0.2062.120+Safari/537.36 200 0 0 1234
015-08-03 12:40:58 209.133.7.95 GET /css/font-awesome.min.css - 80 -
15.118.114.159 Mozilla/5.0+(X11;+Linux+x86_64)+AppleWebKit/537.36+(KHTML,+like
Gecko)+Ubuntu+Chromium/37.0.2062.120+Chrome/37.0.2062.120+Safari/537.36 200 0 0
78
015-08-03 12:40:58 209.133.7.95 GET /images/ftrlogo.png - 80 - 115.118.114.159
ozilla/5.0+(X11;+Linux+x86_64)+AppleWebKit/537.36+(KHTML,+like+Gecko)+Ubuntu
Chromium/37.0.2062.120+Chrome/37.0.2062.120+Safari/537.36 200 0 0 312
015-08-03 12:40:58 209.133.7.95 GET /css/styles.css - 80 - 115.118.114.159
ozilla/5.0+(X11;+Linux+x86_64)+AppleWebKit/537.36+(KHTML,+like+Gecko)+Ubuntu
Chromium/37.0.2062.120+Chrome/37.0.2062.120+Safari/537.36 200 0 0 609
015-08-03 12:40:58 209.133.7.95 GET /js/modernizr.custom.86080.js - 80 -
15.118.114.159 Mozilla/5.0+(X11;+Linux+x86_64)+AppleWebKit/537.36+(KHTML,+like
Gecko)+Ubuntu+Chromium/37.0.2062.120+Chrome/37.0.2062.120+Safari/537.36 200 0 0
81
015-08-03 12:40:58 209.133.7.95 GET /css/bootstrap.min.css - 80 - 115.118.114.159
ozilla/5.0+(X11;+Linux+x86_64)+AppleWebKit/537.36+(KHTML,+like+Gecko)+Ubuntu
Chromium/37.0.2062.120+Chrome/37.0.2062.120+Safari/537.36 200 0 0 1171
015-08-03 12:40:58 209.133.7.95 GET /js/bootstrap.min.js - 80 - 115.118.114.159
ozilla/5.0+(X11;+Linux+x86_64)+AppleWebKit/537.36+(KHTML,+like+Gecko)+Ubuntu
Chromium/37.0.2062.120+Chrome/37.0.2062.120+Safari/537.36 200 0 0 593
```

이 데이터를 일단 분류해야 합니다. 분류하려면 뭔가 기준이 필요합니다. 일반적으로 데이터 분류 기준은 해당 도메인별로 어느 정도 정해져 있습니다. 홈페이지 방문자 데이터 분류는 방문자 IP 주소, 방문 시간, 접속 페이지, 유입 경로, 웹 브라우저 종류와 버전, OS 종류와 해상도, 로그인 여부, 사용자 아이디 등이 있습니다. 매출 데이터 분류는 판매 시간, 고객, 제품, 매장, 관련 부서 등이 있고, 콜센터 데이터 분류는 통화 시간, 고객명, 고객 아이디, 문의 종류, 관련 제품, 해결 여부, 해결 방식, 담당자 등이 있습니다. 손익 데이터 분류는 기간별 매출, 매출원가, 판관비, 영업외수익, 영업외비용, 법인세 등이 있습니다. 이런 분류의 결과로 엑셀에서 열을 만들 수 있습니다. 데이터 분석에서는 열을 보통 차원, 범주, 카테고리 등으로 부릅니다.

이제 해당 열에 맞게 데이터를 집계합니다. 만약 집계하지 않고 그냥 모든 데이터를 집어넣으면 로(raw) 데이터를 엑셀로 옮긴 것에 불과합니다. 따라서 데이터를 일정한 기준에 따라 합산해야 합니다. 예를 들어 방문 시간을 초 단위로 하지 않고 시간별, 날짜별, 월별로 합산할 수 있습니다. 이때 접속자 IP, 접속 페이지, OS 종류가 같은 경우를 개수로 집계합니다. 이렇게 하면 데이터 정리가 일단락됩니다.

표 7-2 홈페이지 방문자 데이터 정리 결과

월	접속자 IP	접속 페이지	OS 종류	...
1월	22	68	3	
2월	56	96	4	
3월	270	756	4	
4월	93	183	4	
5월	59	105	3	

데이터를 정리했으면 이제 데이터 분석을 시작합니다. 이때 데이터 설명을 데이터 분석으로 혼동하는 사람들이 많습니다. 예를 들어 앞 표를 제시한 다음 분석 결과로 다음과 같이 설명하는 경우가 있습니다.

"접속자는 1월 3일에 가장 많다."

"OS 종류는 최대 4가지다."

"접속자 수와 접속 페이지 수는 비례한다."

"두 번째로 접속자가 많은 달은 4월이다."

이런 것은 단순한 데이터 설명입니다. 데이터의 내용 중 특이한 것을 찾아서 강조하는 겁니다. 이런 것은 데이터를 보면 압니다. 뻔히 데이터를 보기만

하면 아는 것을 다시 한번 말할 필요는 없습니다. 물론 강조하겠다는 어떤 전략적 의도가 있을 수도 있습니다만, 이는 데이터 분석과 거리가 멉니다.

사실 ChatGPT도 이런 데이터 설명을 잘합니다. 예를 들어 앞 표의 내용을 CSV 형식으로 만들어서 ChatGPT에게 물어보겠습니다.

다음 데이터를 분석해 줘.

월,접속자 IP,접속 페이지,OS 종류

1월,22,68,3

2월,56,96,4

3월,270,756,4

4월,93,183,4

5월,59,105,3

이 데이터를 바탕으로 분석 결과는 다음과 같습니다:

1. 월별 접속자 IP 수: 접속자 IP 수는 3월에 가장 높았으며(270), 그 다음은 4월(93), 2월(56), 5월(59), 1월(22) 순입니다.
2. 월별 접속 페이지 수: 접속 페이지 수 역시 3월에 가장 높았으며(756), 그 다음은 4월(183), 2월(96), 5월(105), 1월(68) 순입니다.
3. 월별 OS 종류: OS 종류의 경우, 1월과 5월에 3가지 종류의 OS가 사용되었고, 2월, 3월, 4월에는 4가지 종류의 OS가 사용되었습니다.

종합적으로, 3월에 웹사이트 접속자와 페이지 접속이 가장 많았으며, 대체로 2월부터 4월까지는 사용되는 OS 종류가 다양해진 것으로 보입니다. 이 데이터만으로는 정확한 원인을 파악하기 어렵지만, 이벤트나 특정 캠페인 등으로 인해 3월에 접속자 수와 페이지 접속이 급증한 것으로 추측할 수 있습니다.

ChatGPT가 분석한 3가지는 데이터를 보면 금방 알 수 있는 것입니다. 이런 것은 분석이라고 할 수 없습니다. 그런데 ChatGPT가 한 말 마지막을 보면 뭔가 의미 있는 얘기가 있습니다.

> 이 데이터만으로는 정확한 원인을 파악하기 어렵지만, 이벤트나 특정 캠페인 등으로 인해 3월에 접속자 수와 페이지 접속이 급증한 것으로 추측할 수 있습니다.

그렇습니다. ChatGPT는 3월에 접속자 수와 페이지 접속이 급증한 것에 관심을 두고 그 원인을 파악하려고 했습니다. 아마도 어떤 이벤트나 캠페인이 있었을 것이라 추측합니다.

예상치, 의지치, 목표치, 결과치

데이터 분석은 데이터의 일부를 강조하는 것이 아니라, 논리적으로 해명하는 것입니다. 논리적이라는 말은 전제와 결론, 근거와 주장, 생각과 행위, 의도와 행위, 상황과 행위, 수단과 목적, 이론과 현실 등의 관계를 이치에 맞게 제시한다는 말입니다. 앞서 보여준 데이터 설명은 모두 전제가 없고 결론도 결과만 있기 때문에 논리적이지 않습니다. 전제와 원인을 포함해서 설명하면 다음과 같습니다.

- [전제] 이벤트를 진행하면 접속자를 늘릴 수 있음.
- [결론] 방문자 커피 쿠폰 제공 이벤트를 진행해서 1월 3일에 접속자가 250명 늘었음.

이것은 전제와 결론이지만, 동시에 근거와 주장이기도 합니다.

- [근거] 이벤트를 진행하면 접속자가 는다는 사례가 많음.
- [주장] 방문자 커피 쿠폰 제공 이벤트를 진행해서 1월 3일에 접속자가 250명 늘었음.

또한 생각과 행위라고도 말할 수 있습니다.

- [생각] 이벤트를 진행하면 접속자가 는다.
- [행위] 방문자 커피 쿠폰 제공 이벤트를 진행하니 1월 3일에 접속자가 250명 늘었음.

전제나 근거, 생각은 곧 정량 데이터로 나타나야 합니다. 이벤트를 진행하면 접속자를 늘릴 수 있다는 전제, 근거, 생각을 다음과 같이 정량 데이터로 나타낼 수 있습니다.

- 이벤트를 진행하면 접속자가 250명 늘어남.
- 이벤트를 진행하면 이벤트당 접속자가 250명 늘어남.
- 이벤트를 진행하면 일자당 접속자가 250명 늘어남.
- 이벤트를 진행하면 비용 100만 원당 접속자가 250명 늘어남.

전제, 근거, 생각을 정량 데이터로 나타낸 것이 바로 예상치입니다. 비즈니스는 기본적으로 얼마를 투자했을 때 얼마를 벌어들이는지 예상합니다. 예상하지 않고 투자할 수는 없습니다. 따라서 예상치와 결과치가 얼마나 가까운지 봐야 합니다.

여기에 더해 의지치도 있습니다. 의지치는 의지를 보였을 때 다다를 수 있는 숫자입니다. 의지는 여러 가지가 될 수 있습니다. 무모한 도전일 수도 있고 숨겨놓은 매출일 수도 있고 어차피 목표로 부여받을 것을 선제적으로 내놓은 숫자일 수도 있습니다. 그런데 의지치 역시 전제, 근거, 생각으로 표현해야 합니다. 예를 들면 다음과 같이 나타낼 수 있습니다.

- 이벤트를 진행하면 비용 100만 원당 접속자가 250명 늘어날 것으로 예상하지만 이벤트 상품을 잘 구성하고 배너 디자인을 최신 트렌드에 맞춰서 100명을 추가로 확보하겠음.

이런 의지를 상위 부서장이 그대로 목표로 잡을 수도 있지만, 일반적으로는 의지를 의심하기도 하고, 의지를 더 북돋을 때도 있습니다. 따라서 의지치와 목표치가 항상 같지는 않습니다. 물론 예상치를 목표치로 잡는 경우도 거의 없습니다.

영업 사원이 매출액 예상을 1억 원이라고 했고 의지를 보여 1.2억 원을 달성하겠다고 말했다고 해서 목표를 1억 원이나 1.2억 원으로 정하지는 않습니다. 1.1억 원으로 중간값을 택하거나, 1.3억 원으로 올려서 목표를 잡습니다. 따라서 예상치, 의지치, 목표치, 결과치를 모두 봐야 합니다. 이것이 비즈니스에서 가장 기본적인 정량 데이터 분석 방법입니다.

이벤트 총비용으로 100만 원을 투입했다고 해보겠습니다. 이때 예상 방문자 수를 250명으로 잡았습니다. 이 숫자는 여러 전제나 근거, 생각이나 상황, 이론이나 사례 같은 것을 보고 정할 겁니다. 여기에 의지를 50명 더해서 300명으로 잡았고, 목표 방문자 수는 의지치에서 10%를 추가해서 330명으로 잡았습니다. 실제 방문자 수는 320명이 되었습니다. 이제 분석의 대상이 보다 분명해졌습니다.

표 7-3 방문자 수 분석

구분	방문자 수
예상 방문자 수	250
의지 방문자 수	300
목표 방문자 수	330
실제 방문자 수	320

상사와 하는 회의의 절반은 바로 예상, 의지, 목표, 실제에 관한 분석 내용입니다. 매주 매출을 보고할 때도 예상 매출, 의지 매출, 목표 매출, 실제 매출의 차이를 분석해서 보고해야 합니다. 수율을 보고할 때도 예상 수율, 의지 수율, 목표 수율, 실제 수율의 차이를 분석해서 보고해야 합니다. 안전사고 절감도 예상 절감율, 의지 절감율, 목표 절감율, 실제 절감율의 차이를 분석해서 보고해야 합니다.

모든 비즈니스는 매년 다음 해를 예상합니다. 트렌드를 보고 경기를 보고 경쟁사를 보고 내부 상황을 봅니다. 외부 환경을 분석하고 내부 경영도 분석합니다. 그 결과가 예상치입니다. 이 예상치에서 현장의 감과 노하우와 미리 확보한 건을 모아서 의지치를 올립니다. 거기서 얼마를 올리거나 낮춰서 목표치를 잡습니다. 내년에 매출은 얼마, 이익은 얼마, 채용은 몇 명, 시장 진출은 언제 등등.

예상치, 의지치, 목표치가 없는 상태에서 나온 실제치는 아무런 의미가 없습니다. '접속자는 1월 3일에 가장 많았음'이나, '방문자 커피 쿠폰 제공 이벤트를 진행해서 1월 3일에 접속자가 250명 늘었음'이라고 말할 것이 아니라 다음과 같이 말해야 합니다.

"이벤트 경품으로 100만 원을 투입하면 방문자가 250명 증가할 것으로 예상하며, 홍보 메일 발송량을 늘려 300명까지 의지를 보였으며, 목표는 다소 높은 330명으로 했으나, 홍보 메일 개봉률이 낮아 실제 방문자 수는 290명으로 최종 집계되었습니다."

이제 이런 분석 결과로 앞으로 어떻게 할 것인지 얘기해야 합니다. 예를 들면 다음과 같이 얘기할 수 있습니다.

"방문자를 늘리는 데에 홍보 메일 발송이 비용 대비 효과가 높은 것으로 나타났습니다. 다만, 메일 개봉률이 낮으므로 메일을 읽어 볼 수 있도록 메일 제목이나 내용에 대해 아이디어를 모으겠습니다. 또한 메일을 보내는 시간에 따라 다소 차이가 발생하는데 이 부분을 좀 더 확인해 최적의 발송 시간대를 찾겠습니다."

원인은 사물이나 현상에 사용합니다. 이유는 사람에게 사용합니다. 예상치, 의지치, 목표치, 실제치의 차이를 분석할 때는 원인과 이유로 봐야 합니다. 원인만 얘기해서도 안 되고 이유만 얘기해서도 안 됩니다.

통찰과 시사

데이터로 차트를 만들어서 글로 설명할 때 많은 사람이 하는 실수가 있습니다. 파워포인트 등으로 보고서를 만들 때 왼쪽에 차트를 그리고 오른쪽에 설명을 쓰는 실수입니다. 예를 들어 다음 그림을 보겠습니다. 왼쪽에 'A 부문 최근 3년 동기 매출 비교' 차트가 있고, 오른쪽에는 '통찰, 시사, Findings, 결과' 등의 제목이 있는 빈칸이 있습니다. 보통 기획 문서나 분석 문서를 보면 이런 식으로 장표를 구성합니다.

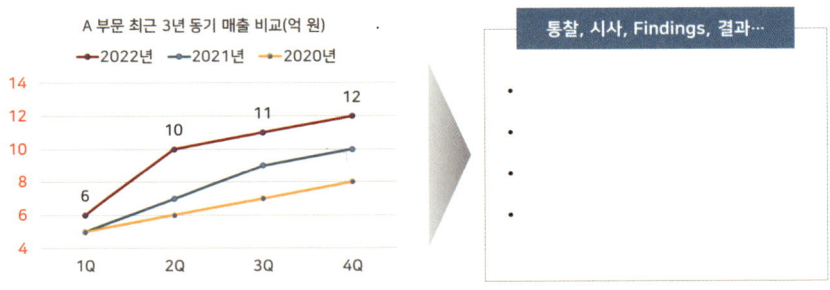

그림 7-1 왼쪽에 차트가 있고 오른쪽에 통찰이나 시사점을 쓰는 장표 구성 예시

그런데 많은 사람이 오른쪽에 뭘 써야 할지 몰라서 보통은 왼쪽 차트를 설명하거나 요약하거나 통계를 적곤 합니다. 예를 들면 이렇습니다.

- 2022년 매출은 39억 원
- 매출이 오름세
- 매년 4Q 매출은 2억 원씩 증가

그런데 이런 것은 모두 왼쪽 차트를 보면 알 수 있거나, 왼쪽 차트에 값을 넣으면 되는 것들입니다. 차트로 설명할 수 있는 건데 굳이 차트를 분석해서 얻어낸 통찰이나 시사를 넣는 자리에 끼워 넣을 필요는 없습니다.

차트 내용을 ChatGPT에게 알려주고 통찰과 시사를 해달라고 해보겠습니다.

다음 데이터를 보고 통찰이나 시사점을 알려줘.

분기,매출(단위: 억 원)

2020년 1분기, 5

2020년 2분기, 6

2020년 3분기, 7

2020년 4분기, 8

2021년 1분기, 5

2021년 2분기, 7

2021년 3분기, 9

2021년 4분기, 10

2022년 1분기, 6

2022년 2분기, 10

2022년 3분기, 11

2022년 4분기, 12

분석해 보면, 다음과 같은 통찰과 시사점들을 얻을 수 있습니다.

1. **연간 매출 증가**: 2020년부터 2022년까지 매년 매출이 증가하고 있습니다. 이는 기업이 지속적으로 성장하고 있다는 것을 의미합니다.

2. **계절적 패턴**: 매년 1분기의 매출은 상대적으로 낮고, 2분기부터 4분기까지 점차 증가하는 추세입니다. 이는 일부 산업에서 흔히 발생하는 계절적 패턴일 수 있으며, 이러한 패턴을 이해하고 관리하는 것이 기업의 성장 전략에 중요할 것입니다.

3. **가속화된 매출 증가**: 2021년부터 2022년까지의 매출 증가 속도는 2020년에 비해 가속화하였습니다. 이는 기업이 효과적인 전략이나 혁신을 통해 더 빠르게 성장하고 있다는 것을 시사합니다.

> 4. 2022년의 급격한 성장: 2022년에는 매분기 매출이 큰 폭으로 증가하였습니다. 이는 이 기간 동안 경영진의 의사결정이나 시장 상황의 변화 등이 긍정적으로 작용한 것으로 추측됩니다.
>
> 기업의 성장 전략을 평가하고 계획할 때 이러한 통찰과 시사점들을 고려하는 것이 중요합니다. 분석을 바탕으로 기업은 계절적 패턴에 맞춘 경영 전략을 구사하거나, 성장 가속화에 기여한 요인들을 파악하여 지속적인 성장에 기여할 수 있습니다.

ChatGPT는 우리의 기대 이상으로 통찰과 시사의 실마리를 주고 있습니다.

1. 연간 매출 증가를 기업의 지속적 성장으로 이해합니다.
2. 계절적 패턴을 읽어냈습니다. 1분기 매출이 상대적으로 낮고 2분기부터 4분기까지 점차 증가하는 추세를 계절적 패턴으로 추측하며 이 패턴을 이해하고 관리하는 것이 기업의 중요한 전략이라고 합니다.
3. 가속화된 매출 증가를 찾아냈습니다. 이를 기업 경영의 전략이나 혁신의 결과라고 보고 있습니다.
4. 2022년의 급격 성장은 경영진의 의사결정이나 시장의 변화가 원인이었을 것으로 판단합니다.

단순한 데이터 몇 개만 가지고 ChatGPT는 나름의 통찰과 시사를 만들어 냈습니다. 여기서 더 나아가 사람이라면 어떤 통찰과 시사를 도출할 수 있을까요? 이걸 하려면 먼저 통찰과 시사가 뭔지 정확히 이해해야 합니다.

통찰은 한자로 洞察, 영어로 insight입니다. 원래 동굴 속을 살펴본다는 뜻입니다. 예리한 관찰력으로 사물이나 현상의 본질을 꿰뚫어 보는 겁니다. 그 방법이 크게 두 가지입니다. 하나는 패턴을 찾는 것, 다른 하나는 인과를 찾는 겁니다. 왜 그런 결과가 나왔는지 알아내는 것이니 비즈니스 논리에서 Why So에 해당합니다. 과거에 관한 것입니다.

시사는 한자로 示唆, 영어로 implication입니다. 이 말은 무언가를 보여주고 부추긴다는 뜻입니다. 어떤 것을 미리 간접적으로 표현하고 뭔가를 하라고 부추깁니다. 그래서 방법이 두 가지입니다. 하나는 예측이고, 다른 하나는 대응입니다. 비즈니스 논리에서 So What에 해당합니다. 미래에 관한 것입니다.

- **통찰**(과거, Why So): 패턴 + 인과
- **시사**(미래, So What): 예측 + 대응

자, 이제 차트를 보면서 통찰과 시사를 써 보겠습니다. 일단 차트를 다시 보겠습니다. 차트는 A 부문 최근 3년 동기 매출을 비교하고 있습니다. 가로축은 분기, 세로축은 매출입니다. 맨 아래에 있는 선은 2020년 매출, 그 위에는 2021년 매출, 그 위에는 2022년 매출이 선형으로 표시되어 있습니다. 최근 3년의 매출을 분기 단위로 비교하고 있습니다.

차트를 가만히 보면 매년 1Q에 매출이 가장 적고 4Q에 매출이 가장 높습니다. 연간으로 보면 매출은 계속 오르는데, 연초가 되면 전년 4Q 매출에서 곤두박질칩니다. 반토막까지 나는 현상이 몇 년 동안 계속 보이고 있습니다. 이런 차트를 보면 전형적인 상저하고(上低下高) 매출 구조라는 것을 알 수 있습니다. 상반기 매출은 낮았다가 하반기 매출은 오르는 구조입니다. 일종의 패턴입니다.

인과도 찾아봐야 합니다. 사실 차트에서는 인과를 알 수 없습니다. 그래서 해당 도메인에 대한 지식이나 경험, 또는 담당자 인터뷰 등을 통해 인과를 찾아내야 합니다. 예를 들어 특별한 성장 전략 없이 시장 구도를 따라간 결과라고 할 수 있습니다.

- **패턴**: 전형적인 상저하고(上低下高) 매출 구조
- **인과**: 특별한 성장 전략 없이 시장 구도에 수동적으로 대응한 결과

이번에는 시사를 찾아보겠습니다. 시사는 예측과 대응입니다. 패턴을 보면 예측을 할 수 있습니다. 과거 3년 동안 전형적인 상저하고 구조를 가져왔으니 2023년에도 상저하고 매출 구조가 나타나서 성장에 한계로 작용할 겁니다. 그렇다면 2023년에는 어떻게 대응해야 할까요? 연말에 과감한 투자와 영업 확대로 상고하고 구조로 전환해야 합니다.

- **예측**: 2023년에도 전형적인 상저하고 매출 구조로 성장에 한계로 작용
- **대응**: 연말에 과감한 투자와 영업 확대로 2023년부터는 상고하고 구조로 전환 필요

통찰과 시사를 합쳐서 쓸 수도 있습니다. 그때는 패턴과 예측을 붙이고, 인과와 대응을 붙이면 됩니다.

- **패턴과 예측**: 현재 매출 구조는 전형적인 상저하고(上低下高)로 2023년 성장에 한계로 작용
- **인과와 대응**: 시장 구도에 수동적으로 대응한 결과이므로 연말에 과감한 투자와 영업으로 2023년부터는 상고하고 구조로 전환 필요

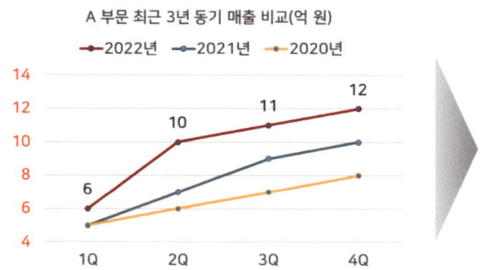

그림 7-2 통찰과 시사를 합쳐서 쓴 예시

데이터 분류와 방안

데이터를 분류만 잘해도 통찰과 시사를 얻을 수 있습니다. 보통은 데이터 그 자체를 그대로 두고 분석하려고 합니다. 예를 들어 다음과 같이 경비 내역이 있다고 해보겠습니다. 이 데이터를 보고 경비 절감 방안을 도출해야 합니다. 여러분은 어떤 방안을 제시할까요?

표 7-4 경비 사용 내역

내용	금액(원)
점심	8000
치약	2000
영화	9000
저녁	18000
커피	3000
빗자루	5000

혹시 경비를 줄이기 위해 저녁을 굶자는 식의 방안을 생각했나요? 또는 빗자루를 사지 말자고 생각했나요? 물론 이렇게 데이터를 직접 보고 방안을 찾을 수도 있습니다. ChatGPT에게도 물어보겠습니다.

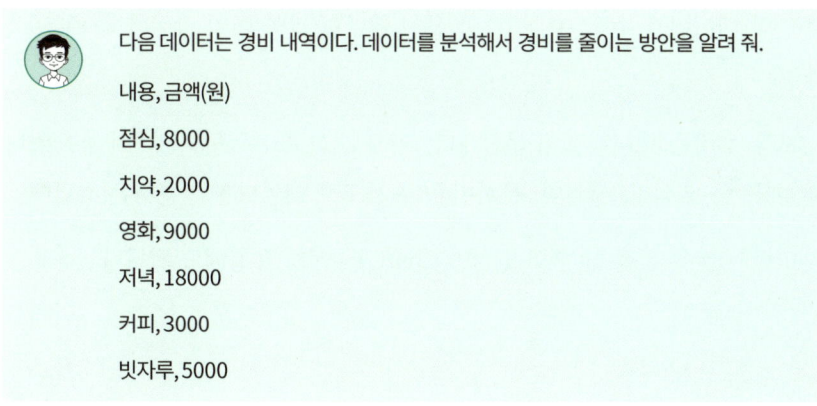

데이터를 바탕으로 분석한 결과, 다음과 같은 방안들이 경비를 줄이는 데 도움이 될 것입니다.

1. **점심과 저녁 비용 절감**: 점심과 저녁에 대한 지출이 상대적으로 높으므로, 외식 대신 집에서 식사를 준비하거나 저렴한 식당을 이용해 비용을 절감할 수 있습니다. 또한, 도시락을 싸서 회사나 학교로 가져가면 비용을 더욱 절약할 수 있습니다.

2. **커피 비용 절감**: 커피 지출도 줄일 수 있는 영역입니다. 커피를 외부에서 구매하는 대신 집에서 직접 만들어 가져가거나, 보다 저렴한 커피를 선호하는 것이 도움이 될 수 있습니다. 또한, 인스턴트 커피나 티백 같은 대체품을 이용할 수도 있습니다.

3. **영화 비용 절감**: 영화 관람 비용을 절감하기 위해서는 영화를 자주 보지 않거나, 할인된 요일이나 시간대를 이용하여 영화를 관람하는 것이 좋습니다. 또한, 온라인 스트리밍 서비스를 이용해 저렴한 가격으로 영화나 드라마를 감상할 수 있습니다.

4. **생활용품 구매 시 절약**: 치약이나 빗자루와 같은 생활용품을 구매할 때, 대량 구매를 통해 할인 혜택을 받거나, 프로모션 기간을 노려 구매하는 것이 좋습니다. 이외에도 가격이 저렴한 제품을 선택하거나 불필요한 구매를 자제하는 것도 경비 절감에 도움이 됩니다.

ChatGPT도 단순히 개별 내용만 보고 경비 절감 방안을 내놓습니다. 그런데 만약 데이터가 수백, 수천, 수만 줄이 된다면 과연 이런 방식을 쓸 수 있을까요?

보통 우리는 데이터를 구분합니다. 이때 흔히 쓰는 구분 기준이 용도입니다. 예를 들어 식비, 생활비, 문화비 같은 용도로 데이터를 구분하는 겁니다.

이런 구분은 직접 할 수도 있지만 ChatGPT에게 요청해도 됩니다.

다음 데이터를 식비, 생활비, 문화비 등 용도로 구분한 다음 내용, 금액(원), 구분으로 된 표로 만들어 줘.

내용, 금액(원)

점심, 8000

치약, 2000

영화, 9000

저녁, 18000

커피, 3000

빗자루, 5000

다음은 요청하신 내용, 금액(원), 구분으로 정리한 표입니다.

내용	금액(원)	구분
점심	8000	식비
치약	2000	생활비
영화	9000	문화비
저녁	18000	식비
커피	3000	식비
빗자루	5000	생활비

이제 구분별로 부분합을 한 다음, 비중을 계산해 보겠습니다.

다음은 구분별 부분합과 비중을 ChatGPT에게 요청해 얻은 표입니다.

구분별 부분합과 비중을 표로 보여 줘.

구분	부분합(원)	비중(%)
식비	29,000	58.0
생활비	7,000	14.0
문화비	9,000	18.0

이제 우리는 명확한 방안을 찾을 수 있습니다. '식비를 줄이자'입니다.

그런데 만약 데이터를 구분하는 기준을 달리 하면 어떻게 될까요? 용도가 아니라 돈을 쓴 장소로 구분하면 과연 같은 방안이 나올까요?

돈을 쓴 장소는 ChatGPT가 구별할 수 없으므로 제가 직접 표로 만들었습니다.

표 7-5 돈을 쓴 장소로 데이터를 구분한 예

내용	금액(원)	구분
점심	8000	구내식당
치약	2000	편의점
영화	9000	쇼핑몰
저녁	18000	쇼핑몰
커피	3000	쇼핑몰
빗자루	5000	편의점

데이터를 구분했으면 합산하고 비중을 계산합니다.

표 7-6 용도로 합산하고 비중을 계산한 예

구분	금액(원)	비중(%)
쇼핑몰	30000	67
구내식당	8000	18
편의점	7000	16

이제 '식비를 줄이자'는 방안이 아니라, '쇼핑몰에 가지 말자'라는 방안이 나옵니다.

같은 데이터라도 다른 기준으로 구분하니 방안이 완전히 달라집니다. 용도 대신 돈을 쓴 장소, 돈을 쓴 시간, 현금인지 카드인지, 누구를 위해 썼는지 등등 다양한 구분 기준을 적용해 보면 더욱 다양한 방안을 도출할 수 있습니다.

8
ChatGPT와 실적 분석

손익 분석

비즈니스에서 분석은 기본적으로 인과 분석입니다. 환경 분석, 시장 분석, 고객 분석, 매출 분석, 영업 분석, 생산 분석… 이런 분석은 모두 인과를 찾기 위한 것입니다. 이 중에서 가장 중요한 것은 결국 매출과 이익 분석입니다. 매출과 이익이 왜 그렇게 나왔느냐 하는 것입니다.

사실상 부서장 회의는 대개 매출과 이익이 왜 그렇게 나왔는지 알아내는 회의입니다. 이런 회의의 결과는 전사 실적으로 나타납니다. 예를 들어 삼성전자가 매 분기 발표하는 실적자료를 보겠습니다. 전부 해서 6장 정도밖에 되지 않습니다. 하지만 철저하게 인과 관계로 장표가 구성되어 있습니다.

이 자료는 전사 손익 분석, 사업군별 매출 및 영업이익, 사업군별 실적 및 향후 전망으로 구성되어 있습니다. 전사 손익 분석은 손익계산서와 주요 수익성 지표입니다. 매출과 이익을 손익계산의 방법으로 나타낸 것이므로 경영활동의 결과입니다.

전사 손익 분석

(단위: 조원)

	3Q '22	(매출비중)	2Q '22	(매출비중)	3Q '21
매출액	**76.78**	**100.0%**	**77.20**	**100.0%**	**73.98**
매출원가	48.07	62.6%	46.27	59.9%	42.90
매출총이익	**28.71**	**37.4%**	**30.93**	**40.1%**	**31.08**
판관비	17.86	23.3%	16.84	21.8%	15.26
- 연구개발비	6.27	8.2%	6.25	8.1%	5.11
영업이익	**10.85**	**14.1%**	**14.10**	**18.3%**	**15.82**
기타영업외수익/비용	0.03	-	△0.14	-	0.10
지분법손익	0.31	-	0.26	-	0.27
금융손익	0.66	-	0.24	-	0.17
법인세차감전이익	**11.86**	**15.4%**	**14.46**	**18.7%**	**16.36**
법인세비용	2.47	-	3.36	-	4.06
순이익	**9.39**	**12.2%**	**11.10**	**14.4%**	**12.29**
지배기업 소유주지분 순이익	9.14	11.9%	10.95	14.2%	12.06
기본 주당순이익 (원)	**1,346**		**1,613**		**1,776**

주요 수익성 지표

	3Q '22	2Q '22	3Q '21
ROE	**12%**	**14%**	**17%**
매출액 순이익률 (순이익/매출)	0.12	0.14	0.17
총자산 회전율 (매출/총자산)	0.68	0.71	0.75
재무 레버리지 (총자산/총자본)	1.38	1.38	1.38
EBITDA 마진	**26%**	**30%**	**32%**

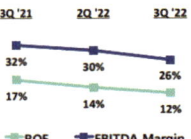

그림 8-1 전사 손익 분석

    전사 손익 분석은 회계 기준에 따라 결과를 향해 나아갑니다. 매출에서 매출원가를 빼서 매출총이익을 구하고, 판관비를 빼서 영업이익을 구하는 방식으로 최종 주당순이익을 계산합니다. 손익이라고 하는 복잡한 내용을 풀어서 개별적인 요소나 성질로 나눈 겁니다.

    "그 회사는 돈 좀 버나?"라는 질문은 너무나 복잡하고 얽혀 있어서 "네, 돈 좀 법니다."라고 말하기는 어렵습니다. 그래서 손익을 분석해서 개별 요소나 성질로 나눠 값을 알려줍니다. 여기에 덧붙여 추이와 비교도 해줍니다. 전 분기 값을 같이 보여줌으로써 추이를 알려줍니다. 전년 같은 분기 값을 보여줌으로써 비교도 해줍니다.

    손익 분석은 비교적 쉽습니다. 계산만 하면 됩니다. 매출액과 매출원가는 순이익의 원인 중 하나입니다. 순이익은 매출액과 매출원가 등의 결과입니다. 표의 위에서부터 원인이 있고 아래로 내려가면서 결과가 나타나는 인과관계입니다. 매출액이 높으면 순이익은 높아집니다. 매출원가가 높으면 순이익은 낮아집니다. 매출총이익이 높으면 순이익이 높아집니다. 판관비가 높아지면 순이익은 낮아집니다.

보통 직장인은 전사 손익을 접할 일이 자주 없습니다. 손익 분석을 할 일도 거의 없습니다. 보통은 팀장이 참석하는 경영 회의에서 기획팀이나 재무팀이 발표하는 내용을 듣기만 하고 끝납니다.

하지만 직접 손익을 분석해 보겠다고 하면 기본적으로 재무제표를 보는 방법을 배워야 합니다. 회계의 기본을 배우시 않고는 손익을 분석하기가 쉽지 않습니다. 하지만 이제 ChatGPT에게 재무제표를 주고 분석해 달라고 하면 됩니다.

예를 들어 S전자의 재무제표를 분석해 보겠습니다. 국내 상장사는 분기별 연도별 재무제표를 전자공시시스템에 등록하게 되어 있고, 이 내용은 모두 일반인에게 공개됩니다. https://dart.fss.or.kr에 접속해서 정기공시에서 사업보고서를 선택하고 검색창에 특정 기업의 이름을 넣고 검색하면 사업보고서가 보입니다.

그림 8-2 상장사의 모든 재무제표를 볼 수 있는 전자공시시스템

사업보고서를 열어서 재무제표를 보면 손익계산서를 볼 수 있습니다. 여기서 손익계산서 내용을 모두 마우스로 긁어서 복사합니다.

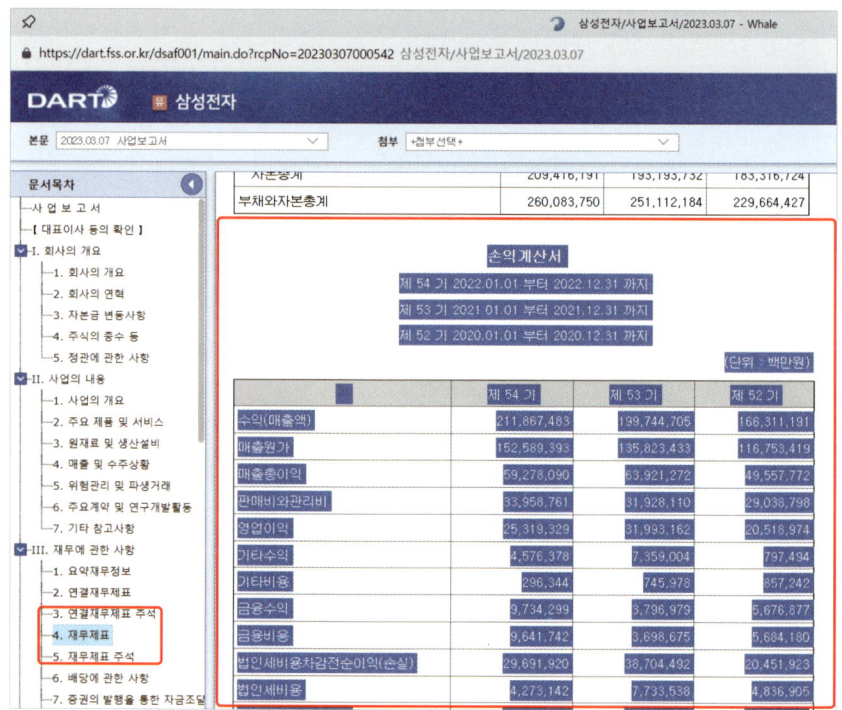

이렇게 복사한 내용을 ChatGPT에게 주면서 분석해 달라고 하면 됩니다. 행렬이 명확한 경우에는 CSV 형태로 바꾸지 않고 그대로 붙여 넣어도 됩니다.

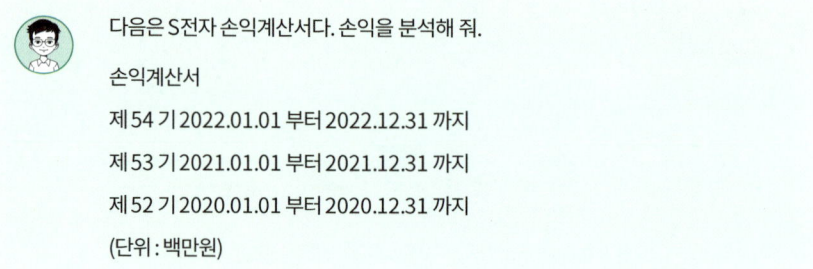

제54기

제53기

제52기

수익(매출액)

211,867,483

199,744,705

166,311,191

매출원가

152,589,393

…

 S전자의 손익계산서를 분석하겠습니다.

매출액(수익):

제52기 (2020): 166,311,191 백만원

제53기 (2021): 199,744,705 백만원

제54기 (2022): 211,867,483 백만원

매출액은 지속적으로 증가하고 있습니다. 2020년 대비 2021년 매출액은 약 20.1% 증가하였고, 2021년 대비 2022년 매출액은 약 6.1% 증가하였습니다.

매출총이익:

제52기 (2020): 49,557,772 백만원

제53기 (2021): 63,921,272 백만원

제54기 (2022): 59,278,090 백만원

매출총이익은 2020년 대비 2021년에 크게 증가하였으나, 2021년 대비 2022년에는 약간 감소하였습니다.

(중략)

종합적으로 S전자의 수익은 지속적으로 증가하는 추세를 보이고 있지만, 이익 측면에서는 2021년 대비 2022년에 감소한 모습을 보입니다. 이러한 현상은 다양한 요인이 영향을 미칠 수 있으며, 향후 전략 및 시장 상황에 따라 변동할 수 있습니다.

재무제표를 모두 ChatGPT에게 주고 분석해 달라고 할 수도 있습니다.

다음은 S전자의 재무제표다. 분석해 줘.

4. 재무제표

재무상태표

제54기   2022.12.31 현재
제53기   2021.12.31 현재
제52기   2020.12.31 현재

(단위 : 백만원)

…

유동자산

59,062,658

73,553,416

73,798,549

…

수익(매출액)

211,867,483

199,744,705

166,311,191

영업활동 현금흐름

44,788,749

51,250,069

37,509,025

…

재무제표를 분석하겠습니다.

1. 재무상태표 (자산, 부채, 자본):

- 2022년 기준 총자산은 260,083,750 백만원으로, 2021년 대비 약 3.57% 증가하였습니다.
- 2022년 기준 총부채는 50,667,559 백만원으로, 2021년 대비 약 12.51% 감소하였습니다.

- 2022년 기준 총자본은 209,416,191 백만원으로, 2021년 대비 약 8.39% 증가하였습니다.

2. 손익계산서 (수익, 이익):
   - 2022년 기준 수익(매출액)은 211,867,483 백만원으로, 2021년 대비 약 6.07% 증가하였습니다.
   - 2022년 기준 영업이익은 25,319,329 백만원으로, 2021년 대비 약 20.87% 감소하였습니다.
   - 2022년 기준 당기순이익은 25,418,778 백만원으로, 2021년 대비 약 17.93% 감소하였습니다.

3. 현금흐름표:
   - 2022년 기준 영업활동으로 인한 현금흐름은 30,152,787 백만원으로, 2021년 대비 약 5.56% 증가하였습니다.
   - 2022년 기준 투자활동으로 인한 현금흐름은 (25,999,840) 백만원으로, 2021년 대비 약 36.22% 감소하였습니다.
   - 2022년 기준 재무활동으로 인한 현금흐름은 (4,150,226) 백만원으로, 2021년 대비 약 62.02% 감소하였습니다.

종합적으로 S전자는 2022년에 자산과 자본이 증가하였으나, 영업이익과 당기순이익은 감소한 것으로 보입니다. 영업활동으로 인한 현금흐름은 증가하였지만, 투자활동과 재무활동으로 인한 현금흐름은 감소하였습니다. 이러한 상황을 고려할 때, S전자의 성장과 안정성에 대해 신중하게 평가할 필요가 있습니다.

단순 통계만 나옵니다. 이때는 명확한 관점을 가지고 질문해야 합니다. 예를 들어 투자자 입장에서 보겠습니다.

투자자 입장에서 분석해 줘.

 투자자 입장에서 S전자의 재무제표를 분석하면 다음과 같은 주요 지표들을 고려할 수 있습니다.

1. 매출액: 2020년 대비 2021년 매출액이 증가하였으며, 2022년에도 매출액이 계속 증가한 것을 확인할 수 있습니다. 이는 회사의 성장이 지속되고 있다는 긍정적인 신호입니다.

2. 영업이익: 영업이익은 2020년 대비 2021년 크게 증가하였으나, 2022년에는 감소한 것을 확인할 수 있습니다. 이는 경영 효율성이나 시장 경쟁력 변화 등 여러 요인에 기인할 수 있으며, 향후 추이를 지켜봐야 합니다.

3. 당기순이익: 당기순이익은 2020년부터 꾸준히 증가하였습니다. 이는 회사의 수익성이 개선되고 있다는 긍정적인 지표입니다.

4. 부채비율: 2022년 기준 부채비율은 (50,667,559 / 209,416,191) * 100 ≈ 24.2%로, 낮은 수준으로 유지되고 있습니다. 이는 회사의 재무 건전성이 양호하다고 판단할 수 있습니다.

5. 유동비율: 2022년 기준 유동비율은 (59,062,658 / 46,086,047) ≈ 1.28입니다. 일반적으로 유동비율이 1 이상인 경우 단기 부채를 변제하는 데 문제가 없다고 여겨집니다.

6. 주당이익(EPS): 2020년부터 2022년까지 주당이익(EPS)은 꾸준히 상승한 것을 확인할 수 있습니다. 이는 주주 가치가 향상되고 있다는 긍정적인 지표입니다.

종합적으로, S전자는 매출액 증가, 건전한 재무 구조, 지속적인 주당이익 상승 등 긍정적인 재무 지표들을 보이고 있습니다. 하지만 영업이익의 감소와 같은 일부 부정적인 요소도 있으므로, 투자자들은 이러한 지표들을 참고하여 향후 회사의 전망과 성장 가능성에 대해 충분히 고려해야 합니다.

전문가 입장에서 보면 다소 일반적인 내용이기는 하지만, 전체 데이터를 다 읽어보지 않고 바로 핵심 지표를 확인할 수 있다는 점에서 충분히 보통 직장인의 데이터 분석에 도움이 됩니다. 다만 ChatGPT 자체의 한계도 있고 GPT-3.5와 GPT-4 차이도 크니 숫자와 계산 결과는 꼭 확인해야 합니다.

재무제표 분석은 기획, 분석, 보고에서 중요합니다. 하지만 내용이 워낙 복잡해서 제대로 배우는 데 드는 노력이 만만치 않습니다. 부서장이라면 한 번쯤은 배워야 합니다만 보통 직장인은 사업군별 매출과 영업이익만 제대로 분서해도 충분합니다. 우리 팀이 속한 사업군에 직결하는 내용일 뿐 아니라 다른 사업군과 비교도 되기 때문에 신경을 안 쓸 수가 없습니다.

사업군별 매출 및 영업이익

매출

(단위: 조원)			3Q '22	2Q '22	3Q '21	QoQ	YoY
총	액		76.78	77.20	73.98	1%↓	4%↑
DX 부문			47.26	44.46	42.81	6%↑	10%↑
	VD / 가전 등		14.75	14.83	14.10	1%↓	5%↑
		- VD	7.86	7.54	7.82	4%↑	1%↑
	MX / 네트워크		32.21	29.34	28.42	10%↑	13%↑
		- MX	30.92	28.00	27.34	10%↑	13%↑
DS 부문			23.02	28.50	26.74	19%↓	14%↓
	- 메모리		15.23	21.08	20.83	28%↓	27%↓
SDC			9.39	7.71	8.86	22%↑	6%↑
Harman			3.63	2.98	2.40	22%↑	51%↑

영업이익

(단위: 조원)			3Q '22	2Q '22	3Q '21	QoQ	YoY
총	액		10.85	14.10	15.82	△3.25	△4.97
DX 부문			3.53	3.02	4.15	0.51	△0.62
	VD / 가전 등		0.25	0.36	0.76	△0.11	△0.51
	MX / 네트워크		3.24	2.62	3.36	0.62	△0.12
DS 부문			5.12	9.98	10.07	△4.87	△4.95
SDC			1.98	1.06	1.49	0.92	0.49
Harman			0.31	0.10	0.15	0.21	0.16

그림 8-3 사업군별 매출 및 영업이익

영업외수익이나 영업외비용, 금융 손익, 법인세 등은 재무팀이 담당하므로 보통 팀장은 매출과 영업이익까지만 관리합니다. 매출에서 매출원가와 판관비를 빼면 영업이익입니다. 결과는 이 3가지로 나타납니다. 매출 실적이 이렇게 나온 원인, 매출원가가 이렇게 나온 원인, 판관비가 이렇게 나온 원인을 적은 것이 실적 분석입니다.

간혹 우리 팀은 매출과 관련 없는 팀이라고 해서 손익 분석을 안 하는 팀장이 있습니다. 하지만 어느 팀이든 매출원가와 판관비에 반드시 엮여 있으므로 영업이익과 관련이 있습니다. 영업이익은 어차피 매출에서 나오는 것이므로 매출을 알아야 제대로 분석할 수 있습니다. 예를 들어 영업이익이 엄청 늘어났는데 매출원가나 판관비는 그대로라면 그 원인은 매출 증가입니다. 매출을 모르면 원인을 제대로 못 찾습니다.

ChatGPT로 인과 분석하기

손익 실적을 분석하는 일은 쉽지 않습니다. 삼성전자는 분기마다 손익 실적을 분석해서 사업군별 실적 및 향후 전망 장표에 기술합니다. 이때 어떤 식으로 기술하는지 알아야 우리도 실적을 제대로 분석해서 인과관계를 찾을 수 있습니다. 이때 실적 분석은 크게 두 가지로 나뉩니다. 하나는 외부 분석, 하나는 내부 분석입니다.

외부 분석은 크게 시장, 정치, 사회, 경제, 기술, 문화 등 거시적인 환경에서부터 산업, 고객과 경쟁사까지 분석해서 원인을 찾는 것입니다. 내부 분석은 내부의 경영 활동에서 원인을 찾는 것입니다. 삼성전자 실적자료에는 외부와 내부 원인을 분석해서 사업군별 실적과 향후 전망이 적혀 있습니다.

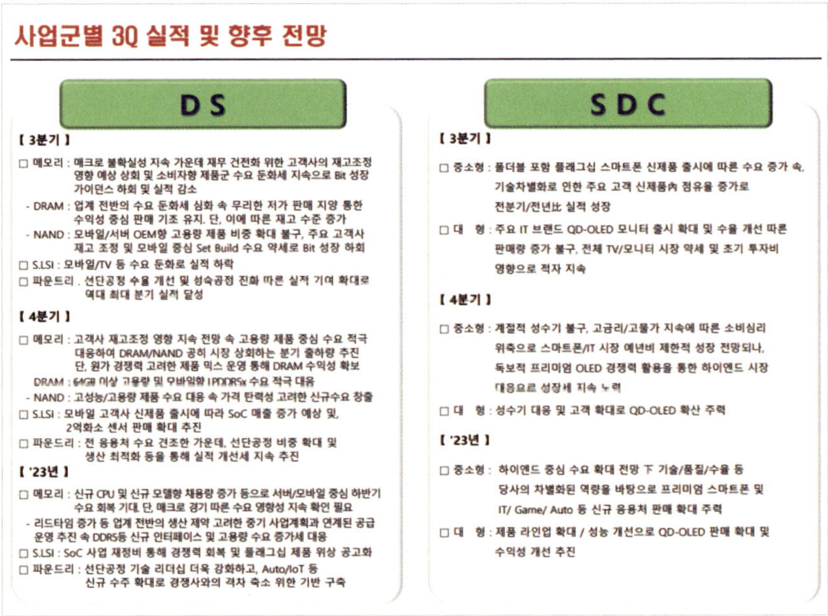

사업군별 3Q 실적 및 향후 전망

DS

【3분기】
- 메모리 : 매크로 불확실성 지속 가운데 재무 전전하 위한 고객사의 재고조정 영향 예상 상회 및 소비자향 제품군 수요 둔화세 지속으로 Bit 성장 가이던스 하회 및 실적 감소
  - DRAM : 업계 전반의 수요 둔화세 심화 속 무리한 저가 판매 지양 통한 수익성 중심 사업 유지. 단, 이에 따른 점유 수준 증가
  - NAND : 모바일/서버 OEM향 고용량 제품 비중 확대 불구, 주요 고객사 재고 조정 및 모바일 중심 Set Build 수요 약세로 Bit 성장 하회
- S.LSI : 모바일/TV 등 수요 둔화로 실적 하락
- 파운드리 : 선단공정 수율 개선 및 성숙공정 전환 따른 실적 기여 확대로 역대 최대 분기 실적 달성

【4분기】
- 메모리 : 고객사 재고조정 영향 지속 전망 속 고용량 중심 수요 적극 대응하여 DRAM/NAND 공히 시장 상회하는 분기 출하량 추진 단, 원가 경쟁력 고려한 제품 믹스 운영하여 DRAM 수익성 확보
  - DRAM : 64GB 이상 고용량 및 모바일향 LPDDR5x 수요 대응
  - NAND : 고성능/고용량 제품 수요 대응 속 가격 탄력성 고려한 신규수요 창출
- S.LSI : 모바일 고객사 신제품 출시에 따라 SoC 매출 증가 예상 및, 2억화소 센서 판매 확대 추진
- 파운드리 : 전 응용처 수요 견조한 가운데, 선단공정 비중 확대 및 생산 최적화 등을 통해 실적 개선세 지속 추진

【'23년】
- 메모리 : 신규 CPU 및 신규 모델향 채용량 증가 등으로 서버/모바일 중심 하반기 수요 회복 기대. 단, 매크로 경기 따른 수요 영향성 지속 확인 필요
  - 리드타임 증가 등 업계 전반의 생산 제약 고려한 당사 사업계획과 연계된 공급 운영 추진 속 DDR5등 신규 인터페이스 및 고용량 수요 증가세 대응
- S.LSI : SoC 사업 재정비 통해 경쟁력 회복 및 폴더블 제품 위상 공고화
- 파운드리 : 선단공정 기술 리더십 더욱 강화하고, Auto/IoT 등 신규 수주 확대로 경쟁사와의 격차 축소 위한 기반 구축

SDC

【3분기】
- 중소형 : 폴더블 포함 플래그십 스마트폰 신제품 출시에 따른 수요 증가 속, 기술차별화로 인한 주요 고객 신제품內 점유율 증가로 전분기/전년비 실적 성장
- 대 형 : 주요 IT 브랜드 QD-OLED 모니터 출시 확대 및 수율 개선 따른 판매량 증가 불구, 전체 TV/모니터 시장 약세 및 초기 투자비 영향으로 적자 지속

【4분기】
- 중소형 : 계절적 성수기 불구, 고금리/고물가 지속에 따른 소비심리 위축으로 스마트폰/IT 시장 예년비 제한적 성장 전망되나, 독보적 프리미엄 OLED 경쟁력 활용을 통한 하이엔드 시장 대응으로 성장세 지속 노력
- 대 형 : 성수기 대응 및 고객 확대로 QD-OLED 확산 주력

【'23년】
- 중소형 : 하이엔드 중심 수요 확대 전망 下 기술/품질/수율 등 당사의 차별화된 역량을 바탕으로 프리미엄 스마트폰, IT/ Game/ Auto 등 신규 응용처 판매 확대 주력
- 대 형 : 제품 라인업 확대 / 성능 개선으로 QD-OLED 판매 확대 및 수익성 개선 추진

그림 8-4 분기마다 사업군별로 실적을 분석하고 향후 전망을 내놓고 있다

간단한 예를 하나 보겠습니다. 다음은 스마트폰 부문의 실적을 설명한 것입니다.

"시장, 비수기 진입 / 국제 정세 불안정으로 전분기/전년비 수요 감소. 당사, Ultra 중심 S22 시리즈 판매 호조, 프리미엄 경험 확대 적용한 Mass 5G 신모델 판매 확대, Tab S8 출시로 프리미엄 태블릿 등 매출 호조, 웨어러블 등 Device Eco 제품군 견조한 판매로 전분기비 매출 성장 및 수익성 향상"

이 내용을 하나씩 보겠습니다. 먼저 외부 환경을 얘기하고 있습니다. 시장이 비수기에 진입했고, 국제 정세가 불안정하다는 겁니다. 그래서 전분기와 전년 동기 대비해서 시장의 수요가 감소했답니다. 수요 감소의 원인으로 시장 비수기와 국제 정세 불안정을 얘기합니다.

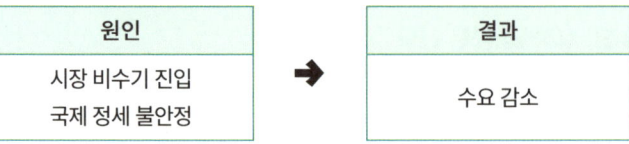

그림 8-5 외부 환경 분석

    외부 환경은 매우 다양하고 복합적입니다. 이때 ChatGPT의 도움을 받으면 좋습니다. 스마트폰에 판매에 영향을 주는 외부 환경을 ChatGPT에게 물어보는 겁니다.

 스마트폰 판매에 영향을 주는 시장 요인을 말해줘.

1. **기술 혁신**: 새로운 기술이 개발되고, 스마트폰 제조사들이 이를 제품에 도입하면 판매량에 큰 영향을 미칩니다. 예를 들어, 카메라 성능 향상, 배터리 수명 연장, 5G 통신 기술 등이 소비자들의 관심을 끌고 구매를 유도합니다.

2. **가격**: 스마트폰의 가격은 많은 소비자들이 구매 결정에 중요한 요소로 고려합니다. 저렴한 가격대의 스마트폰은 저소득층이나 신흥 시장에서 높은 수요를 이끌어낼 수 있으며, 프리미엄 스마트폰은 높은 수요를 기반으로 높은 마진을 유지할 수 있습니다.

3. **브랜드 인지도와 평판**: 소비자들은 애플, 삼성, 화웨이 등 유명 브랜드의 제품을 선호하며, 이러한 브랜드는 고품질의 제품과 서비스를 제공하여 구매를 촉진합니다. 브랜드의 평판은 소비자들의 구매 결정에 큰 영향을 미칩니다.

4. **국가 및 경제 상황**: 국가의 경제 상황과 환율 변동은 스마트폰 판매에 영향을 줄 수 있습니다. 경제가 호황일 때 소비자들은 고가의 스마트폰을 구매할 여력이 있으며, 경제 침체 시기에는 저렴한 제품을 선호할 수 있습니다. 또한, 환율 변동은 수입 스마트폰의 가격에 영향을 주어 판매량에 영향을 미칠 수 있습니다.

5. **규제 및 정책**: 정부의 규제 및 정책도 스마트폰 시장에 영향을 줄 수 있습니다. 예를 들어, 특정 국가에서 특정 브랜드의 스마트폰 수입이 금지되거나, 환경 규제로 인해 제품 가격이 상승할 수 있습니다. 이러한 변화는 스마트폰 판매에 영향을 미칠 수 있습니다. 또한, 정부가 스마트폰 사용을 촉진하는 정책을 시행하거나, 통신 사업자들이 서비스 요금을 인하하는 경우 스마트폰의 수요가 증가할 수 있습니다.

> 6. 마케팅 및 광고: 스마트폰 제조사들의 마케팅 전략과 광고 활동은 소비자들의 인식과 구매 결정에 큰 영향을 미칩니다. 효과적인 마케팅과 광고는 제품의 인지도를 높이고, 소비자들의 관심을 유도하여 판매량 증가에 기여할 수 있습니다.
> 7. 경쟁: 스마트폰 시장의 경쟁도는 제조사들이 가격, 기능, 디자인 등에서 서로 경쟁하며, 소비자들에게 더 나은 제품을 제공하려고 노력합니다. 이러한 경쟁은 소비자들에게 더 많은 선택지를 제공하며, 결국 스마트폰 판매에 영향을 미칩니다.

ChatGPT는 스마트폰의 판매에 영향을 주는 시장 요인으로 기술 혁신, 가격, 브랜드 인지도와 평판, 국가와 경제 상황, 규제와 정책, 마케팅과 광고, 경쟁 등을 얘기합니다. 이렇게 범주를 나눠 놓고 범주별 상황이나 변화를 실적과 연결하는 것이 외부 환경 인과 분석입니다.

외부 환경을 분석했으면 이제 내부 경영 활동을 분석합니다. 삼성전자가 분석한 내용을 보면 주로 제품에 대해 말합니다. 'Ultra 중심 S22 시리즈 판매 호조'는 S22 시리즈 중에서 Ultra 모델이 잘 팔린다는 말입니다. 즉, 한 제품만 만들지 않고 여러 모델을 만들었고 그것이 어느 정도 적중했다는 말입니다. 또한 '프리미엄 경험 확대 적용한 Mass 5G 신모델 판매 확대'는 프리미엄 경험 확대를 적용한 신모델을 만들었다는 것이고 판매를 위해 여러 노력을 경주했다는 뜻입니다.

'Tab S8 출시로 프리미엄 태블릿 등 매출 호조'는 새로운 모델인 Tab S8을 출시했고, 프리미엄 태블릿 시장에 잘 진출했다는 얘기입니다. 마지막으로 '웨어러블 등 Device Eco 제품군 견조한 판매'는 Device Eco 제품군의 판매를 안정적으로 잘 관리했다는 말입니다. 이런 경영 활동의 결과로 수요 감소에도 불구하고 매출과 이익이 늘어났다고 인과관계를 설명하고 있습니다.

원인		결과
S22 시리즈 인기 모델 적중 Mass 5G 신모델 판매 노력 프리미엄 태블릿 시장 진출 Device Eco 제품군 안정적 관리	→	전분기 대비 매출 증가 전분기 대비 이익 증가

그림 8-6 내부 경영 분석

외부 환경과 마찬가지로 내부 경영 요인도 ChatGPT에게 물어볼 수 있습니다.

 스마트폰 판매에 영향을 주는 내부 경영 요인을 5개 말해줘.

1. **제품 개발 및 혁신**: 기업의 연구개발(R&D) 역량과 혁신 능력은 제품의 성능, 기능, 디자인 등에 영향을 미칩니다. 기업이 지속적으로 혁신적인 제품을 개발하고 시장에 선보일수록 소비자들의 관심을 끌고 판매에 긍정적인 영향을 줍니다.

2. **공급망 관리**: 효율적인 공급망 관리는 제품의 생산 비용, 배송 시간 및 재고 관리에 영향을 미칩니다. 공급망이 원활하게 작동할 경우 제품의 가격 경쟁력을 높이고, 빠른 배송으로 고객 만족도를 높일 수 있어 판매에 영향을 줍니다

3. **가격 전략**: 기업의 가격 전략은 스마트폰의 판매 가격과 마진에 직접적인 영향을 미칩니다. 기업이 적절한 가격 전략을 통해 제품의 경쟁력을 높이고, 소비자들의 구매 의사를 높일 수 있습니다.

4. **마케팅 및 판촉 전략**: 기업의 마케팅 및 판촉 전략은 소비자들의 인식도와 구매 결정에 영향을 미칩니다. 효과적인 광고, 프로모션, 소셜 미디어 활용 등을 통해 제품의 인지도를 높이고, 소비자들의 관심을 유도하여 판매량 증가에 기여할 수 있습니다.

5. **고객 서비스**: 기업의 고객 서비스 수준은 구매 후의 고객 만족도와 구전 효과에 영향을 미칩니다. 높은 수준의 고객 서비스를 제공하면 고객들의 신뢰도와 충성도를 높여, 재구매와 추천을 촉진하여 판매에 긍정적인 영향을 줄 수 있습니다.

ChatGPT는 스마트폰 판매에 영향을 주는 내부 경영 요인으로 제품 개발 및 혁신, 공급망 관리, 가격 전략, 마케팅 및 판촉 전략, 고객 서비스를 얘기합니다. 물론 이외에도 더 많은 내부 경영 요인이 있습니다. 마땅한 내부 경영 요인이 생각나지 않거나 막막할 때는 일단 ChatGPT에게 물어보는 것을 추천합니다.

외부 환경과 내부 경영 분석 팁

우리가 이런 분석을 하는 이유는 원인을 바꿔서 결과에 영향을 주기 위함입니다. 그런데 많은 사람이 외부 환경의 원인을 바꿀 수 없다고 생각하고 포기합니다. 시장이 비수기에 진입하고 국제 정세가 불안정한 원인을 일개 기업이 어떻게 바꾸겠냐고 말합니다. 이런 외부 현상이 지속되면 그것을 트렌드라고 합니다. 트렌드는 지켜보고 이해하는 것이지 바꿀 수 있는 건 아니라고 생각합니다. 완전히 잘못된 생각입니다.

정치, 경제, 사회, 기술 트렌드를 분석하는 PEST 기법이 있습니다. 이것은 트렌드를 이해하기 위한 것이기도 하지만, 트렌드를 바꾸기 위한 것이기도 합니다. 실제로 우리는 정치, 경제, 사회, 기술을 모두 바꾸고 있습니다. 우리가 원하는 쪽으로 트렌드를 만들고 있습니다. 예를 들어 거의 모든 기업이 협회에 소속되어 있습니다. 협회에 협회비를 냅니다. 협회의 가장 중요한 업무는 대관업무, 즉 정부로 하여금 협회사의 이익을 보장하고 손해를 최소화하도록 요구하거나 압박하는 업무입니다. 힘 있는 협회는 실제로 새로운 정부가 들어설 때마다 차기 정부 정책을 제안하고, 각종 법안 마련이나 검토에 적극 나서서 의견을 개진합니다. 국제 정세에도 국제 협회를 통해 의견을 냅니다.

경제도 마찬가지입니다. 주요 그룹에는 증권사와 경제연구소가 있습니다. 증권사는 끊임없이 리포트를 발행하며 경제에 대해 논합니다. 경제연구소도 소속 그룹의 이익을 위해 경제지를 발행하거나 각종 세미나를 통해 전망을 밝

합니다. 사회도 마찬가지입니다. 공익재단을 만들어서 연구하거나 기부하거나 행사를 여는 방식으로 사회적 트렌드를 만들어냅니다. 기술도 마찬가지입니다. 국가가 장기적인 기술 개발에 나랏돈을 많이 쓰도록 독촉합니다. 정부는 어떤 기술이 필요한지 대학이나 산업계에 묻습니다. 기업은 직접 개발하기 어려운 장기 미래 기술은 정부가 대신 개발하도록 요청합니다.

외부 환경을 더 이상 '탓'이라는 말로 남 일처럼 치부할 수 없습니다. 외부 환경 때문에 수요가 감소했다고 하면 외부 환경을 바꾸는 방법을 생각해내야 합니다. 팀이 혼자 할 수 없다면 전사 차원에서, 전사 차원에서 불가능하다면 협회나 산업계 차원에서, 그 이상이 필요하다면 국회나 정부에 요청해야 합니다. 하지만 현실적으로 외부 환경을 기업 내부에서 다루기는 어렵습니다. 그래서 외부 환경은 대관 업무를 하는 부서나 관련 임원에게 맡기고, 보통 팀장은 내부 경영 분석에 집중합니다.

내부 경영 분석은 내부 경영 활동으로 어떤 결과가 나왔는지 인과 관계를 보는 일입니다. 이때 결과는 매출이나 이익 등 손익이 될 수도 있고, 시장 점유율이나 등수가 될 수도 있습니다. 특허 등록이나 이미지 개선 같은 것도 결과가 될 수 있습니다. 하지만 일반적으로는 손익과 같은 재무 관점에서 결과를 봅니다. 재무는 재무제표라 해서 회계기준에 따라 작성합니다. 재무제표는 당연히 결과에 대한 분석입니다. 내부 경영이라는 원인을 분석할 때는 재무제표를 사용할 수가 없습니다.

내부 경영을 분석할 때는 관리회계를 봐야 합니다. 흔히 재무제표 같은 것은 재무회계의 결과입니다. 재무 보고서는 정부나 투자자 등 기업 외부의 이해관계자를 위해 만들어진 보고서입니다. 관리회계는 기업 내부에서 경영 활동을 파악하고 의사결정하기 위한 재무 정보입니다.

손익계산서에서 비용은 크게 매출원가와 판관비로 나뉘지만, 관리회계적으로는 운영비와 투자비로 나뉩니다. 운영비는 말 그대로 일반적인 경영 활동에 필요한 돈입니다. 투자비는 특정 원자재, 특정 설비, 특정 제품, 특정 마케팅 등에 우선 사용되거나 특정 부서에 집행권을 주거나 추가로 투자한 돈입니다. 운영비를 잘 사용한다는 말은 관리를 잘한다는 뜻입니다. 투자비를 잘 사용한다는 말은 기획을 잘한다는 뜻입니다.

앞의 예에서 봤던 내부 경영 활동 중에 'Device Eco 제품군 안정적 관리'와 'Mass 5G 신모델 판매 노력'은 관리에 해당합니다. 'S22 시리즈 인기 모델 적중'과 '프리미엄 태블릿 시장 진출'은 기획에 해당합니다. 내부 경영 분석에서 두 분석은 운영비를 어떻게 관리해서 어떤 결과가 나왔는지, 투자비를 어떻게 기획해서 어떤 결과가 나왔는지 보는 것입니다.

운영비를 적절히 관리했다면 '안정적 관리', '운영 최적화' 등으로 표현할 수 있습니다. 운영비를 절감했다면 '원가 절감', '운영 효율화' 등으로 표현할 수 있습니다. 운영비를 초과했다면 '원가 부담', '생산 경쟁력 약화' 등으로 표현할 수 있습니다. 투자비를 잘 기획해서 성과를 냈다면 '제품 차별화', '시장 안착' 등으로 표현할 수 있고, 성과를 못 냈다면 '시장 확대에 난항', '경쟁 심화' 등으로 표현할 수 있습니다.

9
ChatGPT와 업무 분석

업무 배분과 WBS

업무를 배분할 때 많은 전문가가 공통으로 하는 말이 있습니다. 각자의 역량에 맞게, 특정 사람에게 치우치지 않게, 공정하게 등이 그것입니다. 그런데 그 전에 해야 할 일이 있습니다. 업무를 배분하기 전에 먼저 과제를 세부적으로 구분해야 합니다. 과제를 구분하지 않고 던지면 업무를 받는 사람이 혼란에 빠집니다.

"이걸 나더러 다 하라고?"

"이 일을 내가 하는 게 맞나?"

"이 일은 나 혼자 할 수 있는 게 아닌데?"

이와 관련한 재밌는 얘기가 있습니다. 어느 배관공이 화장실이 막혔으니 뚫어 달라는 요청을 받았습니다. 도착한 곳은 아파트 단지의 경비실이었습니다. 경비원은 여기가 막힌 것이 아니고 아파트 단지 100가구 중에 막힌 가구가 있으니 뚫어 달라는 겁니다. 배관공은 배관이 막힌 집이 어디 어디인지 경비원에게 물었습니다. 그러자 경비원이 말했습니다. "그건 당신이 파악해서 해야죠. 집집마다 전화를 돌리든 발품을 팔든 하면 알 수 있는 일 아닙니까? 배관이 막힌 집이 있으면 뚫어 주세요. 그러려고 당신을 부른 겁니다." 배관공은 황당해서 팀장에게 전화를 걸어 이 사실을 알렸습니다. 여러분이 팀장이라면 어떻게 대답하겠습니까?

경비원이 배관공에게 맡긴 업무는 크게 두 가지입니다. 하나는 어느 집이 배관이 막혔는지 조사하는 업무, 다른 하나는 막힌 배관을 뚫는 업무입니다. 배관공의 담당 업무는 분명 배관을 뚫는 것입니다. 배관이 막혔는지 조사하는 업무는 분명 배관공의 업무라고 볼 수는 없습니다. 그렇다면 이 두 업무를 한데 묶어서 배관공에게 배분했을 때 당연히 배관공은 이렇게 생각할 수밖에 없습니다.

"배관 막힌 집을 찾고, 배관 뚫는 일을 나더러 다 하라고?"

"배관 막힌 집을 찾는 일을 내가 하는 게 맞나?"

"배관 막힌 집을 찾고 배관 뚫는 일은 나 혼자 할 수 있는 게 아닌데?"

어떤 배관공은 배관 막힌 집을 찾는 것이 자기 업무라고 생각할 수 있습니다. 그 배관공이 배관 회사 사장이라면 그럴 수 있습니다. 하지만 배관 회사 직원이고 본인 직무가 배관 뚫는 것이라면 배관 막힌 집을 찾는 업무는 분명 다른 사람이 담당할 일입니다. 다른 사람이 할 일을 내 의지로 결정해서 도와주는 것과 상사가 두 일을 붙여 내게 떠맡기는 것은 완전히 다른 일입니다.

일을 시키려면 일단 과제를 세부 업무로 명확히 구분해야 합니다. 배관 막힌 집을 찾는 일과 막힌 배관을 뚫는 일은 분명히 다른 일로 구분해야 합니다. 그 일을 한 사람이 하든, 두 사람이 하든 홍길동이 하든 이순신이 하든, 그건 그다음 문제입니다. 업무를 뭉뚱그려서 배분해서는 절대 실행력이 높아질 수가 없습니다.

신제품이 출시되어서 전시회에 출품하는 과제가 있다고 해보겠습니다. 전시회 출품을 기획하는 일, 설치 업체와 연락하고 설치를 관리하는 일, 전시용 제품을 출고하는 일, 전시회 부스에 필요한 물품을 구매하는 일, 당일 현장에서 안내하는 일, 최종 결과물이나 보고서를 만드는 일, 이런 식으로 일을 나눠야 합니다.

일을 나누는 방법으로 WBS(Work Breakdown System)가 있습니다. 작업분해구조, 작업분류체계, 업무분업구조 등으로 번역합니다. 주로 프로젝트 관리에서 사용하는 도구입니다. WBS는 복잡한 프로젝트나 과제, 또는 일련의 작업을 실행할 수 있는 수준으로 분해하고 시작일과 종료일을 지정하고 담당자를 배치하고 활동이라고 보면 됩니다.

ChatGPT로 WBS 만들기

ChatGPT를 이용해서 전시회 출품 과제의 WBS를 만들어 보겠습니다.

전시회에 제품을 출품하려고 한다. WBS를 만들어 줘.

1. 계획
   - 전시회 출품 목적 및 계획 수립
   - 출품 제품 선정
   - 출품 준비 예산 및 일정 수립
   - 전시장 위치 및 부스 예약

2. 제품 개발 및 제작
   - 제품 아이디어 회의 및 선정
   - 제품 디자인 및 프로토타입 제작
   - 제품 테스트 및 검증

- 제품 생산 및 가공
- 제품 포장 및 운송 준비

3. 마케팅 및 홍보
   - 전시회 참가자들과의 소통을 위한 마케팅 자료 제작
   - 부스 장식 및 전시품 배치
   - 전시회 현장에서의 제품 설명 및 시연 준비
   - 전시회 이후의 마케팅 및 홍보 계획 수립

4. 기타 준비 사항
   - 보험 가입 및 법적인 책임 준비
   - 인력 구성 및 역할 분담
   - 예상되는 문제점에 대한 대비 계획 수립

ChatGPT는 1. 계획, 2. 제품 개발 및 제작, 3. 마케팅 및 홍보, 4. 기타 준비 사항으로 WBS를 만들었습니다. 그런데 이렇게 하면 일정 관리가 쉽지 않습니다. 또 2. 제품 개발 및 제작은 제품이 이미 있으므로 전시회 출품과는 관계없습니다. ChatGPT에게 좀 더 정교하게 요청해 보겠습니다.

전시회 제품 출품과 관련하여 WBS를 만들어 줘. 전시회는 2월 22일부터 24일까지야. 전시 기획, 전시 준비, 전시 운영, 전시 종료와 같이 시간 순서대로 WBS를 만들어 줘. 시작일과 종료일도 표시해 줘. 표 형식으로 보여 줘.

단계	활동	시작일	종료일
전시 기획	회의 일정 조정	2023-01-01	2023-01-10
	전시 콘셉트 개발	2023-01-11	2023-01-20
	전시 부스 디자인	2023-01-21	2023-01-31
	전시 브로셔 및 광고물 제작	2023-02-01	2023-02-07

단계	활동	시작일	종료일
전시 준비	부스 설치 및 꾸미기	2023-02-08	2023-02-18
	제품 운반 및 배치	2023-02-19	2023-02-21
전시 운영	전시 시작	2023-02-22	2023-02-22
	제품 홍보 및 시연	2023-02-22	2023-02-24
	고객 상담 및 주문 수집	2023-02-22	2023-02-24
전시 종료	제품 포장 및 운송	2023-02-25	2023-02-27
	부스 철거	2023-02-28	2023-03-04
	후속 조치 및 회고	2023-03-05	2023-03-10

우리가 원하는 시간 순서대로 단계와 활동과 시작일과 종료일이 만들어졌습니다.

WBS를 만드는 과정에서 몇 가지 이슈가 있습니다. 첫째, 과제를 어떻게 세부 업무로 나눌 것인가, 둘째, 각 업무를 어떻게 할당할 것인가, 셋째, 어디까지 관리할 것인가 등입니다.

과제를 어떻게 세부 업무로 나눌 것인가?

첫째, 과제를 어떻게 세부 업무로 나눌 것인가? 과제를 세부 업무로 나누는 방법은 과제에서 시작해서 업무를 구분(區分)하는 방법과 여러 업무를 묶어 과제로 분류(分類)하는 방법이 있습니다. 전시회 출품이라는 과제가 떨어졌을 때 전시 기획, 전시 준비, 전시 운영, 전시 종료 등의 시간 순서로 업무를 구분한 다음 하위 업무를 정하는 것이 구분의 방법입니다. 반대로, 전시회 출품과 관련한 일이 무엇이 있는지 나열한 다음 전시 기획, 전시 준비, 전시 운영, 전시 종료로 묶는 방법이 있습니다. 물론 상황에 따라 구분과 분류의 방법을 혼용할 수 있습니다.

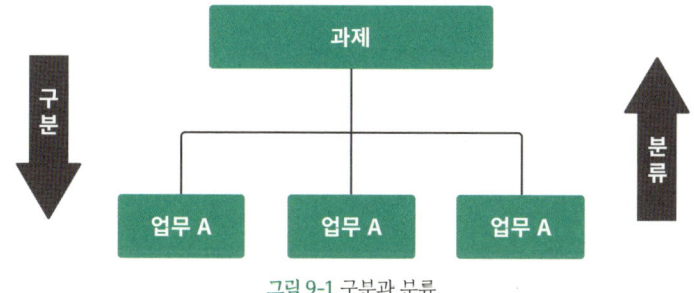

그림 9-1 구분과 분류

구분의 방법을 사용할 때 가장 쉬운 방법은 시간 순서대로 추상적 단계로 구분하고 마일스톤을 정하는 겁니다. 전시회 출품 과제를 시간 순서대로 추상적 단계로 나누면 전시 기획, 전시 준비, 전시 운영, 전시 종료 등으로 구분할 수 있습니다. 보통 이런 식으로 구분했을 때 각 업무의 끝은 마일스톤이 되고, 마일스톤으로 일정을 관리할 수 있습니다. 또한 마일스톤에서 일정한 산출물을 정의함으로써 성과 관리 체계를 만들 수 있습니다.

표 9-1 추상적 단계로 만든 WBS

업무	일정	산출물
전시 기획	2/6~2/11	기획안 브로슈어 광고물
전시 준비	2/14~2/16	설치 계약서 물품 반출서
전시 운영	2/22~2/24	운영 체크리스트 상담 매뉴얼
전시 종료	2/22~2/26	물품 반납서 전시 결과보고서

분류의 방법을 사용한다면 일단 전시회 출품과 관련한 모든 업무를 내놓고 분류하면 됩니다. 어떤 업무가 있는지는 ChatGPT에게 물어보면 됩니다.

전시회 제품 출품과 관련한 업무 12가지를 간단히 알려줘.

1. 제품 선택 및 심사
2. 제품 검수
3. 출품 신청 및 등록
4. 부스 설계 및 장식
5. 부스 운영 일정 관리
6. 부스 관리
7. 제품 시연 및 설명
8. 구매자 상담 및 거래
9. 출품 제품의 운송 및 보관
10. 출품 제품의 보험 가입
11. 전시회 후 설문조사 수행
12. 출품 제품 관련 보도 자료 작성

이렇게 나온 내용을 적절하게 분류하면 됩니다.

각 업무를 어떻게 할당할 것인가?

둘째, 각 업무를 어떻게 할당할 것인가? 일반적으로 구분은 구체화 과정입니다. 반대로 분류는 추상화 과정입니다. 과제를 추상적 단계로 나누든 구체적 업무로 나누든 그 자체는 문제가 되지 않습니다. 문제는 각 업무를 팀원에게 할당하면서부터 발생합니다.

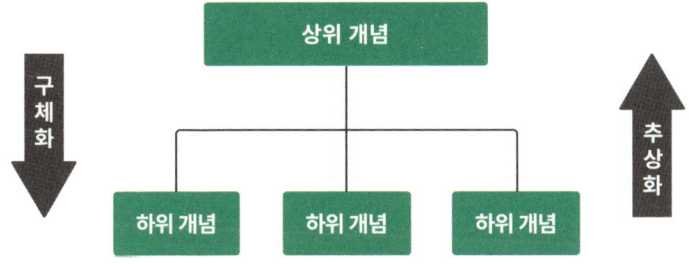

어떤 팀장은 추상적 단계로 업무를 할당할 수 있습니다. 이때 각 담당자는 자신이 맡은 추상적 단계를 구체적 업무로 나눠야 합니다. 팀딩자 입장에서 보면 팀장이 지시한 업무(=추상적 단계)는 과제와 같습니다. 담당자는 '전시 기획'이란 과제, 또는 '전시 준비'란 과제를 받아서 다시 구체적 업무로 나눠야 합니다.

담당자가 과제를 구체적 업무로 나누다 보면 당연히 문제가 발생합니다. 예를 들어 전시 준비 담당자가 업무를 업체 계약, 부서 협조, 물품 준비로 나눴습니다.

표 9-2 담당자가 과제를 업무로 세분화한 WBS

업무(과제)	담당자	업무(세부)	담당자
전시 준비	홍길동	업체 계약	홍길동
		부서 협조	?
		물품 준비	?

그런데 가만히 보니 업체 계약은 자기가 할 일이 맞는 것 같습니다. 그런데 다른 부서 협조를 구하는 일은 자기가 직접 할 수 없습니다. 팀장이 해주든지 해야 합니다. 나아가 어떤 부서에 협조를 구해야 하는지 잘 모릅니다. 언뜻 생각나는 것은 전시 물품을 출고해야 하니 창고관리팀에 협조를 구하면 될 것 같습니다. 그런데 창고관리팀 누구에게 협조를 구해야 하는지, 창고관리팀이

담당이 맞는지 잘 모릅니다. 물품 준비도 마찬가지입니다. 어떤 물품을 준비해야 하는지, 몇 개를 준비해야 하는지 잘 모릅니다.

처음부터 팀장이 구체적 업무를 가지고 부서 협조는 이영희에게, 물품 준비는 김철수에게 정확히 배분했다면 이런 문제가 덜 생기거나, 생기더라도 담당자가 알아서 해결할 수 있을 겁니다.

표 9-3 구체적 업무를 할당한 WBS

업무레벨1	업무레벨2	담당자
전시 준비	업체 계약	홍길동
	부서 협조	이영희
	물품 준비	김철수

팀장은 과제에서 업무로 구체화하면서 적절한 레벨을, 업무에서 과제로 추상화하면서 적절한 레벨을 잡아야 업무를 제대로 배분할 수 있고, 그 업무를 맡은 담당자가 제대로 실행할 수 있습니다.

업무를 어디까지 관리할 것인가?

셋째, 어디까지 관리할 것인가? 이제 남은 것은 관리 레벨입니다. 팀장이 과제를 최상위의 추상적 단계로만 나눠서 업무로(담당자에게는 과제로) 배분했다면 그 과제가 관리 레벨이 됩니다. 전시 기획, 전시 준비, 전시 운영, 전시 종료 등 4가지 업무가 있고, 각 업무의 시작과 완료가 관리 대상이 됩니다. 그런데 만약 전시회 조사, 기획안 작성, 기획안 보고, 업체 계약, 부서 협조… 등 구체적 업무로 나눠서 배분했다면 각 업무의 시작과 완료가 관리 대상이 됩니다.

구체화 수준이 높을수록 관리는 마이크로 매니징(micro managing)이 될 가능성이 높습니다. 업무를 세세하게 구분하는 순간 나도 모르게 그 기준으로 관리하게 됩니다. 그렇다고 해서 업무를 추상화하면 매크로 매니징(macro managing)이 될 가능성이 높습니다.

업무를 구체화하고 추상화하는 일과 업무를 관리하는 일은 별개의 일로 봐야 합니다. 업무는 레벨3까지 나눠서 배분하더라도 관리는 레벨1이나 2에서 해도 됩니다. 이때 상위 레벨에도 담당자 또는 책임자를 두면 됩니다. 예를 들어 다음과 같이 업무를 나누고 배분하고 관리할 수 있습니다.

업무레벨1	업무레벨2	업무레벨3	담당자
전시 기획 (책임자: 홍길동)	전시회 조사 (책임자: 홍길동)	전시회 리스팅	홍길동
		효과 분석	홍길동
	기획안 작성 (책임자: 김철수)	기획안 총괄	김철수
		예산 계획	이영희
		전시 계획	김철수
	기획안 보고	기획안 보고	이소연
전시 준비 (책임자: 이영희)	업체 계약 (책임자: 이영희)	업체 물색	홍길동
		RFP 작성	이영희
		업체 선정	김철수
	부서 협조 (책임자: 이영희)	구매팀 협조	이영희
		출고관리팀 협조	이영희
		재무팀 협조	김철수
	물품 준비 (책임자 김철수)	전시 물품 준비	김철수
		전시장 비품 준비	이영희

10
ChatGPT와 성과 분석

실적을 만드는 BSC 전략 맵

실적은 행동 목표와 결과 목표로 기술할 수 있습니다. 'Device Eco 제품군 안정적 관리'와 '프리미엄 태블릿 시장 진출'은 행동 목표입니다. 그런 행동으로 인해 발생하는 매출 증가는 결과 목표입니다. 행동 목표와 결과 목표를 이어서 기술함으로써 목표를 분명하게 정할 수 있습니다. 행동 목표만 있거나 결과 목표만 있으면 인과관계가 없어서 목표 달성 여부를 측정하기가 어렵습니다.

예를 들어 팀원의 교육 수강을 생각해 보겠습니다. 팀원이 교육을 수강하는 것은 행동 목표입니다. 1년에 30시간을 수강한다는 MBO(Management By Objectives)를 설정했다면 그 결과는 어떻게 기술해야 할까요? 실제로 많은 팀장이 결과 목표 없이 행동 목표만 설정하곤 합니다. 그러다 보니 MBO가 유명무실해지기도 하고, 팀장이나 팀원 모두 교육을 불필요하게 보고 연말로 미룹니다. 팀원의 교육이 행동 목표이고 교육 수강이 어떤 결과 목표를 달성하는 원인이 된다면 당연히 교육을 연초에 집중 수강해야 하는데, 현실은 거꾸로 돌아갑니다.

교육을 했다면 결과가 나와야 합니다. 교육이 원인이므로 인과관계에 따른 결과가 명확히 나와야 합니다. 일반적으로 교육을 매출이나 이익 등 재무 관점으로 바로 연결하곤 하는데 이것은 엄연히 논리 비약입니다. 물론 교육이 바로 매출이나 이익으로 나오는 경우도 있습니다. 그런데 그것은 교육 사업일 때 그렇습니다. 교육 자체가 직원의 학습과 성장 관점이 아니라 고객 관점일 때 그렇습니다.

일반적으로 직원 교육은 학습과 성장 관점입니다. 학습하고 성장하면 업무를 잘하게 됩니다. 예를 들어 팀원에게 오피스 사용 교육을 했다면 내부의 데이터 입력이나 관리 속도가 빨라질 겁니다. 그 결과는 고객 응답 시간 단축으로 이어질 수 있습니다. 그러면 고객만족도가 증가하고 고객이 하나라도 더 우리 제품을 구매할 겁니다. 결국 매출이 늘어나고, 추가 모객 비용이 줄어서 이익도 늘어납니다. 이것이 BSC(Balanced Score Card)입니다.

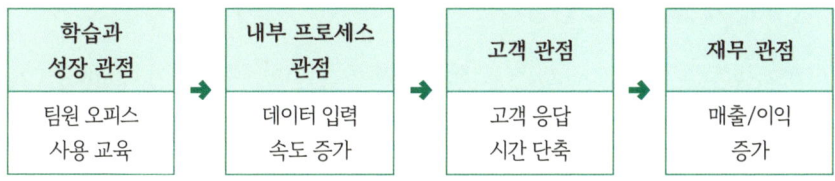

그림 10-1 BSC 관점에서 본 목표 예시

BSC는 재무 관점의 지표만으로는 현대 경영 활동을 제대로 측정할 수 없어서, 직원의 학습과 성장, 내부 프로세스, 고객 관점의 지표를 균형 있게 사용하는 방식입니다. 재무 관점의 지표가 최종 결과라고 보고, 그 결과를 만드는 인과의 사슬을 연결한 것이 BSC 전략 맵입니다. 팀장은 이 전략 맵을 만들어야 팀의 활동과 재무적 결과를 연결할 수 있습니다.

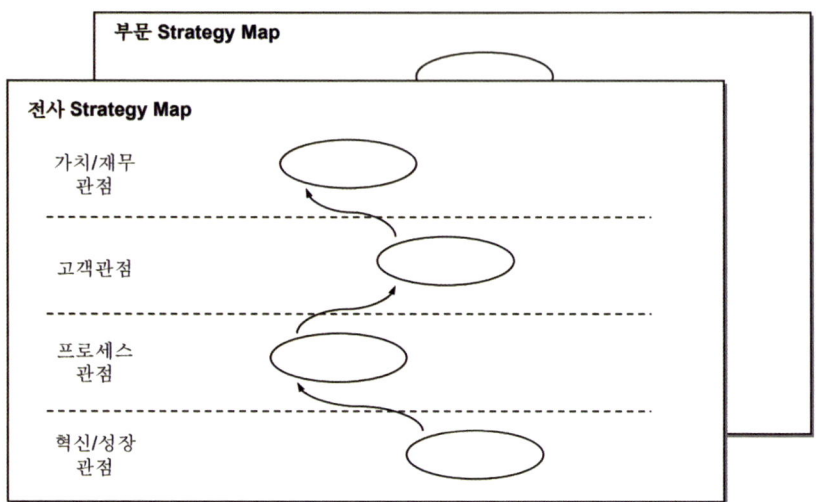

그림 10-2 BSC 전략 맵

ChatGPT로 BSC 만들기

BSC를 만들 때는 ChatGPT를 활용하면 좋습니다. 예를 들어 ChatGPT에게 B2B 영업팀의 BSC 전략 맵을 만들어 달라고 해보겠습니다.

 B2B 영업팀의 BSC 전략 맵을 하나 만들어 줘.

 B2B 영업팀을 위한 BSC 전략 맵을 다음과 같이 구성할 수 있습니다:

1. **재무 관점 (Financial Perspective)**:
    - 목표: 매출 증가
    - 지표: 매출 증가율, 총 수익, 이익률
    - 목표: 거래처 확대
    - 지표: 신규 거래처 수, 거래처 유지율

2. 고객 관점 (Customer Perspective):
   - 목표: 고객 만족도 향상
   - 지표: 고객 만족도 조사 결과, 고객 추천 지수 (NPS)
   - 목표: 장기 파트너십 구축
   - 지표: 재계약률, 계약 연장률

3. 내부 프로세스 관점 (Internal Process Perspective):
   - 목표: 영업 프로세스 개선
   - 지표: 영업 기회에서 계약까지의 평균 소요 시간, 영업 승률
   - 목표: 제품/서비스 지식 향상
   - 지표: 제품/서비스에 대한 영업팀의 지식 평가 점수

4. 학습 및 성장 관점 (Learning and Growth Perspective):
   - 목표: 직원 역량 개발
   - 지표: 교육 및 훈련 프로그램 참여율, 훈련 시간, 직원 스킬 평가
   - 목표: 영업팀 문화 개선
   - 지표: 직원 만족도, 팀워크 평가 점수, 이직률

ChatGPT가 만들어준 BSC를 참고로 해서 전략 맵을 구성해 보겠습니다. ChatGPT는 재무 관점에서 매출 증가와 거래처 확대를, 고객 관점에서 고객 만족도 향상과 장기 파트너십 구축을 제시했습니다. 그렇다면 고객 만족도 향상과 장기 파트너십 구축이 매출 증가와 거래처 확대를 만든다는 말입니다. 뭔가 이상합니다.

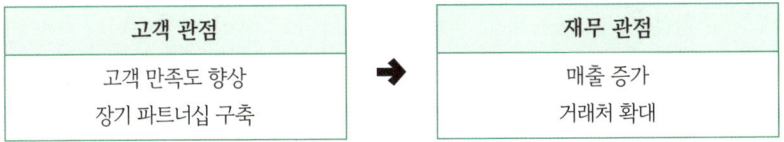

그림 10-3 ChatGPT가 만들어준 BSC의 고객 관점과 재무 관점

고객 만족도가 향상하면 매출이 증가할 수 있습니다. 하지만 고객 만족도가 향상해서 증가한 매출이 얼마나 되는지는 알 수 없습니다. 또한 장기 파트너십 구축으로 증가한 매출이 얼마나 되는지도 알 수 없습니다. 행동 목표와 결과 목표가 정확히 이어지지 않습니다.

이럴 때는 고객 만족도 향상이라는 행동 목표의 정확한 결과 목표를 설정해야 합니다. 예를 들어 고객이 만족해서 추가 주문을 하거나, 좀 더 프리미엄 제품을 구매할 수 있습니다. 그렇다면 재무 관점은 단순히 매출 증가가 아니라 기존 고객 추가 주문 증가, 또는 기존 고객의 프리미엄 제품 주문 증가 등으로 정해야 합니다.

장기 파트너십 구축도 마찬가지입니다. 장기 파트너십이라고 하면 일회성이나 일시적 주문이 아니라 장기적이고 주기적으로 주문한다는 뜻입니다. 따라서 단기 계약 고객의 장기 계약 전환이나, 1년 내 재주문 금액 증가 등이 재무 관점의 목표가 돼야 합니다.

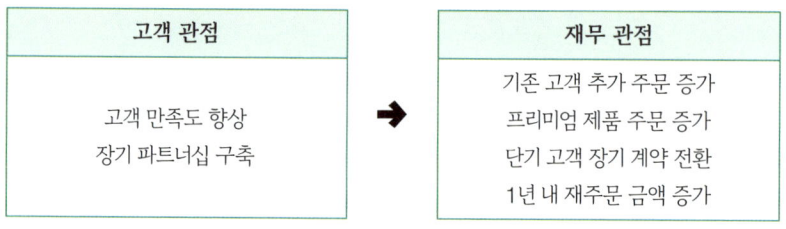

그림 10-4 ChatGPT가 만들어 준 BSC의 고객 관점과 재무 관점을 수정한 결과

학습과 성장 관점, 내부 프로세스 관점도 살펴보겠습니다. 여기서 내부 프로세스 관점은 영업 프로세스 개선, 제품/서비스 지식 향상입니다. 이를 위해 학습 및 성장 관점에서 직원 역량 개발, 영업팀 문화 개선을 고려할 수 있습니다.

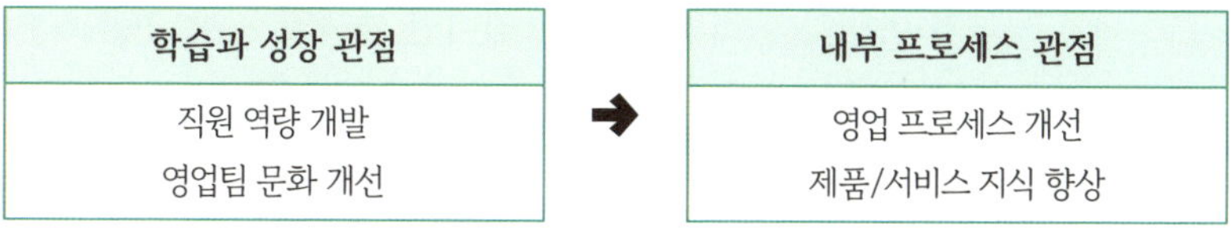

학습과 성장 관점	→	내부 프로세스 관점
직원 역량 개발 영업팀 문화 개선		영업 프로세스 개선 제품/서비스 지식 향상

그림 10-5 ChatGPT가 만들어 준 BSC의 학습과 성장 관점과 내부 프로세스 관점

내부 프로세스 관점에서 ChatGPT가 내놓은 영업 프로세스 개선과 제품/서비스 지식 향상을 결과 목표라고 하면, 행동 목표로는 직원 역량 개발과 영업팀 문화 개선이 됩니다. 그런데 뭔가 앞뒤가 안 맞습니다. 직원 역량을 개발하면 영업 프로세스가 개선되거나 제품/서비스 지식이 향상될까요? 그렇게 하겠다면 보다 구체적인 학습과 성장 관점의 목표가 필요합니다. 예를 들어 직원의 제품/서비스 지식 교육과 영업 프로세스 관련 문화 개선이 학습과 성장 관점의 목표가 돼야 합니다.

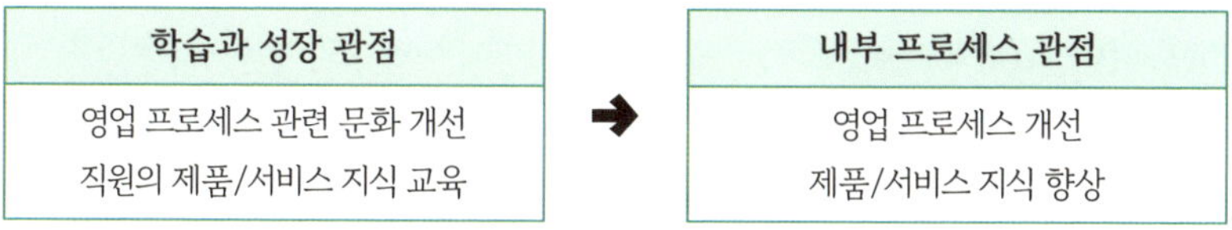

학습과 성장 관점	→	내부 프로세스 관점
영업 프로세스 관련 문화 개선 직원의 제품/서비스 지식 교육		영업 프로세스 개선 제품/서비스 지식 향상

그림 10-6 ChatGPT가 만들어 준 BSC의 학습과 성장 관점과 내부 프로세스 관점을 수정한 결과

ChatGPT는 확실히 BSC 초안을 잘 잡아줍니다. 하지만 ChatGPT도 말했듯이 각 관점의 목표와 지표는 상호 연관되어 있어 한 관점에서의 개선이 다른 관점의 성과에 긍정적인 영향을 미쳐야 합니다. 즉, 하위 관점이 행동 목표가 되고 상위 관점이 결과 목표가 되도록 전략적으로 연결해야 합니다.

실적과 성과의 차이

많은 사람이 잘못 알고 있는 것 중 하나는 실적과 성과입니다. 실적을 놓고 성과라 읽는 겁니다. 예를 들어 'Device Eco 제품군 안정적 관리로 매출 증가'라고 하면 성과가 아니라 실적입니다. '프리미엄 태블릿 시장 진출로 이익 증가'라고 할 때도 성과가 아니라 실적입니다.

많은 사람이 MBO나 BSC를 성과관리 방법으로 생각합니다. 하지만 이건 성과를 관리하는 것이 아니라 실적을 관리하는 방법입니다. 더 정확하게는 인과관계를 관리하는 방법입니다. 팀원 교육에 1억 원을 써서 매출을 10억 원 증가시켰다고 하는 인과관계를 분석하고 추적하고 관리하기 위함입니다.

조금만 달리 생각해 보겠습니다. 팀원 교육에 1억 원을 써서 매출을 10억 원 증가시켰다고 합니다. 만약 팀원 교육 대신 새 팀원을 채용하는 데 1억 원을 썼다면 매출은 얼마 늘어났을까요? 만약 다른 행동을 했다면 분명 결과는 달라질 겁니다. 그렇다면 더 좋은 행동을 해서 더 좋은 결과를 만들어낼 수 있다는 것은 당연한 생각입니다. 기회비용의 문제가 발생하는 겁니다.

회사가 생산설비를 확충하는 데 100억 원을 들여서 세후 이익으로 3억 원을 냈습니다. 100억 원으로 적금을 들면 세후 이자가 5억 원이 나온다고 해보겠습니다. 이 경우, 세후 이자 5억 원에서 세후 이익 3억 원을 뺀 2억 원이 기회비용이 됩니다.

기회비용 개념을 팀으로 가져와 보겠습니다. A 영업팀과 B 영업팀은 모두 작년에 운영비로만 10억 원씩 썼습니다. 따로 투자비는 쓰지 않았습니다. 그런데 A 영업팀은 매출 100억 원에 영업이익 20억 원을 냈습니다. 반면 B 영업팀은 매출 50억 원에 영업이익 15억 원을 냈습니다. 회사 입장에서 보면 B 영업팀에 준 운영비 10억 원을 A 영업팀에 줬다면 이익을 5억 원 더 냈을 것이라 생각할 수 있지 않을까요?

팀을 넘어서 사업 단위로 보겠습니다. A 사업부와 B 사업부가 있습니다. 모두 2년 전에 사업을 시작했고 매년 각각 100억 원의 예산을 사용합니다. A 사업부는 3년 동안 이익을 100억, 200억, 300억을 냈습니다. B 사업부는 300억, 200억, 100억을 냈습니다. 3년 전에는 분명 B 사업부가 A 사업부보다 200억 이익을 더 냈습니다. 그런데 올해는 A 사업부가 B 사업부보다 200억 이익을 더 내고 있습니다. 이익 추이를 보면 A 사업부는 증가 추세, B 사업부는 감소 추세가 뚜렷합니다. 그렇다면 B 사업부의 예산을 거둬들여서 A 사업부에 투자하거나, A 사업부 같은 새로운 사업부를 만들고자 하지 않겠습니까? 이것이 성과 분석입니다.

실적은 인과관계로 설명합니다. 성과는 비교로 설명합니다. 팀 내부의 인과관계는 실적으로 나타납니다. 팀 간 비교는 성과로 나타납니다. 성과가 아주 안 좋은 팀은 공중분해 되기도 합니다. 성과는 개인 비교로도 가능합니다. 성과가 안 좋은 직원은 해고당하기도 합니다. 성과는 비교이므로 회사 내에서는 자연스럽게 비율로 측정됩니다. 상위 몇 % 팀, 하위 몇 % 직원 같은 식으로 평가됩니다. 회사 밖에서도 비율로 측정됩니다. 시장점유율 몇 %, 순위 몇 등, 수익률 몇 % 같은 식으로 평가됩니다.

회사가 자기자본으로 순이익을 얼마나 냈는지를 측정하는 것이 자기자본이익률, 즉 ROE(Return On Equity)입니다. 경영자가 주주의 자본을 활용해서 얼마만큼의 이익을 올리고 있는지 나타내는 지표입니다. ROE가 높다면 경영자가 자본을 효율적으로 운용해서 이익을 많이 낸다는 뜻입니다. ROE가 채권 이자나 예금 금리보다 높으면 주가가 오릅니다. 자본을 가진 사람들은 더 이익률이 높은 곳에 투자하려고 하기 때문입니다. 또 다른 기업보다 ROE가 높으면 그 기업의 주식을 사려고 합니다. 다른 기업보다 이익률이 높기 때문입니다. 즉, 회사의 성과, 경영자의 성과를 보여주는 것이 ROE입니다.

ROE가 회사나 경영자의 성과를 보여준다면, 각 사업군이나 팀의 성과를 보여주는 것은 ROI(Return On Investment)입니다. 순이익을 총투자액으로 나누어 산출합니다. 팀이 완전독립채산제로 운영된다면 총투자액, 즉 운영비와 투자비가 얼마이고 순이익이 얼마인지 계산할 수 있습니다. 팀별로 ROI를 산출할 수 있다는 뜻입니다. ROI가 높은 팀이 당연히 성과가 높은 팀이 됩니다.

만약 우리 팀의 ROI가 다른 팀보다 현격히 낮다면 성과가 안 나오는 팀이라고 회사가 생각합니다. 당연히 투자를 줄이거나 없애려고 할 겁니다. 반대로 우리 팀의 ROI가 다른 팀보다 현격히 높다면 성과가 잘 나오는 팀이라고 회사가 생각합니다. 당연히 투자를 늘리거나 상위 부서로 확대하려고 할 겁니다.

성과 관리의 핵심은 실적이 아닙니다. 다른 팀이나 경쟁사의 경쟁 팀과 비교해서 더 높은 수익률을 내는 것입니다. 회사에 무조건 돈 많이 달라, 사람 많이 달라, 시간 많이 달라고 할 이유가 없습니다. 수익률이 높으면 회사가 알아서 돈 많이 주고, 사람 많이 주고, 시간 많이 줍니다. 성과 분석의 핵심은 수익률 분석입니다.

따라서 BSC에서 학습과 성장 관점, 내부 프로세스 관점, 고객 관점은 모두 투자 관점입니다. 투자의 실적은 재무 관점입니다. 여기에 투자 성과로 수익률 관점을 추가해야 합니다.

표 10-1 BSC와 실적, 성과의 관계

투자	실적	성과
학습과 성장 관점	재무 관점	투자수익률
내부 프로세스 관점		시장점유율
고객 관점		:

ChatGPT로 KPI, MBO, OKR 만들기

대기업의 성과 관리 체계는 기본적으로 BSC를 준용합니다. BSC는 일종의 관점이자 전략이므로 구체적인 지표가 필요합니다. 일반적으로 학습과 성장 관점과 내부 프로세스 관점은 직원 개개인의 시간과 노력, 활동과 정성이 들어가기 때문에 MBO(Management by Objectives)를 사용합니다. 고객 관점과 재무 관점은 부서로 집계되므로 KPI(Key Performance Indicator)를 사용합니다.

회사는 부서장을 KPI로 관리하고, 부서원을 MBO로 관리합니다. KPI는 부서나 부서장의 보수, 승진, 승격을 결정하는 데 사용하고, MBO는 직원의 보수, 승진, 승격을 결정하는 데 사용합니다.

MBO와 KPI는 부서장과 부서원을 분리할 뿐만 아니라 하향식이고 계층적이며, 일정한 기간에 따른 결과를 보상과 연결합니다. 따라서 전통적인 조직에는 MBO와 KPI가 잘 사용됩니다. 하지만 스타트업과 같이 팀이 유기적이거나, 특정 제품을 중심으로 기간의 구별 없이 지속적이고 점진적인 성장을 추구하는 경우에는 MBO와 KPI를 사용하기가 어렵습니다. 그래서 만들어진 것이 OKR입니다.

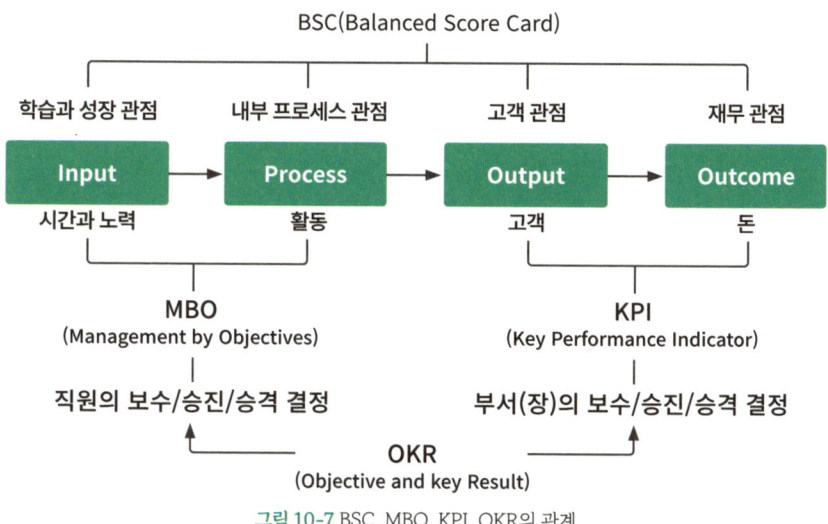

그림 10-7 BSC, MBO, KPI, OKR의 관계

먼저 ChatGPT에게 B2B 영업팀의 KPI를 만들어 달라고 해보겠습니다.

B2B 영업팀을 위한 KPI를 만들어 줘.

1. 매출액: 영업팀이 매출을 얼마나 창출하는지를 측정합니다.
2. 새로운 거래 체결 수: 새로운 거래를 얼마나 체결했는지를 측정합니다.
3. 거래 유지율: 기존 거래를 유지하는 비율을 측정하여 고객 관계의 강도를 평가합니다.
4. 거래 규모: 거래의 규모를 측정하여 중요한 거래와 적은 중요도의 거래를 구분합니다.
5. 거래 단가: 제품이나 서비스 당 거래 금액을 측정하여 이익성을 평가합니다.
6. 성공적인 거래 비율: 거래를 얼마나 성공적으로 수행했는지를 측정하여 영업 능력을 평가합니다.
7. 고객 만족도: 고객 만족도 조사를 통해 고객 만족도를 측정합니다.
8. 유망한 잠재 고객 수: 잠재 고객을 수집하고 관리하는 능력을 평가합니다.
9. 거래 기간: 거래를 체결하는 데 걸리는 시간을 측정하여 효율성을 평가합니다.
10. 영업 활동 비용: 영업팀의 활동에 소비되는 비용을 측정하여 효율성을 평가합니다.

보다시피 ChatGPT는 BSC의 고객 관점과 재무 관점 위주로 KPI를 만들어줍니다. 이번에는 MBO를 만들어 달라고 해보겠습니다.

 B2B 영업팀 직원의 MBO를 만들어 줘.

1. 매출 달성: 개인 매출 목표를 설정하고, 그 목표를 달성하는 데 집중합니다.
2. 새로운 고객 추가: 새로운 고객을 발굴하고, 신규 고객 수에 대한 목표를 달성합니다.
3. 거래 유지: 기존 고객과의 유지 및 재계약 비율을 높이는 목표를 달성합니다.
4. 거래 규모 증대: 기존 거래에서 거래 규모를 확대하고, 큰 거래를 체결하는 목표를 달성합니다.

> 5. 제품/서비스 확장: 기존 고객에게 다른 제품이나 서비스를 판매하고, 이에 대한 목표를 달성합니다.
> 6. 고객 만족도 향상: 고객 만족도를 높이기 위한 목표를 달성합니다.
> 7. 잠재 고객 발굴: 새로운 잠재 고객을 발굴하고, 이를 새로운 거래로 이어가는 목표를 달성합니다.
> 8. 거래 기간 단축: 거래를 빠르게 처리하는 능력을 향상시켜, 거래 기간을 단축하는 목표를 달성합니다.
> 9. 팀워크 강화: 팀원들과 협력하여 공동 목표를 달성하고, 팀워크를 강화하는 목표를 달성합니다.
> 10. 영업 전략 개선: 개인적으로 새로운 아이디어를 발굴하고, 영업 전략 개선에 기여하는 목표를 달성합니다.

ChatGPT가 만들어준 MBO를 언뜻 보면 BSC의 고객 관점과 재무 관점처럼 보입니다. 하지만 내용을 자세히 보면 학습과 성장 관점, 내부 프로세스 관점입니다. 예를 들어 1번 매출 달성은 재무 관점처럼 보이지만 매출액이 아니라 개인 매출 목표를 설정하고 달성하는 데 집중합니다. 즉, 목표 달성이라는 활동을 의미하므로 내부 프로세스 관점입니다. 2번 새로운 고객 추가나 3번 거래 유지, 4번 거래 규모 증대도 모두 내부 프로세스 관점입니다. 이러한 내부 프로세스 개선이나 혁신을 위해서는 학습과 성장 관점의 MBO가 필요합니다. 이 경우 ChatGPT에게 학습과 성장 관점의 MBO를 요청하면 됩니다.

B2B 영업팀 직원의 MBO를 학습과 성장 관점에서 5개 만들어 줘.

1. 신규 업종/산업 시장 이해: 영업팀 직원은 신규 업종이나 산업 시장에 대한 깊은 이해를 통해 기존 고객과 신규 고객의 요구를 정확히 파악하고, 맞춤형 제안을 제공할 수 있어야 합니다. MBO는 연간 몇 개의 새로운 업종이나 산업에 대한 연구 및 학습을 완료하는 것을 목표로 설정할 수 있습니다.

> 2. 영업 기술 및 전략 습득: 영업팀 직원은 지속적으로 영업 기술과 전략을 습득하고 향상시켜야 합니다. MBO는 정기적인 영업 트레이닝 참여와 해당 트레이닝에서 배운 기술 및 전략을 실제 영업 활동에 적용하여 성과를 내는 것을 목표로 할 수 있습니다.
> 3. 크로스 기능적 협력 강화…
> 4. 지식 공유 및 멘토링…
> 5. 성과 측정 및 자기 평가…

 ChatGPT는 학습과 성장 관점에서 직원이 시장을 이해하고 기술을 습득하고 협력을 강화하고 지식을 공유하고 성과를 측정하는 것을 MBO로 정하라고 합니다.

 이번에는 ChatGPT에게 B2B 영업팀의 OKR을 만들어 달라고 해보겠습니다.

 B2B 영업팀을 위한 OKR을 만들어 줘.

1. 목표(Objective): 매출 증대
   - Key Result 1: 새로운 고객 발굴 및 영업 활동에 따른 매출 증대 (예: 새로운 고객 10개 이상 확보)
   - Key Result 2: 기존 고객의 구매액 증대 (예: 기존 고객 평균 구매액 10% 이상 증가)
   - Key Result 3: 영업 대상 제품/서비스의 상승률 향상 (예: 제품 A의 매출이 전년 대비 20% 이상 증가)
2. 목표(Objective): 고객 만족도 향상
   - Key Result 1: 고객 만족도 조사 결과 개선 (예: 고객 만족도 조사에서 90점 이상 획득)

- Key Result 2: 불만사항 해결 및 대응 시간 단축 (예: 불만사항 처리 시간 24시간 이내로 단축)
- Key Result 3: 추가적인 고객 서비스 제공 (예: 새로운 서비스 제공으로 고객 만족도 향상)

3. 목표(Objective): 팀 협업 강화
   - Key Result 1: 협업을 위한 커뮤니케이션 개선 (예: 주간 회의에서 참여율 100% 달성)
   - Key Result 2: 지시 공유 및 역량 강화를 위한 교육/트레이닝 프로그램 도입 (예: 교육/트레이닝 참여율 80% 이상 달성)
   - Key Result 3: 성과를 인정하고 보상하는 인센티브 시스템 도입 (예: 성과에 따른 인센티브 지급으로 팀 협업 강화)

4. 목표(Objective): 영업팀 인력 관리 및 개발
   - Key Result 1: 영업 인력의 역량 강화를 위한 교육/트레이닝 프로그램 개선 (예: 교육/트레이닝 결과의 실무 적용도 향상)
   - Key Result 2: 영업 인력의 성과 및 업무 환경 개선을 위한 인사관리 시스템 구축 및 운영 (예: 성과에 따른 적정한 보상 및 개인별 업무 환경 조성)
   - Key Result 3: 새로운 인력 채용 및 팀 문화 개선 (예: 적극적인 인력 채용 및 새로운 인력을 위한 적응 교육 프로그램 구축)

ChatGPT가 만들어준 OKR 4개를 잘 보면 BSC 관점인 것을 볼 수 있습니다. 첫 번째 목표인 '매출 증대'는 BSC의 재무 관점입니다. 두 번째 목표인 '고객 만족도 향상'은 고객 관점, 세 번째 목표인 '팀 협업 강화'는 내부 프로세스 관점, 네 번째 목표인 '영업팀 인력 관리 및 개발'은 학습과 성장 관점입니다.

이와 같은 방식으로 ChatGPT를 이용해서 성과 목표를 만들 수 있습니다. 처음부터 백지에서 시작하지 말고 ChatGPT로 목표와 지표 초안을 만든 다음 수정이나 보완, 발췌나 종합을 해서 사용하는 것을 추천합니다.

목표 관리의 핵심은 목표 달성이 아니라 진척과 예측

BSC든 OKR이든 실적이나 성과를 관리한다는 목적으로 목표를 설정하고 지표를 만들어 측정하는 활동을 많이 합니다. 이때 어떤 관점이나 지표는 가중치를 두고 계산하곤 합니다. 예를 들면 1년간의 평가 항목과 지표를 다음 표와 같이 계산합니다.

표 10-2 BSC 평가 예시

BSC	평가 항목	지표	가중치	점수	소계
학습과 성장 관점	직무 교육 수강	수강일/목표일	1	4	4
내부 프로세스 관점	공급망 관리	구매량/목표량	2	4	8
고객 관점	신제품 만족도	만족도/목표점수	2	5	10
재무 관점	신제품 매출	매출액/목표액	5	2	10

이렇게 계산하면 뭔가 그럴듯해 보입니다. 하지만 실제로는 데이터 조작입니다. 가중치를 어떻게 줬는지, 지표를 측정하는 방식은 무엇인지, 점수는 어떻게 계산했는지 하나씩 따지다 보면 처음 그것을 정한 사람도 왜 그렇게 정했는지 잘 설명하지 못합니다. 많은 경우에는 재무 관점 위주로 평가하면 편향되어 나머지 관점으로 구색을 갖춥니다.

ChatGPT에게 BSC의 관점별 가중치를 달라고 해보겠습니다.

 B2B 영업팀의 BSC 관점별 가중치를 얼마로 해야 할지 알려줘.

1. 재무 관점 (Financial Perspective): 40%
2. 고객 관점 (Customer Perspective): 30%
3. 내부 프로세스 관점 (Internal Process Perspective): 20%
4. 학습과 성장 관점 (Learning and Growth Perspective): 10%

> 하지만, 위의 가중치는 일반적인 기준이며, 회사의 성격, 산업, 경쟁 환경 등에 따라 다르게 적용될 수 있습니다. 따라서, 가중치는 회사의 전략과 목표를 고려하여 조정되어야 합니다.

ChatGPT는 재무 관점 40%, 고객 관점 30%를 얘기합니다. 두 관점을 합하면 70%입니다. 사실상 재무와 고객 관점에서 평가는 끝납니다. 내부 프로세스 관점 20%와 학습과 성장 관점 10%는 구색일 뿐입니다. ChatGPT 말대로 회사의 전략과 목표를 고려하여 조정된다고 할지라도 겨우 5%나 10% 정도입니다.

그래서 실제 비즈니스에서는 목표 달성 여부가 그렇게 중요한 것이 아닙니다. 비즈니스에서는 목표를 달성했다고 해서 잘한 것이 아닙니다. 목표를 일찍 달성했거나 기한에 맞게 목표를 달성할 것으로 예측되면 잘한 것입니다. 목표 달성 여부가 아니라 목표 달성 예측이 중요합니다.

목표 달성 여부보다 목표 달성 예측이 중요하기 때문에 많은 기업이 연말까지 결과를 확인하지 않고 중간에 부서나 부서장을 평가하고 인사 발령을 냅니다. 분명 회계연도는 1월 1일부터 12월 31일까지지만 많은 대기업이 10월에 평가하고 11월이나 12월 초에 임원 인사 발령을 냅니다. 분명히 11월이나 12월이 남았는데도 불구하고 말입니다.

회사는 왜 회계연도가 끝나지 않았고 목표 달성 여부가 확정 나지도 않았는데 임원의 성과를 평가하고 조치를 내릴까요? 그 이유는 목표 달성 여부가 아닌 목표 달성 예측 때문입니다. 즉, 지금까지 해온 진척과 앞으로의 예측을 보고 성과를 평가하는 것입니다.

예를 들어 보겠습니다. 다음 차트는 어떤 사업부의 분기별 매출입니다. 1분기부터 3분기까지는 실적입니다. 4분기는 사업부 자체 예측입니다. 보다시피 3분기까지 목표를 달성하지 못했고, 4분기에 목표를 크게 상회해서 연간 목표를 맞추려고 합니다.

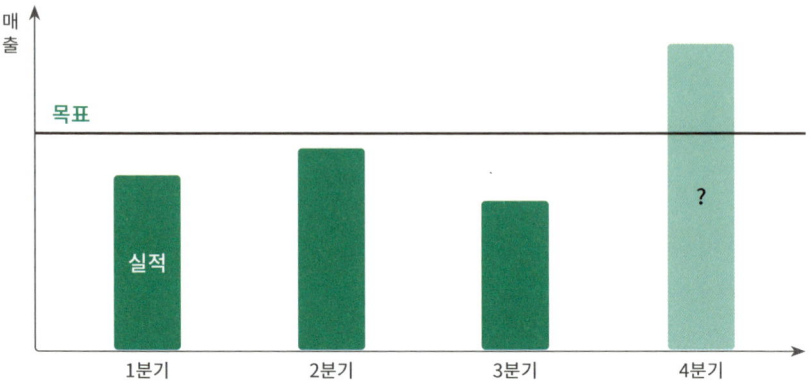

그림 10-8 3분기까지 매출 목표를 달성하지 못한 사업부의 매출 실적과 예측

만약 4분기가 시작하는 10월에 이 사업부를 평가해서 사업부장 인사이동을 정해야 한다면 어떻게 하겠습니까? 이 사업부의 지난 3분기 동안의 실적을 보면 과연 4분기라고 해서 나아질까요? 아니 4분기에 그렇게 드라마틱하게 매출이 오를까요? 사업부의 주장을 곧이곧대로 믿고 사업부장을 승진시키거나 할 수 있을까요?

실제로 이 사업부가 4분기에 이번 분기의 2배 매출을 일으킬 수도 있습니다. 사업부의 매출 특성이 4분기에 연간 매출의 50%가 난다고 볼 수도 있습니다. 하지만 그런 상황이라 할지라도 이 사업부의 4분기 매출을 믿을 수는 없습니다. 분명히 1년 중 75%나 되는 기간에 목표를 달성하지 못했고, 이 사실을 감안하면 연간 목표도 달성하지 못할 것으로 예측되기 때문입니다. 회사는 당연히 이 사업부의 책임자를 문책할 겁니다.

그렇다면, 다음과 같은 경우라면 어떻게 해야 할까요? 3분기까지 분기별 매출 목표를 충분히 달성했고 여유도 넘칩니다. 비록 4분기 매출이 확 줄어들지만, 연간으로 보면 매출 달성이 무난합니다.

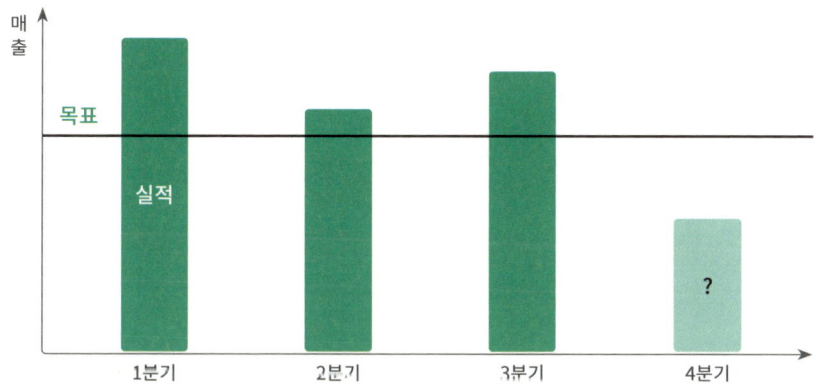

그림 10-9 3분기까지 매출 목표를 초과 달성한 사업부의 매출 실적과 예측

혹시 이런 경우를 아주 좋다고 보는 분이 있나요? 만약 그렇다면 성과 관리를 전혀 모르는 분입니다. 목표를 이렇게 넘쳐서 달성했다는 것은 결국 초기에 목표를 너무 낮게 잡았다는 말입니다. 즉, 목표 수립을 처음부터 잘못했다는 말입니다.

4분기에 매출이 확 줄어 결국 연간 목표는 비슷하게 잡았을 겁니다. 하지만 분기별 목표를 연간 목표의 4분의 1로 대충 나눠 버리는 바람에 목표 달성이나 초과의 의미가 퇴색했습니다. 실제로 이런 분기별 실적이 나타난다면 처음부터 1분기 목표를 다른 분기보다 높게 잡았어야 합니다.

그렇다면 이런 차트는 어떨까요? 분기마다 목표를 조금 상회하기도 하고 약간 모자라기도 하지만 전체적으로 목표를 엇비슷하게 맞춥니다.

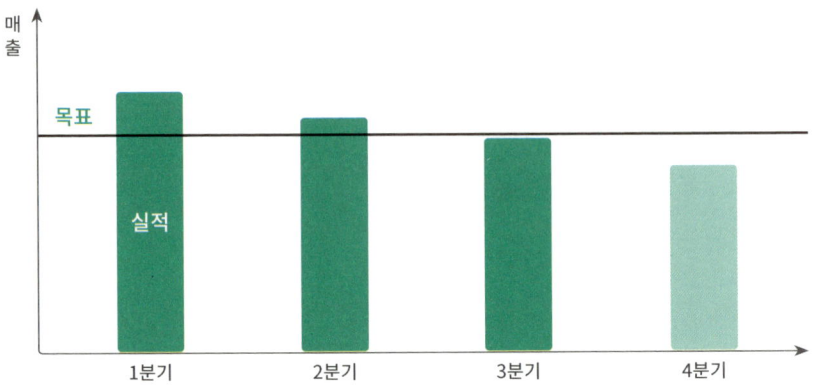

그림 10-10 3분기까지 목표를 엇비슷하게 맞춘 사업부의 매출 실적과 예측

이 경우는 연간 목표를 분기마다 균등하게 설정했지만, 대강 분기별 목표에 맞게 실적을 냈습니다. 특히 상반기에 실적을 더 냈으니 상반기에 노력을 더 했다는 것으로 볼 수도 있습니다.

그런데 이 차트를 다음 차트와 비교해 보겠습니다. 앞 차트와 결과적으로는 비슷하지만, 시간이 지날수록 목표를 달성하거나 상회합니다.

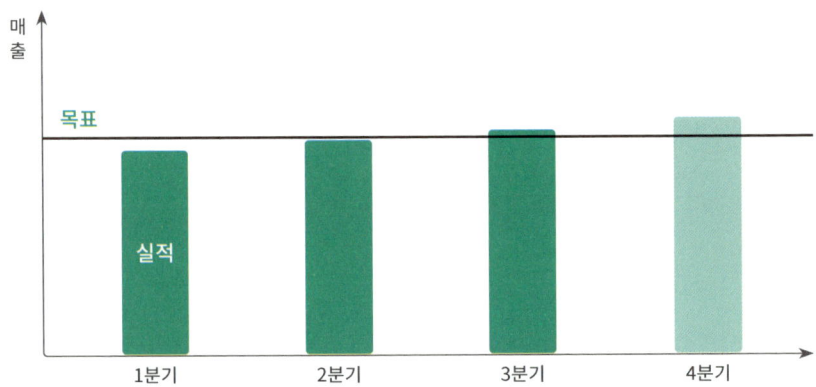

그림 10-11 시간이 가면서 목표를 달성하고 상회하는 사업부의 매출 실적과 예측

두 차트를 비교했을 때 회사는 어떤 차트를 더 좋아할까요? 상반기에 매출이 어느 정도 나야 한다면 첫 번째 차트가 더 나을 것이고, 성장세를 보여주고자 한다면 두 번째 차트가 더 나을 겁니다. 하지만 두 차트 모두 일정한 매출 하락과 상승 경향을 보여줍니다. 어찌 되었든 마지막 4분기의 매출은 예측이므로 첫 번째 차트든 두 번째 차트든 회사에서는 3분기까지 데이터만 가지고는 쉽사리 결정할 수 없습니다.

따라서 가장 좋은 차트는 바로 다음 차트처럼 분기별로 목표를 정확히 맞춘 차트일 겁니다.

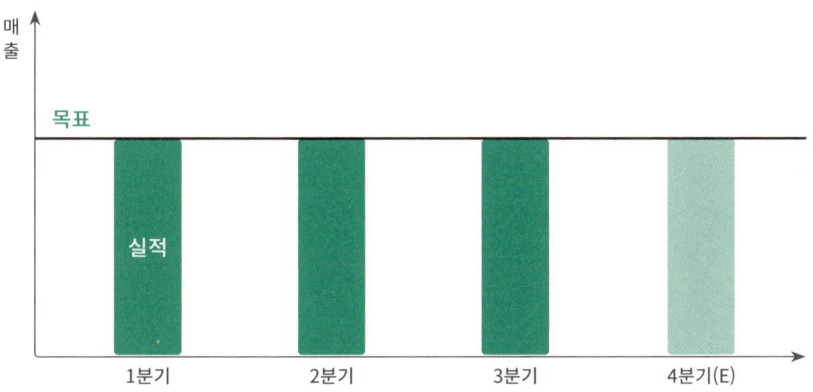

그림 10-12 분기별 목표를 정확히 맞춘 사업부의 매출 실적과 예측

목표 관리의 핵심은 목표 달성이 아니라 진척과 예측입니다. 진척이 계획대로 되고 있어야 하고 예측이 충분히 가능해야 합니다. 그래야 회사는 제대로 목표를 잡았고 해당 부서가 회사의 의도대로 일했다는 것을 알 수 있습니다.

회사는 공식적으로 목표 달성 여부나 달성률을 가지고 부서장이나 직원을 최종 평가합니다. 하지만 비공식적으로는 목표대로 진척을 이루고 있는지, 향후 예측이 가능한지를 두고 수시 평가합니다. 최종 평가에서 좋은 결과가 나왔다면 실적금이나 성과급 등으로 보상을 받을 겁니다. 하지만 그걸로 승진이나 중요한 과제를 맡을 수는 없습니다. 수시 평가를 잘 받고 있다면 회사는 그 부서나 직원을 신뢰할 수 있습니다. 신뢰한다면 승진시키거나 중요한 과제를 맡길 겁니다. 실적이든 성과든 관리의 핵심은 목표 달성이 아니라 진척과 예측이라는 것을 잊지 마십시오.

4

ChatGPT로 보고하기

11 _ ChatGPT와 업무 지시
12 _ ChatGPT와 업무 연락
13 _ ChatGPT와 보고 논리
14 _ ChatGPT와 보고서 검토

11
ChatGPT와 업무 지시

업무 지시와 요요요 질문

혹시 '요요요 주의보' 아시나요? 기성세대가 MZ 세대에게 업무를 지시하면 MZ 세대가 "이걸요?", "제가요?", "왜요?"라고 묻는다 해서 요요요, 또는 3요 주의보라고 합니다. 2022년 10월에 열린 '2030 부산세계박람회 유치를 위한 제9회 국제콘퍼런스'에서 기업 대표 연설자로 나선 SK 최태원 회장이 요즘 기업이 젊은 세대로 축이 이동하고 있다면서 연설 첫마디로 요요요를 꺼냅니다. 영어로 연설한 것이어서 그대로 옮기면 이렇습니다.

> "I wonder if you ever heard of the word three Whys, and they are actually 'Why this?' and 'why do it?' and 'Why me?'... If you cannot answer them, the work just stopped there..."

지시를 받은 사람이 그 일이 뭔지, 그 일을 왜 하는지, 왜 내가 해야 하는지 궁금한 것은 당연합니다. 그런데 기성세대는 그 궁금증을 어떻게 풀었습니까? 지시한 상사에게는 묻지 않고 옆 팀 팀장이나 팀원에게 가서 물어봅니다.

"박 팀장님, 혹시 본부장님이 이런 일을 시키셨는데, 이거 왜 시키시는지 아세요? 혹시 박 팀장님한테도 시켰나요? 혹시 제가 찍힌 건가요?"

"최 과장님, 혹시 이런 일 관련해서 본부장님한테 따로 들은 얘기 없나요?"

"최 대리님, 혹시 이런 일 아세요? 이 일이 뭔가요? 어떤 상황이죠? 한번 알아봐 주세요."

일을 시킨 건 상사인데 엉뚱한 데 가서 물어봅니다. 그래도 예전에는 회사 규모도 작고 비즈니스도 복잡하지 않았습니다. 자기 할 일이 분명했고 한 가지 업무만 수십 년을 했으니 상사가 뭔 지시를 하든 찰떡같이 알아들었습니다. 게다가 입사 때부터 같은 상사와 10년 20년 일하다 보면 개떡같이 지시받아도 찰떡같이 일을 해냅니다.

그런데 요즘은 그렇지 않습니다. 하루가 다르게 세상이 변하고 기술이 발전하고 새로운 사업과 비즈니스 모델이 튀어나옵니다. 항상 새로운 업무가 생기고 새로운 기술을 배우느라 쉴 틈이 없습니다. 같은 일을 10년 이상 하기도 어렵고 같은 상사와 10년 붙어 있기도 어렵습니다. 대기업 평균 근속연수도 10년이 채 안 되고, 신입사원 평균 근속연수가 3년이 안 되는 시대입니다.

팀원에게 지시하면 팀원이 찰떡같이 알아듣고 일하는 경우는 이제 없습니다. 팀원에게 지시하면 팀원이 요요요 하며 질문하는 것을 다행스럽게 생각해야 합니다. 그런 질문조차 하지 않는 팀원이라면 엉뚱한 팀원에게 가서 물어볼 겁니다. 그런데 그 팀원도 잘 모르는 건 매한가지입니다. 그나마 수소문이라도 하는 팀원은 낫습니다. 질문도 하지 않고 수소문도 안 하는 팀원은 결국 엉뚱한 일을 해 옵니다.

그림 11-1 대기업 MZ세대 '요요요' 주의보(출처: 서울경제, 2022년 10월 6일 자)

　질문이 서툴러서 그렇지 요요요 질문은 사실 아주 좋은 질문입니다. 원래 팀원은 이렇게 질문하지 않습니다. 예를 들어 팀장이 팀원에게 팀 워크숍을 갈 테니 계획을 짜서 보고하라고 지시했습니다. 그러면 팀원이 어떻게 물어볼까요? 이걸요? 제가요? 왜요? 라고 물어보면 그나마 다행입니다. 보통은 이런 걸 물어봅니다.

"언제 갈까요?"

"어디로 갈까요?"

"예산은 얼마로 할까요?"

"어떤 프로그램을 준비할까요?"

그러면 팀장이 대답합니다.

"다음 달 초가 낫지 않을까요? 가까운 데로 가죠. 춘천까지는 멀고, 가평 정도가 좋겠네요. 거기 펜션도 많으니까요. 예산은 잡아 놓은 것이 6백만 원입니다. 소통을 주제로 하면 좋겠네요."

그럼 그냥 팀장이 계획 잡으면 되지 않나요? 팀장이 지금 다 결정해 버렸습니다. 팀원은 그냥 보고서를 대필하는 사람이 돼 버릴 겁니다. 굳이 대필만 할 거라면 팀원에게 지시하는 것도 비효율적입니다. 어떤 팀원은 이런 것도 물어봅니다.

"팀장님도 가세요? 바쁘시면 저희끼리 가도…"

"저는 업무가 많아서 안 가도 되나요? 계획은 말씀하신 대로 싸서 보고하겠습니다."

팀장이 워크숍 계획을 지시할 때 이런 질문을 바란 건 아닐 겁니다. 언제 갈지 어디로 갈지 예산은 얼마로 할지 더 좋은 답을 팀원이 찾아서 보고하기를 원했을 겁니다. 그런데 팀원이 그냥 팀장에게 답을 물어보면 결국 일은 팀장이 한 겁니다. 팀장이 팀원에게 보고한 셈입니다.

하지만 이제는 팀원이 요요요 질문을 하는 것이 팀장에게 낫습니다. 이걸요? 제가요? 왜요? 라고 하는 팀원이 어려 보이고 어리숙해 보이고 예의 없어 보이긴 하지만, 질문 그 자체만 보면 훌륭합니다. 요요요 질문의 표현만 좀 가다듬어 보면 다음과 같습니다.

- "왜요?"
  - ⇒ "그 문제가 얼마나 중요하고 긴급합니까?"
  - ⇒ "그 문제를 풀고 나면 어떤 효과를 기대하십니까?"
- "이걸요?"
  - ⇒ "팀장님이 풀고자 하는 문제가 무엇입니까?"
  - ⇒ "팀장님이 이 문제를 풀려고 하는 목적이 뭡니까?"
- "제가요?"
  - ⇒ "제가 그 문제를 어떻게 해결하기를 원하십니까?"
  - ⇒ "제가 그 문제를 해결할 때 고려하거나 참고할 것이 무엇입니까?"

누구든 지시받으면 지시한 사람에게 질문해야 합니다. 그래야 일을 제대로 처리하고 제대로 보고할 수 있습니다. 그 문제가 얼마나 중요하고 긴급한지 물어봐야 워크숍의 일정과 장소, 대상과 규모를 정할 수 있습니다. 문제가 중요하고 긴급하면 이번 주라도 다 같이 가야 합니다. 그 문제를 풀고 나면 어떤 효과를 기대하는지 물어봐야 워크숍을 갔다 와서 딴소리 안 합니다. "워크숍 갔다 와도 달라진 것이 없다", "워크숍 간다고 그게 해결되나?", "또 쓸데없는 워크숍 가나?" 같은 말에 뭐라고 객관적으로 보여줄 효과가 있어야 합니다. 상사가 "그냥, 연말도 되고 하니…"라고 대답한다면 더더욱 기대 효과를 물어봐야 합니다. 회사에서 '그냥' 하는 일에 돈을 쓰면 횡령이자 직권남용입니다.

지시자가 풀고자 하는 문제가 무엇인지 물어봐야 워크숍 주제와 프로그램을 구성할 수 있습니다. 소통이 안 되는 것이 문제라면 소통을 주제로 소통 강사를 모실 수 있고, 매출 저하가 문제라면 매출 향상 과제를 팀원이 하나씩 가져와서 발표하고 토론하는 프로그램을 만들 수 있습니다. 그래서 문제를 풀려고 하는 목적이 무엇인지 물어봐야 합니다. 소통이 잘 되게 하는 것이 목적인지, 소통으로 인한 불편을 줄이는 것이 목적인지, 팀원이 서로 가족처럼 지내고자 하는 것이 목적인지, 팀 평가에 포함된 소통 점수를 높이고자 하는 것이 목적인지 분명하게 물어보고 같이 정해야 합니다. 그래야 엉뚱한 목표가 생기지 않습니다.

문제를 내가 어떻게 해결하기를 원하는지 물어봐야 내 시간과 노력을 얼마나 쏟을지, 내가 지금 당장 해야 하는지 나중에 해도 되는지 알 수 있습니다. 상사에게 바로바로 보고해야 하는지, 최종 결과만 정리해서 가져가면 되는지 판단할 수 있습니다. 그 문제를 풀 때 고려하거나 참고할 것이 무엇인지도 물어봐야 합니다. 내가 가용할 수 있는 돈, 사람, 시간은 얼마나 되는지도 물어봐야 합니다. 추가로 필요한 정보는 어느 선까지 알아봐 줄 수 있는지, 이전에 보고된 문건이 있는지 물어봐야 일을 제대로 할 수 있습니다.

ChatGPT에게 질문 요청하기

팀장이 갑자기 팀 워크숍을 가자면서 내게 계획을 짜라고 할 때 무엇을 질문해야 하는지 ChatGPT에게 물어봤습니다.

 팀장이 갑자기 팀 워크숍을 가자면서 내게 계획을 짜라고 한다. 나는 팀장에게 무엇을 물어봐야 하나?

 팀장이 갑자기 팀 워크숍을 계획하라고 할 때, 다음과 같은 질문을 통해 필요한 정보를 얻을 수 있습니다:

1. 워크숍의 목표와 주요 주제는 무엇인가요?
2. 워크숍의 기간과 일정은 어떻게 되나요?
3. 참석할 팀원의 인원 수는 어떻게 되나요?
4. 워크숍의 예산은 어떻게 되나요?
5. 온라인으로 진행할지, 오프라인으로 진행할지 여부를 알려주세요.
6. 워크숍에서 다루고 싶은 주요 이슈나 문제점이 있나요?
7. 팀원들에게 어떤 역할이나 책임을 부여하고 싶으신가요?
8. 워크숍 후에 어떤 결과물이나 성과를 기대하시나요?
9. 워크숍 도중 필요한 자료나 준비물이 있을까요?
10. 워크숍 관련해서 팀원들에게 전달하고 싶은 메시지가 있나요?

이러한 질문을 통해 팀장의 기대와 요구사항을 파악하고, 그에 맞춰 워크숍 계획을 세울 수 있습니다.

ChatGPT는 1번에서 목표와 주제, 6번에서 주요 이슈나 문제점, 8번에서 결과물이나 성과, 10번에서 메시지 등 열린 질문을 하라고 합니다. 그런데 2번 기간과 일정, 3번 인원수, 4번 예산, 5번 온라인 오프라인 방식, 9번 자료나 준비물 등 구체적인 닫힌 질문도 알려줍니다.

이 중에서 가장 먼저 해야 할 질문이 무엇일까요? ChatGPT에게 물어보았습니다.

무슨 질문을 가장 먼저 해야 하니?

가장 먼저 해야 할 질문은 "워크숍의 목표와 주요 주제는 무엇인가요?" 입니다. 워크숍의 목표와 주제를 먼저 알아두면, 그에 맞춰 다른 계획을 세울 수 있기 때문입니다. 이 정보를 바탕으로 워크숍의 일정, 참석 인원, 예산, 진행 방식 등에 대한 질문을 순차적으로 던질 수 있습니다.

워크숍의 목표와 주요 주제는 결국 상사가 풀고자 하는 문제에서 비롯합니다. 상사가 풀고자 하는 문제가 뭔지부터 파악해야 그다음으로 넘어갈 수 있습니다.

"왜요?", "이걸요?", "제가요?"는 결국 배경과 목적과 기대효과입니다. 모든 보고서의 목차는 처음에 배경과 목적에서 시작합니다. 그리고 마지막은 대부분 기대효과로 끝납니다. 그 문제가 얼마나 중요하고 긴급한지, 상사가 풀고자 하는 문제가 무엇인지, 그 문제를 어떻게 해결하기를 원하는지, 고려하거나 참고해야 할 것이 무엇인지가 배경입니다. 결국 "왜요?", "이걸요?", "제가요?"는 배경과 목적과 기대효과를 묻는 질문입니다.

표 11-1 기획서, 보고서, 제안서 목차는 대부분 배경과 목적에서 시작해서 기대효과로 끝난다.

사업기획서	방안 보고서	제안서
추진 배경	배경 및 문제	배경과 목적
환경분석	핵심 원인	현황과 문제점
사업기회	해결 방안	환경분석
추진전략	세부 계획	핵심성공요인
세부계획	기대효과	추진전략
기대효과	향후 조치	기대효과

여러분은 보고서를 쓸 때 그것이 상사가 원하는 건지 어떻게 판단하시나요? 상사에게 가져가서 보고할 때 그때 상사가 판단한다고 생각하시나요? 전혀 그렇지 않습니다. 우리가 상사에게 배경과 목적과 기대효과를 질문해서 답을 얻어내면, 그것이 우리가 쓰는 보고서의 첫 항목과 마지막 항목이 됩니다. 그리고 그 안에 내용만 앞뒤 논리에 맞게 채우면 됩니다. 보고서를 제대로 시삭해서 세내로 끝냈는지 아주 쉽게 판단할 수 있습니다.

팀장이 팀원에게 워크숍 보고를 지시했는데 팀원이 아무런 질문도 하지 않는다면 어떻게 해야 할까요? 중간에 팀원 자리에 가서 "잘 되고 있나요?"라고 물어봐야 할까요? 좋은 방법은 지시할 때 팀원에게 물어보는 것입니다. 일단은 팀원에게 이렇게 물어봐야 합니다.

"지시한 내용은 잘 이해했습니까? 제게 더 질문할 것 없나요?"

팀원이 대답합니다.

"네, 더 질문드릴 것이 없습니다."

그러면 이제 팀장이 질문할 차례입니다.

"그러면 제가 질문을 좀 하겠습니다. 이 문제가 얼마나 중요하고 긴급하죠? 이 문제를 풀고 나면 어떤 효과가 나올까요? 제가 풀고자 하는 문제가 정확히 뭔가요? 이 문제를 풀려고 하는 목적이 뭐죠? 이 문제를 어떻게 해결할 건가요? 뭘 고려하고 참고할 건가요?"

지시를 하면 그 일을 왜 하는지, 왜 그 일인지, 왜 그 사람이 해야 하는지 서로 물어야 합니다. 어느 일방만 질문할 필요는 없습니다. 팀원이 질문하지 않으면 팀장이 질문하면 됩니다. 그렇게 서로 물어보고 잘 모르면 다시 생각하고 다시 지시하고 다시 질문하면 됩니다. 그렇게 그 일의 배경을 명확히 하고 목적을 한 문장으로 확정하고 기대효과를 측정 가능한 것으로 정해야 합니다. 그게 제대로 된 업무 지시입니다.

위임전결과 팀장의 권한

영화 〈스파이더맨〉을 보면 삼촌이 죽기 전에 스파이더맨에게 이렇게 말합니다.

"With great power, comes great responsibility."

그림 11-2 영화 〈스파이더맨〉에서 삼촌의 유언이 된 말

큰 힘에는 큰 책임이 따른다는 말입니다. 스파이더맨이 가진 큰 힘을 잘못 쓰면 그 책임을 져야 하니 힘을 바르고 곧게 쓰라는 삼촌의 당부입니다. 그런데 실제 비즈니스 현장에서는 전혀 안 맞는 말 같습니다. 다들 힘은 없고 책임만 진다고 합니다. 반은 맞고 반은 틀린 얘기입니다.

비즈니스에서 힘, 즉 권한에 대해 얘기하려면 일단 위임전결을 이해해야 합니다. 어느 회사나 위임전결 규정이 있습니다. 위임전결은 회사의 경영활동이나 업무수행에 필요한 의사결정 권한을 부서장에게 맡기는 위임(委任)과, 상위자의 결재를 생략하고 자신의 책임으로 최종 판단하는 전결(專決)을 말합니다.

원래 법인기업의 모든 결정은 이사회가 해야 합니다. 하지만 이사회가 매번 모여 모든 것을 결정하기가 어렵기 때문에 대부분의 사항을 대표이사가 대리합니다. 하지만 대표이사가 그 모든 결정을 다 내리기에는 물리적 정신적 한계가 있습니다. 대표이사는 자신의 결정 권한을 하위 부서장에게 맡겨야 하고, 그 부서장이 오롯이 혼자 결정할 수 있게 지원하고 믿어야 합니다.

이런 것을 규정 없이 대표이사가 그때그때 마음대로 징하면 어떻게 될까요? 다들 대표이사만 바라보거나 결정을 누가 하는지 몰라 헤매게 됩니다. 직원이 몇 명 인 되는 기업이라면 문제가 없겠지만, 직원이 수십, 수백, 수천, 수만 명이 되면 난장판이 될 것입니다. 위임전결 규정이 필요한 이유가 그것입니다.

위임전결에서 중요한 것은 위임 대상이자 전결 대상은 오직 부서장이라는 것입니다. 즉, 부서원은 위임 대상이 될 수 없고 전결 대상도 될 수 없습니다. 조직도를 보면 이 사실을 알 수 있습니다. 조직도는 회사의 공식적인 지시보고 체계입니다. 지시해야 하고 보고해야 하니 위임전결 규정과 같은 체계를 가집니다. 조직도에서 선은 개인에게 가지 않습니다. 항상 대표이사부터 말단 부서장까지만 선이 연결됩니다. 부서원은 그냥 말단 부서장 아래에 목록으로 나타납니다. 대표이사의 지시가 부서장까지만 가능하고, 위임전결도 부서장까지만 가능하기 때문입니다.

그렇다면 말단 부서가 팀이라고 했을 때 팀장이 팀원에게 위임하고 전결할 수 있게 할 수 있을까요? 당연히 불가능합니다. 팀장이 팀원에게 결정권을 주는 것 자체가 회사 규정으로는 불가능합니다. 예를 들어 팀장이 휴가를 갔습니다. 그러면 팀의 가장 선임이 대신 팀장 역할을 하고 결재를 할 수 있을까요? 당연히 안 됩니다. 팀장의 직속 부서장이 그 결재를 대신해야 합니다.

결재는 권한이 아닙니다. 책임입니다. 자신이 전결하면 그 결정에 오롯이 자신이 책임을 져야 합니다. 그래서 위임전결 규정에 따라 받은 전결권은 권한이 아니라 책임입니다. 단지 상위 부서장에게 보고해서 결재를 득하지 않을 뿐입니다. 약간의 불편함이 사라지는 것뿐이지 그걸 권한이라고 생각할 수는 없습니다.

그렇다면 팀장은 무슨 권한을 가지는 것일까요? ChatGPT에게 물어보겠습니다.

 회사에서 팀장은 어떤 권한이 있지?

 회사에서 팀장의 권한은 회사의 규모, 업종, 조직 구조, 그리고 문화에 따라 다양할 수 있습니다. 그러나 일반적으로 팀장이 가지는 권한은 다음과 같습니다:

1. 의사결정: 팀의 전략, 목표 설정, 예산 및 자원 배분과 관련된 의사결정을 합니다.
2. 업무 분배: 팀원에게 업무를 할당하고, 일정을 조정하며, 우선 순위를 정합니다.
3. 성과 평가: 팀원의 성과를 평가하고, 인센티브 및 보너스를 결정합니다.
4. 인사 관리: 팀원의 채용, 승진, 이직, 그리고 해고와 관련된 결정을 내립니다.
5. 팀원 관리: 팀원 간의 협력과 의사소통을 촉진하고, 충돌이나 문제를 해결합니다.
6. 팀 빌딩: 팀원 간의 관계와 팀워크를 강화하는 활동을 기획하고 실행합니다.
7. 교육 및 개발: 팀원의 역량 개발을 위한 교육, 멘토링 및 코칭을 제공합니다.
8. 리더십: 팀원을 독려하고, 지도하며, 환경에 맞게 변화를 주도합니다.

그런데 과연 팀장들은 이런 의사결정, 업무 분배, 성과 평가, 인사 관리, 팀원 관리, 팀 빌딩, 교육 및 개발, 리더십 등을 권한이라고 생각할까요? 아마 그렇지 않을 겁니다.

사실 위임전결 규정으로 부서장이 가지는 실질적인 권한은 독점권과 보고권, 정보권, 자원권입니다.

독점권은 그 업무를 우리 부서만 수행할 수 있는 권한입니다. 예를 들어 위임전결 규정에 따라 100만 원 이하의 물품 구매 업무를 총무팀이 전결한다고 해보겠습니다. 그러면 100만 원 이하의 물품 구매와 관련한 업무는 총무팀이 독점하는 겁니다. 다른 부서가 총무팀의 결재를 받지 않고 물품을 구매하면 월권이 됩니다.

총무팀은 여러 팀의 물품 구매 요청을 듣고 적절히 결정할 수 있습니다. 불필요한 물품은 결재를 안 해주고 꼭 필요하다고 할지라도 시기를 늦추거나 가격이 더 저렴한 물품을 알아보게 할 수 있습니다. 그렇게 업무를 독점함으로써 얻은 성과는 오로지 총무팀이 가져갑니다. 업무를 독점함으로써 성과를 챙길 수 있는 겁니다.

보고권은 그 업무를 우리 부서만 상위 부서장들에게 보고할 수 있는 권한입니다. 해당 업무의 진척이나 결과를 우리 부서만 보고할 수 있습니다. 다른 부서가 상위 부서장에게 보고하면 비선 보고가 됩니다. 총무팀은 물품 구매 내역을 정리해서 상위 부서장에게 보고할 수 있습니다. 내년에 얼마나 구매할지도 정해서 보고할 수 있습니다. 필요하다면 대표이사에게 직접 보고해서 얼굴을 알릴 기회도 가질 수 있습니다.

대통령의 이인자라고 하는 사람이 있습니다. 공식 서열로는 국무총리가 이인자입니다. 하지만 진짜 이인자는 따로 있습니다. 바로 대통령을 독대해서 직보하는 사람입니다. 이런 사람이 진짜 이인자입니다. 대표이사와 독대해서 직보할 수 있는 권한이 보고권입니다.

독점권과 보고권을 갖고 있으면 자연스럽게 정보가 모여듭니다. 총무팀은 모든 부서가 어떤 물품을 구매하는지 알 수 있습니다. 인사팀은 모든 부서의 직원 정보를 가지게 됩니다. 전략기획팀은 모든 부서의 전략과 사업 현황을 분석할 수 있습니다.

대표이사와 독대하는 자리가 많으면 당연히 주변에서 이런저런 질문이나 요청이 들어옵니다. 자연스럽게 여러 부서의 숨은 이야기, 속마음, 향후 계획 같은 것을 알게 됩니다. 이렇게 모은 정보는 결국 권력이 됩니다. 정보권을 만드는 것이 바로 독점권과 보고권입니다.

독점권, 보고권, 정보권을 가지면 자연스럽게 자원권이 따라옵니다. 부서장이면 원래 자기 부서의 자원을 전결규정에 따라 사용할 수 있는 권한이 있습니다. 그런데 제가 말하는 자원권은 부서의 자원이 아니라 다른 부서의 자원을 말합니다. 총무팀은 더 싼 물품을 찾도록 다른 부서에 요청을 할 수 있습니다. 만약 한 부서가 더 싼 물품을 찾았다고 했을 때 같은 물품을 구매하는 부서에 더 싼 물품을 알려줄 겁니다. 정작 더 싼 물품을 찾는 일은 다른 부서가 했습니다.

기획팀은 각 부서에 대표이사 보고용 데이터를 요청하면서 참고할 데이터를 한두 개 더 넣어서 요청할 수 있습니다. 기획팀이 찾아야 마땅한 데이터라도 각 부서가 찾게 할 수 있습니다. 이런 식으로 다른 부서의 자원을 일부 사용할 수 있는 권한이 자원권입니다.

정리하자면, 부서장이 가진 권한은 독점권, 보고권, 정보권, 자원권입니다. 부서장은 이 4가지 권한을 항상 반드시 가지고 있습니다. 이 권한을 제대로 사용하지 못하기 때문에 늘 권한은 없고 책임만 진다고 말하는 겁니다. 그렇다면 권한을 어떻게 제대로 행사할 수 있을까요?

상위 부서장이 하위 부서장에게 업무를 지시할 때는 조직도의 지시선을 활용하면 됩니다. 위임전결 규정에 따라 지시해도 됩니다. 문제는 부서장끼리의 권한 행사가 아닙니다. 말단 부서장과 부서원 사이의 권한 행사입니다. 앞에서 말했듯이 팀장이 말단 부서장이라면 팀원에게 어떻게 권한을 행사할 수 있을까요?

우선 독점권부터 보겠습니다. 위임전결 규정으로 받은 팀장의 독점권은 특정 업무를 독점할 수 있는 권리입니다. 이 권리는 팀장에게 주어지므로 팀장은 해당 업무를 독점할 수 있습니다. 이러한 권리의 대부분은 돈, 사람, 시간에 관한 것입니다. 팀장은 돈, 사람, 시간을 전결하거나 상위 부서장의 승인을 받아 관리할 수 있는 권한이 있습니다. 팀에 주어진 돈, 사람, 시간을 사실상 팀장이 독점할 수 있다는 말입니다.

돈은 팀의 각종 경비입니다. 경비는 모두 위임전결 규정에 따라 팀장이 전결하거나 검토합니다. 사람에 관한 것도 마찬가지입니다. 팀원이 휴가를 가게 할 수도 있고 못 가게 할 수도 있습니다. 팀원을 승진시킬 수도 있고 안 시킬 수도 있습니다. 시간도 마찬가지입니다. 필요하다면 팀원의 출퇴근 시간을 조정할 수 있습니다. 업무별 시간을 마음대로 지정할 수도 있습니다. 회의 시간, 워크숍 일정 같은 것도 마음대로 바꿀 수 있습니다.

팀원 동기 부여

팀원에게는 어떤 권한이 있을까요? ChatGPT에게 물어보겠습니다.

 회사에서 팀원은 어떤 권한이 있지?

1. 업무 수행: 할당된 업무를 수행하고, 결과물을 제출하는 권한이 있습니다.
2. 의견 제시: 회의, 논의, 혹은 이메일 등을 통해 자신의 의견이나 제안을 제시하는 권한이 있습니다.
3. 의사소통: 팀원들과의 협력 및 의사소통을 위해 질문하고, 정보를 공유하며, 도움을 요청하는 권한이 있습니다.
4. 자원 활용: 업무 수행에 필요한 자원, 도구, 기술을 활용하는 권한이 있습니다.
5. 교육 및 개발: 회사에서 제공하는 교육 프로그램, 멘토링, 그리고 역량 개발을 위한 기회에 참여하는 권한이 있습니다.
6. 휴가 및 휴식: 법률과 회사 정책에 따른 휴가, 유급휴가, 병가, 출산 휴가 등의 이용 권한이 있습니다.

> 7. 건강 및 안전: 안전한 작업환경과 건강한 업무 조건을 요구하는 권한이 있습니다.
> 8. 노동 조건 협상: 노동 조건, 급여, 복지 등에 대해 협상하거나, 노조 활동에 참여하는 권한이 있습니다.

팀장과 마찬가지로 이런 권한을 권한으로 생각하는 팀원은 별로 없을 것 같습니다. 하지만 팀원도 독점권, 보고권, 정보권, 자원권을 가질 수 있습니다. 팀장이 이 권한을 팀원에게 분배하면 됩니다. 이것은 위임도 아니고 전결도 아닙니다. 권한을 맡기는 것이 아니라 나누는 것입니다.

예를 들어 팀에 가용한 교육비가 1,000만 원 있습니다. 분명히 교육에 대한 승인이나 비용 사용은 팀장, 혹은 상위 부서장이 결재해야 합니다. 하지만 팀원에게 분배된 교육비를 어디에 얼마나 사용할지는 팀원이 결정할 수 있습니다. 팀원에게 주어진 업무를 팀원이 어떤 순서로 할지는 팀원이 결정할 수 있습니다. 팀장은 그 결정을 존중해서 결재만 합니다. 그러면 자연스럽게 팀장의 권한이 팀원에게 넘어가는 것과 같은 효과를 냅니다.

이런 독점권을 팀원에게 분배할 때는 팀원 모두가 있는 자리에서 해야 합니다. 주간 팀 회의 같은 자리에서 팀장이 모든 팀원이 보는 앞에서 특정 팀원에게 특정 업무에 대해 독점권을 부여하는 겁니다. 예를 들면 다음과 같이 말하면 됩니다.

"이 업무는 박 대리가 전담해서 추진하세요. 다른 팀원 여러분들은 박 대리가 업무를 잘할 수 있도록 도와주세요. 박 대리는 더 필요한 것이 있으면 언제든 내게 얘기하세요. 팀의 가용한 자원이 있으면 박 대리 업무를 먼저 지원하겠습니다."

팀장이 모든 팀원이 보는 데서 이렇게 얘기하면 박 대리는 해당 업무에 독점권을 갖습니다. 여기서 더 나아가면 보고권도 확실히 줄 수 있습니다. 몇 마디만 더 하면 됩니다.

"박 대리는 그 업무를 하면서 언제든 내게 보고하세요. 필요하면 본부장이나 사장님께 직접 보고할 수 있는 자리도 마련하겠습니다. 다른 팀원들은 그 업무와 관련한 내용은 박 대리에게 우선 전달하세요. 내게 보고나 요청할 것이 있으면 박 대리를 통해서 하세요."

이제 박 대리는 보고권에 더불어 정보권도 갖게 되었습니다. 해당 업무와 관련한, 또는 관련이 없는 정보까지도 가질 수 있습니다. 이렇게 함으로써 박 대리는 독점권, 보고권, 정보권을 가지고 해당 업무를 주도할 수 있습니다.

많은 팀장이 팀원의 동기 부여를 고민하다가 비즈니스 외적인 것에 관심을 가집니다. 팀원에게 필요한 말이 뭔지, 응원은 어떻게 할지, 소통은 어떻게 할지, 면담을 언제 할지, 성격은 어떤지, 생일이나 결혼기념일은 언젠지… 이런 걸 공부하고 연구하고 알아내서 일 외적인 행사나 면담 같은 것으로 동기를 부여하려고 합니다. 하지만 비즈니스는 비즈니스 자체로 동기 부여가 돼야 합니다. 비즈니스에서 동기 부여가 안 되는데, 비즈니스 외의 것으로 동기부여를 한들 비즈니스가 제대로 될 리가 없습니다.

비즈니스에서 동기 부여는 위임전결과 권한 분배입니다. 주어진 권한을 잘 활용하고 팀원에게 잘 분배하면 그걸로 동기 부여가 됩니다. 팀원에게 권한이 분배되었다고 해서 책임감이 늘어나는 것도 아닙니다. 팀원은 위임전결 규정에 따라 어떤 책임도 지지 않습니다. 팀장이 대신 집니다. 팀원에게 권한이 분배되면 늘어나는 것은 책임감이 아니라 주도력입니다. 맡은 업무를 주도적인 위치에서 이끌 수 있는 힘이 늘어나는 겁니다. 팀장이 원한 것이 바로 팀원의 주도력이지 않을까요?

12

ChatGPT와
업무 연락

쓸데없는 주간 회의를 계속하는 이유

실행력에 대해 많은 강사나 컨설턴트는 명확한 방향과 목표 제시, 명확한 업무 지시, 끝까지 밀고 나가는 열정과 의지, 정확한 적시의 피드백, 실패를 용인하는 문화 같은 것을 주장합니다. 다 좋은 말입니다. 하지만 이건 CEO나 임원에게 해당하는 것이지 말단 팀장에게는 아무 소용 없는 얘기입니다.

말단 팀에 업무의 명확한 방향과 목표가 있을 리가 없습니다. 전시회 출품에 어떤 명확한 방향과 목표가 있겠습니까? 전사 관점에서 보면 새로운 제품으로 신시장을 공략한다는 방향과 목표가 있겠지만, 말단 실무진에서 보면 그건 공허한 비전에 불과합니다. 명확한 업무 지시도 마찬가지입니다. 팀장이 명확하게 업무를 지시하는 것 자체가 불가능합니다. 팀장이 팀원 모두의 업무를 팀원 이상 알고 있어야 명확히 지시할 수 있습니다. 그런 팀장이 어디 있습니까?

끝까지 밀고 나가는 열정과 의지도 신임 임원에게나 있는 것이지 말단 팀에 그런 게 존재할 수도 없고, 존재해서도 안 됩니다. 말단 팀은 실무진이지 미래를 이끄는 리더가 아닙니다. 정확한 적시의 피드백도 사실상 불가능하고,

실패를 용인하는 문화는 연말 인사 이동만 보면 거짓 문화인 것을 단번에 알아차립니다.

강사나 컨설턴트가 이런 식으로 주장하는 이유는 기본적으로 CEO의 관점에서 일을 보기 때문입니다. 팀장들이 돈을 모아서 강사를 초청하거나 컨설팅 받으면 팀장에 맞게 얘기해 주겠지만, 어떤 팀장도 그렇게 돈을 지불할 사람은 없습니다. 결국 CEO 직속의 인사팀이나 교육팀이 CEO의 승인을 받아 강사를 초청하고 컨설팅받다 보니 CEO나 고위 임원에게 적합한 내용만 가져오는 겁니다.

그렇다면 팀장이 팀 실행력을 높이는 방법은 무엇일까요? 놀랍게도 여러분은 이미 실행력을 높이는 임원의 방법을 거의 매주 경험하고 있습니다. 바로 주간 업무보고입니다. 많은 사람이 주간 업무보고를 왜 하는지 의문을 가지기도 하고, 부서장만 얘기하는 비효율적인 시간이라고도 하고, 부서장이 기분에 따라 화내는 자리라고 치부하기도 합니다. 조직문화 진단을 하면 항상 이런 주간 업무보고 회의 같은 것 때문에 일하기 싫다고들 합니다. 과연 그럴까요?

팀원일 때는 주간 업무보고를 그렇게 욕했으면서 부서장이 되면 끈질기게 주간 업무보고를 챙기는 이유가 뭘까요? 주간 업무보고가 바로 팀 실행력을 높여주기 때문입니다. 주간 업무보고는 단순히 업무를 보고하는 의식이 아닙니다. 주간 업무보고를 하는 이유로 팀원 업무 파악이나 업무 이슈 해결 같은 얘기를 하는데, 전혀 아닙니다. 팀원 업무를 파악하려면 그냥 그 팀원만 부르면 됩니다. 업무 이슈도 팀원을 불러서 물어보면 됩니다. 그런데 팀원 모두가 모여서 주간 업무보고를 하는 이유는 바로 팀원 각각이 자기가 뭘 하는지 발표하기 위함입니다.

새해가 되면 많은 사람이 금연, 운동, 절주 같은 결심을 합니다. 이때 실행력을 높이기 위해 다른 사람에게 이렇게 말합니다.

"나 이제부터 담배 안 피운다."

"저 오늘부터 운동합니다."

"저 이제 술 끊습니다."

선포 대상이 많으면 많을수록 결심은 오래갑니다. 만나는 사람들이 이렇게 묻기 때문입니다.

"담배 끊는다면서요? 아직 안 피세요?"

"운동 계속하세요?"

"술 진짜 끊으신 거예요?"

이런 질문을 받으면 누구라도 신경이 쓰입니다. 사람은 누구나 많은 사람 앞에서 입 밖에 꺼낸 말에 책임을 지려고 합니다. 실행력을 높이려면 자기 자신도 그렇고 다른 사람도 그렇고 많은 사람 앞에서 구체적으로 선포하게 하면 됩니다. 주간 업무보고가 바로 그런 자리입니다. 한 명씩 돌아가면서 이번 주나 다음 주 할 일을 발표하게 하면 됩니다.

실행력을 더 높이겠다면 핵심 업무 하나씩 종이에 적어서 벽에 붙이는 의식을 치러도 좋습니다. 다른 사람 앞에서 결심한 바를 종이에 적어 모두가 보는 곳에 붙이는 행위 자체가 일종의 약속이자 결심입니다. 게다가 이런 식으로 모두가 핵심 업무로 뭘 하고 있는지 알 수 있다면 서로가 점검하거나 피드백할 기회도 높아집니다. 뒷자리 팀원이 이번 주 주력 업무가 뭔지 눈에 보이면 보일수록 한마디 거들 기회도 늘어나는 법입니다.

"어, 김 대리는 이번 주에 OOO 업무가 주력이네요. 어떻게, 잘 되어가나요? 뭐 도와드릴 거 없나요?"

"박 과장님은 이번 주에 OOO 업무가 핵심이네요. 제가 그 업무와 관련해서 자료 좀 있는데, 보내 드릴까요?"

간혹 주간 업무보고를 서면으로 대신하는 경우가 있습니다. 절대 그래서는 안 됩니다. 온라인으로라도 회의를 열어서 많은 사람 앞에서 자기 업무를 얘기하게 해야 합니다. 참가를 못 한다면 잠깐 전화 통화를 하게 해서 스피커폰으로 다른 사람들에게 말하게 합니다.

팀장이 주간 업무보고를 받을 때는 질문하거나 피드백을 위주로 하는 것은 좋지 않습니다. 질문이니 피드백은 1대 1 미팅으로 하는 것이 훨씬 더 효과적입니다. 다른 사람은 잘 모르는 질문이나 피드백을 하면 회의 자체가 늘어지고 불필요하다고 생각하기 마련입니다.

팀장은 주간 업무보고 회의를 업무와 관련된 사람을 지정하거나 확인하거나 재확인하는 자리로 만드는 것이 좋습니다. 예를 들어 홍길동이 전시회 조사를 담당한다고 하면 이 업무에 조언이나 도움을 주는 사람으로 이영희를 지정하는 겁니다. 그리고 이렇게 얘기하면 됩니다.

"이영희 님이 홍길동 님이 하는 전시회 조사에 조언자 역할을 해주세요. 홍길동 님은 전시회 조사 리스팅을 할 때 이영희 님 조언을 충분히 받으세요."

그러면 홍길동은 어쩔 수 없이 이영희의 조언을 받아야 하고, 이영희도 홍길동에게 조언을 줘야 합니다. 이때 실행력은 홍길동뿐 아니라 이영희에게도 생깁니다. 홍길동이 실행력을 잃어갈 때쯤 되면 이영희가 알아서 실행력을 높여줄 겁니다.

팀 내 협의자와 통보자 지정하기

업무의 이해관계자를 찾을 때는 RACI 차트를 활용하면 좋습니다. RACI는 업무의 시작과 끝을 정하고 실제로 업무를 하는 책임자(Responsible), 업무의 승인이나 반려 등의 의사결정을 하는 최종 책임자(Accountable), 업무 수행에 필요한 산출물이나 조언, 도움을 주는 협의자(Consulted), 업무 결과나 산출물을 받아야 하는 통보자(Informed)를 의미합니다. 예를 들어 김철수 대리가 종이 빨대 개발 업무를 맡았다고 해보겠습니다. ChatGPT에게 RACI 차트를 요구하면 다음과 같습니다.

 김철수 대리가 종이 빨대 개발 관련 업무를 맡았다. RACI 차트를 만들어 줘.

 김철수 대리가 종이 빨대 개발 관련 업무를 맡았다고 가정하고, RACI 차트를 작성해 보겠습니다.

업무	R (책임자)	A (최종 책임자)	C (협의자)	I (통보자)
종이 빨대 개발 계획 수립	김철수 대리	이영희 부장	환경 담당팀	전체 팀원
종이 빨대 원재료 조달	김철수 대리	이영희 부장	조달팀	전체 팀원
종이 빨대 제작 공정 설계	김철수 대리	이영희 부장	제품 개발팀	전체 팀원

ChatGPT가 만든 RACI 차트를 잘 보면 협의자(Consulted)가 모두 다른 팀인 것을 볼 수 있습니다. 하지만 현실에서는 다른 팀이 김철수 대리에게 업무 수행에 필요한 산출물을 주거나 조언하거나 도움을 주기가 쉽지 않습니다. 자기가 해야 할 일이라고 생각하지 않아서 그렇습니다.

협의자(Consulted)를 정할 때 외부 팀뿐 아니라 팀장이 통제할 수 있는 내부 팀원으로 추가 지정하는 것이 좋습니다. 예를 들어 홍길동 과장을 협의자(Consulted)로 지정해 놓고 주간 회의 때 김철수 대리가 아니라 홍길동 과장에게 질문하는 겁니다.

"이 업무에 조언을 주기로 한 홍길동 과장은 김철수 대리의 실행이 느리다고 생각하세요? 혹시 실행을 좀 더 빨리할 수 있는 조언이 있을까요?"

"지난 일주일 동안 홍길동 과장은 김철수 대리에게 어떤 조언을 해 주었나요?"

이런 질문을 주간 회의 때 모두가 있는 자리에서 몇 번 하면 자연스럽게 홍길동 과장은 김철수 대리에게 조언하고 돕고 할 수밖에 없습니다. 김철수 대리가 굳이 홍길동 과장에게 요청하지 않아도 홍길동 과장이 알아서 돕기 마련입니다.

통보자(Informed)를 전체 팀원으로 하지 않고 주요 팀원을 지정하는 것도 좋습니다. 예를 들어 이순신 사원을 주요 통보자(Informed)로 지정한 다음에 주간 회의에서 이렇게 물어보면 됩니다.

"이순신 사원은 김철수 대리의 업무 진척에 대해 어떻게 생각하나요?"

"이순신 사원이 보기에 김철수 대리의 산출물을 좀 더 빨리 받으려면 김철수 대리가 뭘 먼저 하거나 뭘 바꾸면 될까요?"

주간 회의에서 이런 질문은 진짜 좋은 조언이나 의견을 받기 위함이 아닙니다. 이해관계자라면 실행자의 실행력을 높이기 위해 서로 도와주고 관심을 가지라는 독촉의 표현입니다. 이것이 팀 워크입니다. 주간 업무보고 자리에서 뭔가 획기적이거나 구체적인 아이디어나 의견이 안 나와도 사실 아무 상관이 없습니다.

표 12-1 실행력을 높이는 RACI 차트

업무	R (책임자)	A (최종 책임자)	C (협의자)	I (통보자)
종이 빨대 개발 계획 수립	김철수 대리	이영희 부장	홍길동 과장	김수아 차장
종이 빨대 원재료 조달	김철수 대리	이영희 부장	이순신 사원	김여름 대리
종이 빨대 제작 공정 설계	김철수 대리	이영희 부장	김여름 대리	이소연 과장

자료 요청 관리와 협업

협업하다 보면 다른 팀에 자료를 요청할 때가 많습니다. 이때 우리 팀과 상대 팀의 팀장을 참조에 넣어야 할지 말지 고민입니다. 어떤 팀장은 다른 팀에 보내는 자료 요청 메일은 팀 공식 메일이니 팀장이 참조에 들어 있어야 한답니다. 어떤 팀장은 자료 요청 정도는 팀원들끼리 알아서 하면 되지 굳이 팀장을 매번 소환할 일이냐고 짜증을 낸답니다. 여러분은 어떤 쪽입니까?

다른 팀에 자료를 요청하고 요청받는 일은 꽤 많습니다. 이때 부서 간 협조가 필요한데, 현실적으로 협조가 쉽지 않습니다. 내 일 하기도 바쁘고 벅찬데 남의 팀 뒷바라지도 아니고 매번 내 시간, 내 수고 들여서 자료 찾아 주기가 여간 귀찮은 일이 아닙니다. 특히 자료를 요청하는 사람이 보이는 태도가 마음에 안 들면 일부러라도 자료를 늦게 주거나 못 준다고 합니다. 결국 팀장이 나서서 해결할 수밖에 없습니다. 어떻게 해야 할까요? 3가지를 말씀드리겠습니다.

첫째, 그 일이 어느 팀 일인지 알아야 합니다. 자료 요청을 받은 사람이 단순히 자기 PC에 있는 파일 하나를 메일에 첨부하여 전달하면 끝인 경우는 일이라고 보기는 어렵습니다. 자료를 요청하면서 엑셀 템플릿을 같이 보내고는 템플릿에 내용을 채워서 보내달라고 하면 얘기가 달라집니다. 이때부터는 일이 됩니다.

일은 항상 주체가 있어야 합니다. 누구 일이냐가 중요합니다. 자료를 요청하는 사람의 일인지, 자료를 제공하는 사람의 일인지부터 분간해야 합니다. 자료를 요청하는 사람이 해야 할 일인데 다른 팀의 내게 요청하면 자기 일을 내게 떠넘긴다고 생각할 수밖에 없습니다. 자료를 요청할 때부터 우리 팀의 일이 어디까지이고 상대 팀의 일이 어디까지인지 명확히 선을 그어야 합니다.

기본적으로 상대 팀에 있는 자료를 그냥 받기만 하는 요청을 메일로 쓸 때는 팀장을 참조에 넣지 않아도 됩니다. 하지만 상대 팀에서 자료를 찾는 데 수고가 들거나 가공이나 정리를 해야 한다면 그 일은 자료 요청하는 팀이 맡아야 합니다. 만약 자료를 요청하는 팀이 그 일을 못 한다면 자료를 가진 팀이 그 일을 해야 하는 사내 근거나 규정을 만들어야 합니다. 규정을 만드는 것은 쉽지 않지만, 근거는 쉽게 만들 수 있습니다. 두 팀장이 상위 부서장과 함께하는 회의에서 정하면 됩니다.

둘째, 요청 시간과 시한에 규칙이 있어야 합니다. 퇴근할 시간이 되었는데 다짜고짜 자료 요청을 하면 좋아할 사람은 없습니다. 출근하자마자 요청 메일 받는 것도 썩 좋은 건 아닙니다. 처리 시한을 급하게 잡는 것도 마찬가지입니다. 요청 시간과 시한은 모두 상대에게 맞춰서 정해야 합니다.

하지만 일이란 것이 늘 계획대로 되지는 않습니다. 하다 보면 급하게 자료를 요청해야 할 때도 있습니다. 하필 퇴근 시간 직전이 될 수도 있고, 야근을 좀 해서라도 자료를 받아야 할 때도 많습니다. 상대 팀원 입장에서 보면 자기 팀 일도 아닌데 퇴근을 미루거나 야근까지 해야 할 상황이면 기분이 좋을 리가 없습니다. 요청자가 요청 메일만 떡 하니 보내고 자기는 퇴근해 버리면 최악입니다.

이때는 팀장이 나서야 합니다. 우선 상대 팀장에게 양해를 구해야 합니다. 상대 팀장이 직접 야근할 본인 팀원에게 지시하게 해야 합니다. 동시에 우리 팀 담당자도 야근을 시켜야 합니다. 즉, 상대 팀 팀원이 자료를 모두 제공할 때까지 우리 팀 자료 요청자도 같이 야근해야 합니다.

강의하다 보면 급한 자료 요청 메일을 어떻게 써야 하는지 주니어 사원이 물어보곤 합니다. 어디서 들었는지 ARCS란 방법을 사용한다고 합니다. 요청 업무에 대한 관심과 호기심을 불러일으키고(Attention), 요청하는 업무의 적임자가 그 사람임을 알려주고(Relevance), 요청 업무에 대해 지원해 줄 수 있는 사항을 얘기하고(Confidence), 일을 마쳤을 때 얻을 수 있는 성과를 강조하랍니다(Satisfaction).

무척 좋아 보이는 방법입니다. 하지만 과연 통할까요? 내가 퇴근하려는데 다른 팀 일개 팀원 하나가 메일로 나의 관심과 호기심을 불러일으키고, 내가 그 일의 적임자고, 야근하면서 그 일을 하면 뭐가 좋고, 내가 성취감을 가진다? 도대체 그게 가능한 일일까요? 더 놀라운 것은 팀원이 그렇게 글을 잘 쓸 수 있을까요?

상대 팀원의 동기 부여나 마인드, 태도 등은 그 팀의 팀장이 해결할 일입니다. 옆 팀 사람이 어쩌고저쩌고할 일도 아니고, 그런다고 해서 동기가 부여되고 마인드가 바뀌는 일도 없습니다. 반대로 생각해서 다른 팀 때문에 우리 팀원이 동기 부여되고 마인드도 개선되고 태도도 밝아지면 그동안 팀장이 문제였다는 것을 증명하는 것밖에는 안 됩니다. 팀원에게 요청 메일 잘 쓰라고 하기보다는 팀장이 나서서 상대 팀장에게 직접 부탁하는 것이 최선입니다.

셋째, Give and Take 원칙을 지켜야 합니다. 자료 요청을 받은 팀은 그 일을 적극적으로 빨리해줄 수도 있고 소극적으로 천천히 해줄 수도 있습니다. 근거나 규정이 완비되었다 하더라도 자료 요청이 자료 지시가 될 수는 없습니다. 당연히 협조 요청의 원칙을 따라야 합니다. Give and Take입니다.

팀 간 협조나 협업의 원칙은 서로 적당히 주고받는 관계를 유지하는 겁니다. 어느 한쪽이 다른 쪽에 일방적으로 주기만 해서도 안 되고 받기만 해서도 안 됩니다. 그렇다고 서로 자료를 요청하라는 의미는 아닙니다. 한쪽이 자료를 계속 요청할 수도 있습니다. 예를 들어 본사는 현장에 늘 자료를 요청합니다. 막상 현장에서는 본사에 요청할 자료가 거의 없습니다.

반대급부로 제공할 자료가 없다면 다른 것을 제공해야 합니다. 감사 인사나 밥 한 끼, 고맙다는 쪽지와 커피 한잔, 상위 부서장에게 보고할 때 그 팀이 도와준 것을 피력하는 것, 자료를 어디에 사용해서 어떤 결과가 나왔다는 등의 산출물 같은 것을 주면 됩니다.

중요한 것은 이것을 누가 줄 것이냐 하는 겁니다. 자료를 요청한 사람이 줘야 한다고 생각하면 오산입니다. 자료를 요청한 사람은 팀의 업무를 대리한 것뿐입니다. 팀의 업무는 원래 팀장의 것입니다. 따라서 팀장이 직접 해야 합니다. 자료를 전달받은 메일에 전체 답장을 하면서 이렇게 쓰면 됩니다.

"자료 요청에 적극 도와주셔서 박 팀장님과 최 대리님에게 감사드립니다. 잘 정리해 주신 자료를 바탕으로 본부장님께 잘 보고했습니다. 본부장님께 박 팀장님 쪽에서 잘 지원받았다고 말씀드렸습니다. 저희가 만든 보고서에 박 팀장님 쪽에서도 도움이 될 만한 장표가 몇 개 있어서 첨부합니다. 저희 쪽에도 필요한 것이 있으면 언제든 얘기해 주세요. 적극적으로 도와드리겠습니다. 다시 한번 도움에 감사드립니다."

선물이나 밥 한 끼, 술 한잔은 사야 할 정도로 자료 요청을 많이 할 때도 있습니다. 이때 많은 팀장이 실수하는 것이 다른 팀 담당자만 부르는 겁니다. 이건 그다지 전략적이지 않습니다. 왜냐하면 그 팀의 그 담당자에게만 앞으로 자료를 요청할 건 아니기 때문입니다. 그 팀 담당자가 우리 팀의 자료 요청에 대응하느라 결과적으로 그 팀의 업무에 신경을 덜 썼을 것이고, 결국 그 팀의 다른 팀원이 그 영향을 메꿨을 겁니다.

그럴 때는 그 팀의 팀원 전원에게 선물을 하는 것이 좋습니다. 담당자 한 명에게 밥이나 술을 선물하느라 5만 원을 쓰는 것보다, 그 팀 팀원 10명 전원에게 커피 5천 원씩 쓰는 것이 훨씬 낫다는 겁니다. 그 담당자가 잘 도와줘서 고마운 마음에 드리는 것이라 알려주면 이후에 다른 사람들도 우리 팀의 요청에 딱히 불만을 토로하진 않을 겁니다.

다른 팀에 자료를 요청하는 일은 단순히 자료 요청이 아닙니다. 회사 차원에서 보면 팀과 팀의 협업입니다. 협업을 얼마나 잘하느냐는 회사 관점에서 보면 굉장히 중요합니다. 자료 요청 몇 번 하다 티격태격하면 결국 팀장 잘못입니다. 팀원에게 자료 요청을 맡겨만 두지 말고 적극 개입해서 협업에 신경 쓰고 있다는 것을 보여주십시오.

ChatGPT로 자료 요청 메일 작성하기

다른 팀이나 다른 회사와 협업하면 메일을 주고받을 일이 많습니다. 이때 메일 쓰기가 그리 쉬운 일이 아닙니다. 팀 내에서는 격식이 좀 없어서 별문제가 되지 않지만, 팀 간, 회사 간 메일은 공식 문서라서 어느 정도 형식과 내용이 다듬어져야 합니다.

자주 주고받는 내용이라면 평소대로 쓰면 되겠지만 어쩌다 새로운 것을 요청하거나 처음 요청하거나 하면 아무래도 메일 쓰기가 신경 쓰입니다. 이때는 ChatGPT에게 메일 쓰기를 요청하면 좋습니다. 예를 들어 영업팀에 매출 자료를 요청하는 메일을 써 달라고 해보겠습니다.

 영업팀에 최근 6개월 예상 매출 자료를 요청하는 메일을 써 줘.

 제목: [요청] 최근 6개월 예상 매출 자료 관련

안녕하세요 [영업팀장님의 이름]님,

저는 [회사명]의 [부서명 및 직책] [귀하의 이름]입니다. 최근 6개월 동안의 예상 매출 관련 자료를 요청하려고 연락드립니다.

우리 회사의 재무 및 경영 전략을 검토하고 계획하는 데 있어, 영업팀의 성과와 전망에 대한 정확한 정보가 중요합니다. 따라서, 다음 정보를 포함한 최근 6개월간의 예상 매출 자료를 제공해 주시면 감사하겠습니다:

1. 월별 예상 매출액
2. 주요 고객 및 계약 정보
3. 상품 및 서비스별 매출 분석
4. 지역별 매출 현황
5. 업종별 매출 비중

> 가능하다면, 이번 주 안으로 해당 자료를 [이메일 또는 회사 내부 시스템]을 통해 전달해 주시길 부탁드립니다. 이를 통해 우리 회사의 전략적 방향을 결정하는 데 큰 도움이 될 것입니다.
>
> 혹시 추가로 필요한 정보나 문의사항이 있다면 언제든지 알려주시기 바랍니다. 빠른 시일 내에 자료를 받을 수 있도록 협조해 주셔서 감사합니다.
>
> 감사합니다.
>
> 감사의 인사,
>
> [귀하의 이름]
>
> [회사명 / 부서명 및 직책]
>
> [이메일 주소]
>
> [전화번호]

ChatGPT가 내놓은 메일을 보면 우리가 메일을 쓸 때 고려해야 할 것이 여러 가지 보입니다.

첫째, 메일 제목에 말머리를 썼습니다. 말머리를 다는 것이 좋은지 안 다는 것이 좋은지는 두 경우를 비교해 보면 압니다. 여러분은 다음 두 메일 제목 중 어떤 것이 더 잘 쓴 것처럼 느껴지나요?

1. 최근 6개월 예상 매출 자료 요청
2. [요청] 최근 6개월 예상 매출 자료 관련

물론 사람마다 느끼는 것이 다를 수 있습니다. 그런데 1번은 제목을 끝까지 읽기 전까지는 내가 무엇을 해야 하는지, 이 메일을 왜 읽어야 하는지 알 수 없습니다. 하지만 2번 제목은 보자마자 뭔가 내게 요청하는 메일이라는 것을 바로 알 수 있습니다. 보자마자 뭔가 해줘야 할 것 같은 느낌이 듭니다.

메일 제목을 적을 때는 이처럼 상대가 해야 할 것을 말머리로 적고 그다음에 내용을 적는 것을 추천합니다.

- A 지점 5월 판매 건수 오류 관련하여 확인 요청합니다.
    ⇒ [오류 확인 요청] A 지점 5월 판매 건수

- 챗GPT 원고 검토 부탁합니다.
    ⇒ [검토 요청] 챗GPT 원고 송부

- 안녕하세요, 이번에 저희 회사 팀장 대상 기획보고 관련하여 출장 강의 가능하신지 여쭙습니다.
    ⇒ [출강 요청] A사 팀장 대상 기획보고 교육

상대가 해야 할 것을 말머리 대신 제목 뒤에 괄호 안에 넣는 것도 괜찮습니다.

- [오류 확인 요청] A 지점 5월 판매 건수
    ⇒ A 지점 5월 판매 건수(오류 확인 필수)

- [검토 요청] 챗GPT 원고 송부
    ⇒ 챗GPT 원고 송부(검토 요망)

- [출강 요청] A사 팀장 대상 기획보고 교육
    ⇒ A사 팀장 대상 기획보고 교육(출강 가능 여부 회신 요망)

둘째, 메일 서두에 소속과 용건을 분명히 밝힙니다. "저는 [회사명]의 [부서명 및 직책] [귀하의 이름]입니다. 최근 6개월 동안의 예상 매출 관련 자료를 요청하려고 연락드립니다."라며 소속과 용건을 먼저 간단하게 말합니다.

어떤 사람은 메일 서두에 "오늘은 날씨가 아주 좋습니다.", "요즘 업무가 많아서 바쁘시죠."와 같은 말을 씁니다. 물론 이런 인사나 배려 같은 말이 불필요하다는 것은 아닙니다. 하지만 이런 말은 메일 서두가 아니라 메일 마지막에 써야 합니다. 메일을 읽는 사람이 메일 서두에서 메일이 무슨 내용인지 바로 파악해야 합니다. 괜히 메일 서두에서 이런저런 이야기를 늘어놓으면 메일을 읽는 사람이 본래 내용을 파악하는 데 지장을 줄 수 있습니다.

셋째, 상대가 주어야 할 정확한 정보를 제시합니다. ChatGPT는 6개월 예상 매출에 대해 월별 예상 매출액, 주요 고객 및 계약 정보, 상품 및 서비스별 매출 분석, 지역별 매출 현황, 업종별 매출 비중을 달라고 했습니다. '6개월 예상 매출'만 달라고 하면 상대 팀의 담당자는 6개월 예상 매출의 합으로 '100억 원'이라는 수치만 줄 수도 있습니다. 정말 '100억 원'이 원하는 전부라면 모르겠지만, 일반적으로는 엑셀로 된 여러 데이터를 요청한 것일 겁니다. 그렇다면 구체적인 데이터를 지정해야 자료를 주는 쪽에서도 제대로 대응할 수 있습니다.

넷째, 기한과 전달 방식을 제시합니다. "가능하다면, 이번 주 안으로 해당 자료를 이메일 또는 회사 내부 시스템을 통해 전달해 주시길 부탁드립니다."라며 구체적인 기한과 전달 방식을 명시했습니다. 다만 이때 '이번 주'는 메일을 받는 사람이 언제 메일을 읽느냐에 따라 상대적인 기한이므로 정확한 날짜를 명시하는 것이 좋습니다. 또한 '가능하다면'이란 단어는 없어도 무방합니다.

- **가능하다면, 이번 주 안으로…**
  ⇒ 3월 23일 오후 1시까지

파일 버전 관리하기

파일을 메일로 보내는 경우가 많습니다. 이때 파일명에 버전이나 날짜를 쓰곤 합니다. 많은 사람이 버전을 쓰지만, 막상 버전이 어떤 의미인지 모르는 분이 많습니다. 그래서 버전 대신 최종.pptx, 최최종.hwp, final_final_final_real_final.xlsx 등으로 쓰기도 합니다.

파일 버전은 원래 v0.1, v0.2, v1.0, v1.2, v2.0과 같은 식으로 써야 합니다. 물론 v0.11, v0.2.1 등으로 쓸 수 있습니다. 분량이 수백 장 되는 보고서나 소프트웨어에서는 이런 식으로 버전을 확장하기도 합니다. 하지만 일반적인 보고서 파일은 0.1부터 시작합니다. 어떤 분들은 v0.1을 초안이라고 합니다만, 0.1은 초안이 아니라 작성 시작을 의미합니다. 파일을 만들어서 처음 저장할 때 버전이 0.1이 됩니다.

보고서를 계속 작성하다가 파일이 날아갈 수도 있고 새로 추가하거나 삭제한 것이 있어서 파일을 다른 이름으로 저장해야 할 때도 있습니다. 이때 버전은 0.2가 됩니다. 0.2는 계속 작성 중이란 뜻입니다. 이런 식으로 소수점 이하 숫자를 하나씩 올립니다.

그러면 1.0은 무슨 뜻일까요? 1.0이 바로 초안, 또는 최초 보고입니다. 상사나 고객에게 처음 보고할 때 파일의 버전을 1.0으로 저장하는 겁니다. 그러면 누구나 1.0이라는 버전이 최초 보고라는 것을 알 수 있습니다.

1.0 버전을 상사에게 보고하면 바로 통과되는 경우도 있지만 일반적으로 상사가 반려합니다. 그러면 보고서를 수정하거나 보완합니다. 이때 1.0 버전을 그대로 쓰면 안 되므로 1.1로 버전을 올립니다. 1.1, 1.2, 1.3 등은 최초 보고 후 수정 보완되고 있는 버전을 의미합니다.

수정이나 보완을 끝내고 다시 보고, 즉 두 번째로 보고할 때는 버전이 2.0이 돼야 합니다. 세 번째 보고할 때는 3.0이 돼야 합니다. 이것이 보고서 버전 체계입니다.

- v0.1: 작성 시작
- v0.2: 계속 작성
- v1.0: 최초 보고(초안)
- v1.1: 수정/보완

- v2.0: 두 번째 보고

- v3.0: 세 번째 보고

이런 버전 체계를 잘 활용하면 파일명의 버전만 봐도 이 보고서가 반려를 몇 번 당했는지, 몇 번 보고했는지 알 수 있습니다. 여러 보고서의 버전을 엑셀에 기록해서 분석하면 보고서를 잘 쓰는지 못 쓰는지 경향이나 추세도 알 수 있습니다.

예를 들어 엑셀에 보고서 제목을 쓰고 최종 보고일을 적습니다. 최초 보고에서 승인이 났다면 버전은 1.0이고 그날이 최종 보고일이 됩니다. 두 번 반려되었다면 세 번째 보고한 날이 최종 보고일이 될 것이고 최종 버전은 3.0이 될 겁니다. 이런 식으로 엑셀에 기록하는 겁니다.

일련번호	보고서 제목	최종 보고일	최종 버전
1	신사업 기획	2021-01-01	1.0
2	업무 혁신 제안	2021-02-02	2.0
3	업무 혁신 현황	2021-03-06	2.0
4	부서원 업무 현황	2021-04-07	2.0
5	시장 조사 결과	2021-05-09	1.0
6	시장 분석 결과	2021-06-10	2.0
7	시장 침투 계획	2021-07-12	3.0
8	업무 추진 계획	2021-08-13	4.0
9	신년 전략	2021-09-14	4.0
10	부서 업무 변경 계획	2021-10-16	3.0
11	고객 만족도 조사 결과	2021-11-17	5.0
12	고객 만족도 반영 계획	2021-12-19	4.0
13	고객 만족도 반영 결과	2022-01-20	6.0
14	부서원 교육 계획	2022-02-21	4.0

그림 12-1 보고서 버전을 엑셀로 간단히 정리한 예시

이제 엑셀에 기록한 내용을 차트로 바꿉니다. 최종 보고일과 최종 버전으로 분산 차트를 그립니다. 최종 보고일이 바뀔 때마다 최종 버전이 어떻게 되

는지 보고자 하는 겁니다. 시간이 지날수록 보고서를 잘 쓰는지 못 쓰는지를 알고자 하는 겁니다.

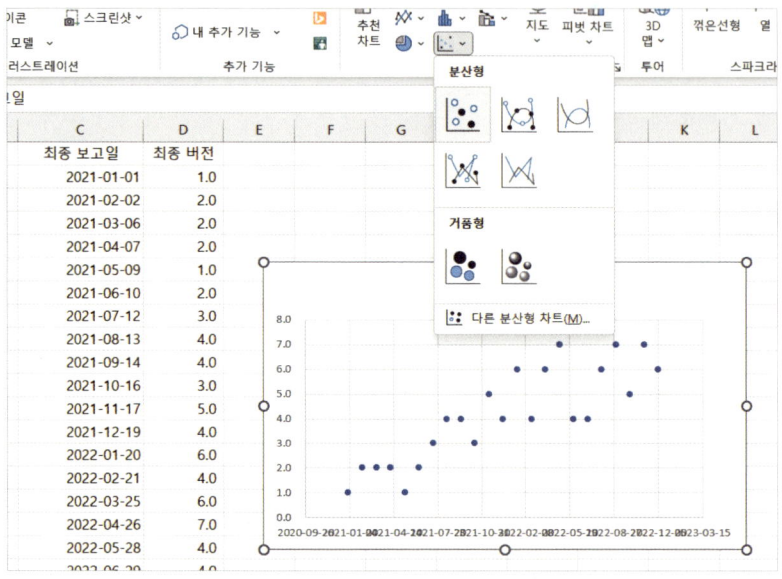

그림 12-2 엑셀의 차트 중 분산형을 선택해서 간단한 분산 차트를 만들 수 있다

자, 이제 여기에서 추세선을 그어 봅니다. 추세선은 얼마든지 차트 요소에서 선택할 수 있습니다. 보통 선형 추세선이 그어집니다.

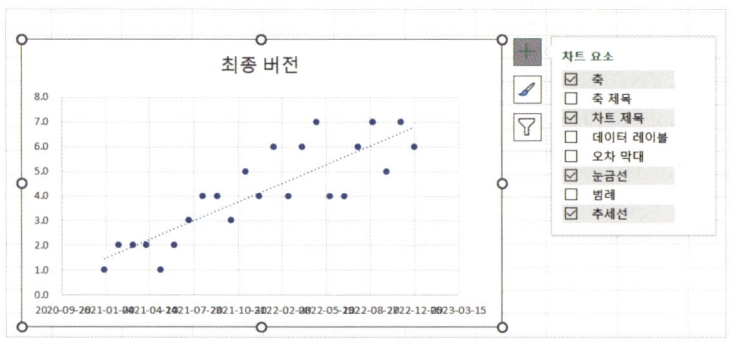

그림 12-3 분산 차트에 선형 추세선을 추가할 수 있다

이제 우리는 추세선만으로 여러 가지를 알 수 있습니다. 예를 들어 시간이 갈수록 버전이 올라가는 추세를 보인다면 우리는 다음과 같은 사실을 알 수 있을 겁니다.

- 시간이 갈수록 보고서 반려가 늘었다.
- 시간이 갈수록 보고서를 못 쓴다.

여기서 좀 더 나아가보겠습니다. 본인이 보고서를 잘 쓰는데 이런 추세가 보인다면 어떻게 해석해야 할까요? 아마 다음과 같이 볼 수도 있지 않을까요?

- 시간이 갈수록 어려운 보고서를 쓴다.
- 시간이 갈수록 상사가 까탈스럽게 군다.

추세선이 시간이 갈수록 내려가고 있다면 이렇게도 해석할 수 있습니다.

- 시간일 갈수록 보고서 반려가 줄었다.
- 시간이 갈수록 보고서를 잘 쓴다.
- 시간이 갈수록 쉬운 보고서를 쓴다.
- 시간이 갈수록 상사가 대충 검토한다.

쉬운 보고서와 어려운 보고서에 대해서도 알아보겠습니다. 쉬운 보고서를 쓰다 보니 보고서 버전이 시간이 갈수록 내려갈 수 있습니다. 반대로, 어려운 보고서를 쓰다 보니 시간이 갈수록 보고서 버전이 올라갈 수 있습니다. 그렇다면 버전과 난이도를 비교해 보면 됩니다.

엑셀에서 보고서 최종 버전을 기록할 때 난이도도 같이 기록해 보는 겁니다. 난이도는 10점 만점을 기준으로 해서 어려우면 10점, 쉬우면 1점을 줄 수 있습니다. 이때 혼자 결정하지 말고 상사와 같이 결정하면 좋습니다. 상사가 5점을 얘기하고 내가 7점을 얘기하면 평균 6점을 주면 됩니다.

최종 버전과 난이도의 상관계수를 CORREL 함수 등을 사용해서 구합니다. 상관계수가 0.7 이상이면 어려운 보고일수록 버전이 높아진다는 것을 증명할 수 있습니다. 상관계수가 0.3보다 적고 0에 가깝다면 어렵든 쉽든 버전이 들쭉날쭉 한다는 것입니다.

상관계수를 구하는 방법과 상관계수의 의미 분석 등은 ChatGPT에게 물어보면 됩니다.

엑셀 시트 A열과 B열의 상관계수를 구하는 방법을 알려줘.

Microsoft Excel에서 A열과 B열 사이의 상관계수를 구하려면, CORREL 함수를 사용하면 됩니다. 이 함수는 두 변수 사이의 선형 상관 관계를 측정합니다. 다음과 같은 방법으로 사용할 수 있습니다:

1. 빈 셀을 선택하십시오. 이 셀에 상관계수 결과가 표시됩니다.
2. 해당 셀에 다음 공식을 입력하십시오: =CORREL(A:A, B:B)
3. 엔터 키를 누르십시오.
4. 이제 선택한 셀에 A열과 B열 사이의 상관계수가 표시됩니다.

참고로 상관계수는 -1에서 1까지의 값으로 나타납니다. 1은 완벽한 양의 선형 상관관계를 의미하고, -1은 완벽한 음의 선형 상관관계를 의미합니다. 0은 선형 상관관계가 없음을 나타냅니다.

12
ChatGPT와 보고 논리

비즈니스 사이클

회사에서 논리적으로 지시하고 보고하려면 비즈니스 사이클과 논리를 먼저 이해해야 합니다. 우선 비즈니스가 어디에서 시작하는지, 어떻게 진행하는지, 지시와 보고는 어떻게 이어지는지 알아보겠습니다.

비즈니스의 시작은 무엇일까요? 제품? 고객의 니즈? 새로운 아이디어? 설문조사? 이런 것을 비즈니스의 시작이라고 생각하는 사람도 있겠지만, 비즈니스의 시작은 그런 것이 아닙니다. 비즈니스의 시작은 '문제'입니다.

비즈니스는 문제해결 과정이라고 합니다. 문제가 있어야 비즈니스를 시작합니다. 내가 돈이 없는 것도 문제고, 고객은 필요로 하는데 시장에 제품이 없는 것도 문제입니다. 무언가 기획하기 전에는 항상 문제가 있어야 합니다.

그런데 문제가 있다고 해서 전부 다 비즈니스로 전환이 된다? 그렇지는 않습니다. 문제가 있으면 사람의 인식이 있어야 합니다. 문제가 문제인지 모르면 어떻게 될까요? 아무것도 안 합니다. 그래서 문제 인식을 해야 합니다.

문제를 인식하고 나면 이제 그 문제를 풀지 말지 의사결정을 할 수 있습니다. 그런데 의사결정의 대부분은 기각이나 반려입니다. 회사에서 보고서를 올리면 반려되는 경우가 많습니다. 10건 올리면 9건 정도는 기각되거나 반려됩니다. 그게 정상입니다. 비즈니스 제약 때문입니다.

우리에게는 항상 없는 것이 세 가지 있습니다. 돈, 사람, 시간입니다. 이것이 비즈니스의 제약입니다. 비즈니스는 항상 돈, 사람, 시간 세 가지가 없는 상태에서 최선의 의사결정을 하는 것입니다. 그래서 모든 문제를 다 풀 수 없기에 10건 중 9건은 기각되거나 반려됩니다.

하지만 개중에 어떤 문제는 꼭 풀어야 할 때가 있습니다. 그때 의사결정자는 그 문제를 해결하겠다며 지시합니다. 그럼 뭐가 생길까요? 일이 생길까요? 아직 아닙니다. 위에서 의사결정을 하고 해결을 지시하는 순간 우리에게 생기는 것은 목적입니다.

목적 없이 일하는 경우 많이 봤을 겁니다. 왜 일하는지 모르고 일하는 경우 많습니다. 위에서 무언가 의사결정을 하고 해결을 지시했을 때 우리가 첫 번째로 알아야 할 것은 '왜요? 그거 왜 하는 거죠?'라는 목적의식입니다.

문제가 무엇이고 어떻게 인식하고 있고 전에는 안 했는데 이번에는 왜 해결하려고 하는지를 '배경'이라고 합니다. 그래서 배경과 목적을 붙여서 배경 및 목적이라고 보고서 첫 목차를 쓰곤 합니다. 배경을 제대로 파악하고 목적을 먼저 정하라는 의미입니다.

그림 13-1 배경 및 목적

목적이 생기면 이제 조사라는 걸 합니다. 그럼 뭐가 나올까요? 바로 문제점이 나옵니다. 문제와 문제점의 차이를 아세요? 문제는 설비고장, 매출 하락, 불안한 미래 같은 것을 말합니다. 즉, 우리가 해결해야 할 현상입니다.

그럼 문제점은 뭘까요? 설비가 노후화되면 고장 날 수 있죠? 관리인력에 부족해도 설비가 고장 날 수 있죠? 사내 갈등이 심해서 내 설비, 네 설비 다투다 보면 설비가 고장 날 수 있죠? 문제점은 문제를 일으키는 요인을 말합니다.

상사가 문제를 파악하라고 하면 그건 문제를 파악하는 것이 아니라 문제점을 파악하라는 겁니다. 그때 우리는 문제가 되는 데이터를 분석해서 문제점을 찾습니다.

설비가 고장 나면 고장과 관련한 데이터가 있고, 매출이 떨어지면 매출과 관련한 데이터가 있습니다. 우리는 늘 이런 데이터를 실적이나 집적으로 보고합니다. 그런 데이터를 분석해서 어디에 문제점이 있는지를 찾는 겁니다. 문제와 문제점의 차이를 이제 이해할 수 있겠죠?

문제점을 조사했으면 이제 뭘 할까요? 바로 분석을 합니다. 분석하면 뭐가 나올까요? 원인 또는 이유가 나옵니다. 원인 분석은 알겠는데 이유 분석은 뭘까요? 원인과 이유는 뭐가 다를까요?

원인과 이유의 차이를 분명하게 알아야 합니다. 가령 감기에 걸렸다고 해봅시다. 그럼 감기에 걸린 원인은 무엇일까요? 그렇습니다. 바이러스 같은 것입니다. 매출이 줄어들면 원인을 찾을 텐데, 예를 들어 설비가 고장 나는 것도 원인이 될 수 있습니다. 원인은 이렇게 사물이나 현상에 사용하는 표현입니다.

그럼 이유는 무엇일까요? 감기에 걸린 이유는 추운데 옷을 제대로 안 입고 돌아다녀서 같은 것이 될 수 있습니다. 이유는 이렇게 사람에게 사용하는 표현입니다. 원인은 사물이나 현상에 사용하고, 이유는 사람에게 사용합니다.

많은 직장인이 원인만 분석해서 상사에게 보고하지만, 상사는 이유를 더 궁금해합니다. 책임자를 탓해야 하는지, 조직을 바꿔야 하는지 등 이유에 관한 대책을 세워야 하기 때문입니다. 그러니 원인을 분석해서 보고할 때는 꼭 이유도 같이 보고해야 합니다.

원인과 이유를 알아냈으면 이제 해결안을 도출합니다. 그러면 전략과 방안이 나옵니다.

　우리가 전략을 세우면 그에 따라 세부적인 기준이나 절차, 단계 같은 것이 필요합니다. 그것을 방안이라고 합니다. 즉, 제약에서 전략이 나오고 전략에서 방안이 나옵니다.

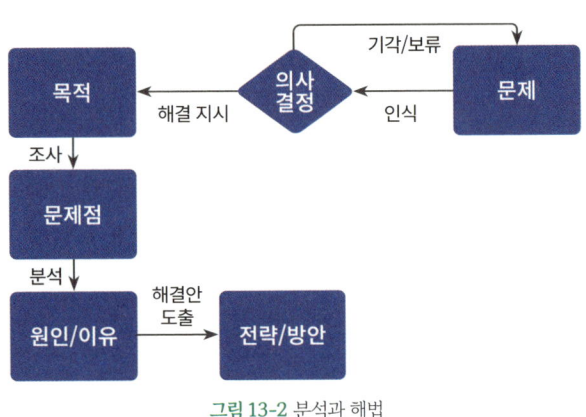

그림 13-2 분석과 해법

　전략과 방안이 나오면 이제 뭘 할까요? 구체화합니다. 그 결과 우리에게 주어지는 것이 과제입니다. 전략과제나 실행과제, 당면과제, 장기과제 같은 말을 자주 들어봤을 겁니다.

　이런 과제는 보통 부서 단위로 주어집니다. 그러면 부서장이 과제를 조각내서 부서원에게 나눠 줍니다. 이렇게 과제가 부서원에게 배분되면 그것을 업무라고 합니다.

　업무 평가 대상은 실적과 성과입니다. 실적은 과거와 비교하는 것입니다. 성과는 경쟁자의 실적과 비교하는 것입니다. 딱히 일을 제대로 한 것도 아닌데 시장이 호황이어서, 환율이 좋아져서 실적이 오를 수 있습니다. 하지만 이건 성과가 아닙니다. 남들보다 더 많은 매출이나 이익을 내야 성과가 되는 겁니다.

실적과 성과가 나면 우리는 어떤 변화를 기대합니다. 그것을 기대효과라고 합니다. 기대한 효과가 안 나타나면 어떻게 될까요? 불만족스러울 겁니다. 그러면 다시 문제가 됩니다. 이것이 바로 비즈니스에서 일이 돌아가는 것을 설명한 비즈니스 사이클입니다.

여기에서 우리는 중간중간에 보고서를 씁니다. 전략에서 보고서를 쓰면 전략보고서, 업무에서 쓰면 업무보고서, 실적에서 쓰면 결과보고서, 이런 식으로 보고합니다. 이 보고서를 중간관리자한테 전달합니다. 그러면 중간관리자가 검토하고 최종 의사결정권자에게 보고합니다.

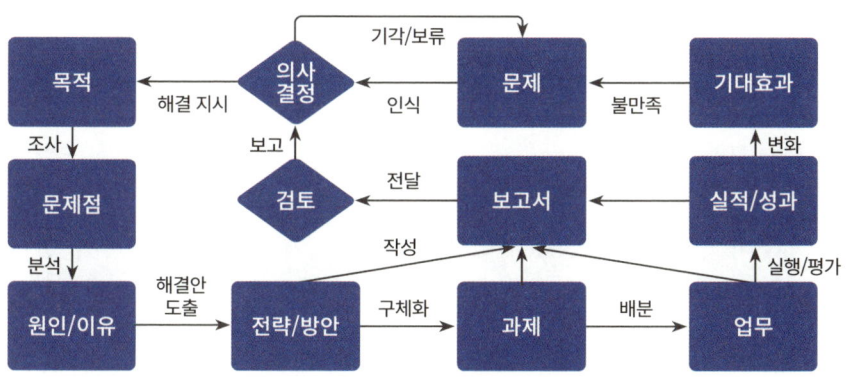

그림 13-3 비즈니스 사이클

비즈니스 논리와 기획·보고

많은 사람이 보고서를 잘 쓰고 싶어 합니다. 그런데 보고서를 잘 쓰려면 먼저 일을 제대로 해야 합니다. 일을 제대로 한다는 것은 비즈니스 사이클에 맞게 일한다는 것입니다.

예를 들어 지난달 매출이 20% 줄었다고 보고한다고 해보겠습니다. 그러면 상사 머릿속에 드는 생각은 '왜 그렇지?', '근거가 뭐지?', '어쩌다 이렇게 된 거지?' 같은 것입니다. 이 질문에 대답하려면 비즈니스 사이클대로 일을 해야 합니다. 어떤 업무를 했고, 그건 어떤 과제와 전략에서 나왔고, 누가 왜 의사결정을 했는지 되짚어야 합니다. 그 논리가 바로 'Why so?'입니다. 비즈니스 사이클에서 시계 방향으로 논리를 찾아가는 것을 Why so 비즈니스 논리라고 합니다. 왜 그런지, 근거는 무엇인지 찾는 논리입니다.

그렇다면 시계 반대 방향으로 가는 논리도 있을까요? 매출이 20% 줄었다고 보고하면 상사의 머릿속에는 또 이런 생각이 듭니다. '그래서?', '이제 어떻게 하지?', '말하고자 하는 결론이 뭐지?' 그러면 우리는 이렇게 대답합니다. 문제가 심각하니 의사결정을 해서 조사하고 전략 짜서 과제를 만들고 업무를 해야 한다고요. 이것이 바로 결론에 대한 논리, 즉 'So what?' 논리입니다. '어쩌라고?', '결론이 뭔데?', '그래서 어떻게 할 건데?'의 논리입니다.

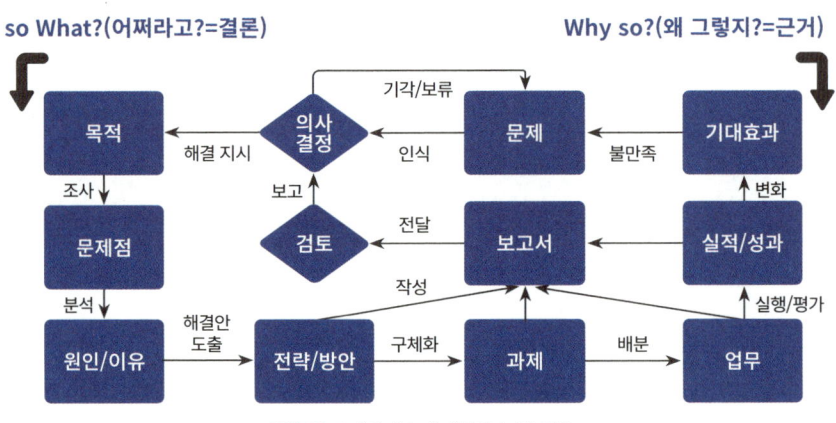

그림 13-4 비즈니스 사이클과 논리 구조

비즈니스는 기본적으로 논리 체계를 갖고 있습니다. 여러분이 어떤 지시를 받았는데, 조사도 안 하고 분석도 안 하고 전략도 없이 그냥 업무 계획만 보고했다고 해봅시다. 그러면 그것은 100% 논리 비약입니다. 실적과 성과를 제시했는데, 왜 그런 값이 나왔는지 설명할 수 없다면 근거 부족입니다.

이런 비즈니스 논리로 우리는 기획하고 일하고 보고합니다. 예를 들어 논리적으로 기획한다고 해보겠습니다. 그럼 논리적 기획이란 어떤 것일까요?

당연히 문제에서 시작해서 목적을 가지고 분석하고 전략을 수립하고 업무를 만들고 실행하고 평가할 겁니다. ChatGPT에게도 물어보겠습니다.

 논리적 기획이란?

 논리적 기획이란 문제를 해결하기 위해 논리적으로 계획을 세우는 것을 말합니다. 이는 문제를 해결하기 위해 필요한 단계를 파악하고 이를 순차적으로 실행하기 위해 계획을 세우는 것입니다. 이러한 과정은 다음과 같습니다.

1. 문제 파악: 해결해야 할 문제를 명확하게 이해하고 파악하는 것이 가장 중요합니다. 문제를 어떤 방식으로 해결할지를 결정하는 데 필수적입니다.
2. 목표 설정: 문제를 해결하기 위한 목표를 설정합니다. 이 목표는 문제 해결을 위한 일련의 행동 계획을 제공합니다.
3. 전략 수립: 문제를 해결하기 위한 전략을 수립합니다. 이 단계에서는 문제를 해결하는 데 필요한 최선의 방법을 고려합니다.
4. 계획 수립: 문제를 해결하기 위한 구체적인 계획을 수립합니다. 이 계획은 일련의 단계를 순차적으로 수행하여 목표를 달성하는 것을 목표로 합니다.
5. 실행: 수립한 계획을 실행합니다. 이 과정에서는 계획을 따라 순차적으로 단계를 수행합니다.
6. 평가: 실행한 결과를 평가합니다. 이 과정에서는 목표를 달성하는 데 성공했는지, 실패했는지를 평가합니다. 평가를 통해 문제를 해결하는 데 있어서 더 나은 방법을 찾을 수 있습니다.

ChatGPT는 논리적 기획을 단순히 개념 설명으로 그치지 않고 6단계의 과정을 추가로 설명합니다. 6단계 과정은 문제 파악, 목표 설정, 전략 수립, 계획 수립, 실행, 평가인데 비즈니스 사이클과 크게 다르지 않습니다.

산업 현장에서 고장이나 사고가 발생했을 때 쓰는 보고서 중에 8D 리포트가 있습니다. 8D 리포트도 비즈니스 사이클을 보고서 형식으로 만든 겁니다.

ChatGPT에게 8D 리포트 예시를 하나 써 달라고 해보겠습니다.

변압기 접촉 불량 사고에 관한 8D 리포트를 써 줘.

1. 문제 정의: 변압기 접촉 불량으로 인한 사고 발생
2. 팀 구성: 관련 부서 및 담당자, 현장 조사 인력 등
3. 긴급 조치: 사고 발생 즉시 현장 대응 및 안전 대책 마련
4. 원인 분석: 변압기의 설계, 제작, 운영 등 모든 단계를 종합적으로 분석하고, 접촉 불량의 원인 파악
5. 영향 분석: 발생한 사고의 영향 범위 및 피해규모 분석
6. 개선 대책: 접촉 불량을 예방할 수 있는 대책 마련, 예방 점검 프로그램 도입 등
7. 실행 및 검증: 대책 실행 및 효과 검증, 개선사항 발견 및 보완
8. 결과 보고: 상급자 및 이해 관계자에게 결과 보고, 유사 사고 예방을 위한 조치 마련 및 추진

여기서 중요한 것이 하나 있습니다. 우리는 흔히 논리라고 하면 학교에서 배운 논설문을 떠올리곤 합니다. 논설문은 서론, 본론, 결론과 같은 형식으로 되어 있습니다. 그래서 논설문처럼 보고서도 서론, 본론, 결론으로 쓰고, 이것이 논리적이라고 생각합니다. 하지만 서론, 본론, 결론은 논리와는 아무 관계 없는 글의 구성 방식일 뿐입니다.

이런 식의 잘못된 논리 구성이 인터넷에 많이 퍼져 있어서 ChatGPT도 서론, 본론, 결론 형식으로 보고서 목차를 만들곤 합니다. 실제로 논리적 보고서 목차를 ChatGPT에게 짜 달라고 해보겠습니다.

논리적 보고서 목차를 써 줘.

1. 서론
   - 연구 목적 및 배경
   - 연구 범위 및 방법
   - 연구 결과 요약

2. 문제 제기 및 연구 질문
   - 연구의 중요성 및 필요성
   - 연구 문제 제기
   - 연구 질문

3. 선행 연구 및 이론적 배경
   - 관련 선행 연구 리뷰
   - 연구를 위한 이론적 배경 설명

4. 연구 방법론
   - 연구 설계 및 절차
   - 데이터 수집 및 분석 방법
   - 연구 한계 및 한계 극복 방안

5. 연구 결과 및 분석
   - 연구 결과 설명
   - 통계 분석 결과 및 해석
   - 예상 결과와 비교

6. 결론 및 제언
   - 연구 결론 요약
   - 연구 결과의 의의와 한계
   - 제언 및 추후 연구 방향 제안

보다시피 ChatGPT는 논리적 보고서 목차를 서론, 본론, 결론으로 구성해 줍니다. 우리가 이런 목차대로 보고서를 썼다고 해서 그 보고서가 논리적이라는 말은 결코 아닙니다. 목차와 논리는 완전히 다른 것입니다.

보고서의 논리

그렇다면 비즈니스에서 보고서의 논리는 어떤 것이어야 할까요? 이미 답은 앞에 나왔습니다. 비즈니스 논리가 So what, Why so이므로 이 두 논리를 따라가야 합니다. 그런데 So what, Why so는 비즈니스 논리이므로 보고서의 논리로 바로 적용할 수는 없습니다. 보고서에 '결론'이나 '근거'를 쓸 수는 없습니다. 왜냐하면 어떤 글도 결론이 될 수 있고 어떤 문장도 근거가 될 수 있기 때문입니다.

보고서에 쓰는 모든 문장은 주장이거나 판단이거나 사실이거나 자료입니다. 예를 들어 어떤 자료가 있다고 상사에게 보고합니다. 그러면 상사는 'So what?'이라고 물을 겁니다. 그러면 우리는 이 자료에서 이런 사실을 알아냈다고 하겠죠. 그러면 상사는 또 'So what?'이라고 물을 겁니다. 그럼 우리는 이 사실을 보면 이런 판단이 든다고 하겠죠. 그러면 상사는 또 'So what?'이라고 물을 겁니다. 그럼 여러분은 이 판단을 토대로 이런 것을 해야 한다고 주장할 겁니다. 자료에서 사실로, 사실에서 판단으로, 판단에서 주장으로 이어지면서 So what 논리에 대응할 수 있습니다.

그렇다면 이제 반대로 해봅시다. 주장에서 시작해서 판단으로, 판단에서 사실, 사실에서 자료로 이어질 수 있습니다. 여러분이 무언가 주장을 합니다. 그러면 상사가 'Why so?'라고 하겠죠. 여러분은 이런 주장을 한 이유는 이런 판단 때문이라고 말합니다. 그러면 상사가 또 'Why so?'라고 하겠죠. 여러분이 이런 판단을 내린 근거는 이런 사실 때문이라고 말합니다. 그러면 상사가 'Why so?'라고 할 겁니다. 그때 여러분은 이런 사실을 도출한 자료를 근거로 내놓습니다.

비즈니스 질문에 대답한다는 것은 결국 비즈니스의 논리구조인 So what 과 Why so에 대응한다는 것입니다. 이 논리 체계에 대응하는 가장 좋은 방법이 바로 자료, 사실, 판단, 주장을 이어서 하는 겁니다.

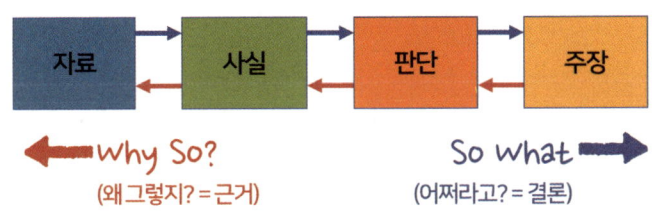

그림 13-5 비즈니스 데이터 논리 체계

예를 들어 금도끼 은도끼 이야기로 자료, 사실, 판단, 주장의 논리를 펼쳐 보겠습니다. 금도끼 은도끼 이야기는 다음과 같습니다.

> 옛날에 착한 나무꾼이 살았어요. 나무꾼은 늙은 부모님을 극진히 모시는 효자였지만, 무척 가난했어요. 나무꾼은 매일 산으로 나무를 하러 갔어요. 그러던 어느 날이었어요. 열심히 도끼질하던 나무꾼은 그만 실수로 낡은 도끼를 연못에 빠뜨리고 말았어요.
>
> "아이고 내 도끼! 저 도끼마저 없으면 앞으로 어떻게 나무를 한단 말인가? 엉엉" 나무꾼은 잃어버린 도끼를 생각하며 땅바닥에 주저앉아 큰 소리로 슬피 울었어요. 그때였어요. 연못 속에서 하얀 옷을 입은 산신령이 연기처럼 펑 나타났어요.
>
> "너는 왜 그리 슬퍼하고 있느냐?" "산신령, 저는 가난한 나무꾼인데 나무를 하다가 그만 도끼를 연못에 빠뜨리고 말았어요. 그 도끼가 없으면 저는 앞으로 나무를 할 수 없고 부모님을 모실 수가 없습니다." "음... 내가 그 도끼를 찾아주마."
>
> 산신령은 다시 연못 속으로 사라졌다가 곧 도끼 하나를 들고 다시 나타났

어요. "이 도끼가 네 도끼냐?" 산신령이 들고 있는 것은 광채가 번쩍이는 은 도끼였어요. "아닙니다." "오, 그래? 잠시만 기다리거라." 산신령은 다시 연못 속으로 사라졌다가 다른 도끼를 들고 나타났어요. 이번에는 더욱 광채가 찬란한 금도끼였어요. "이 도끼가 네 도끼냐?" "아, 아닙니다, 제 도끼는 아주 낡은 쇠도끼입니다." 산신령은 고개를 끄덕이며 다시 도끼를 들고 연못 속으로 사라졌어요. 곧 다시 나타난 산신령의 손에는 나무꾼의 낡은 쇠도끼가 들려 있었어요. "그럼 이 낡은 도끼가 네 도끼냐?" "네, 그게 바로 제 도끼입니다."

나무꾼은 도끼를 되찾게 되어 너무나 기뻐하며 산신령께 꾸벅 절을 했어요. "허허, 참으로 정직한 나무꾼이로구나. 너의 정직함과 효성에 대한 상으로 이 세 개의 도끼를 모두 너에게 주마." 나무꾼은 뜻밖의 상을 받고 좋아서 어쩔 줄 모르며 집으로 돌아갔어요. 부모님도 무척 기뻐하셨어요. 가난한 나무꾼은 정직한 마음 덕분에 부자가 되어 부모님과 행복하게 살게 되었어요.

이 이야기에서 산신령이 금도끼와 은도끼 소유자가 아니고 월급 산신령이라고 해보겠습니다. 산신령 위에 옥황상제가 있고 금도끼와 은도끼는 옥황상제 것이어서 산신령이 나무꾼에게 포상하려면 옥황상제에게 보고해야 합니다.

이 이야기의 논리 구조를 보면 자료, 사실, 판단, 주장이 다 있습니다. 자료에는 일단 나무꾼의 도끼 주인 여부 설문 결과가 있습니다. 금도끼가 네 거냐, 은도끼가 네 거냐 물어봤고 나무꾼이 대답한 자료가 있습니다. 화자가 나무꾼이 효자라고 하는 말도 있습니다. 전문가나 유명인의 말을 인용한 것을 볼 수 있습니다.

자료를 가지고 사실을 각각 도출합니다. 나무꾼은 거짓말을 안 했다는 사실과 나무꾼은 부모님을 모시기 위해 나무를 한다는 사실을 도출할 수 있습니다. 이런 사실을 가지고 나무꾼은 정직하고 효성이 깊은 사람이라고 판단할 수 있습니다. 산신령은 옥황상제에게 '나무꾼에게 금도끼와 은도끼를 포상으로 내려야 한다'고 주장합니다.

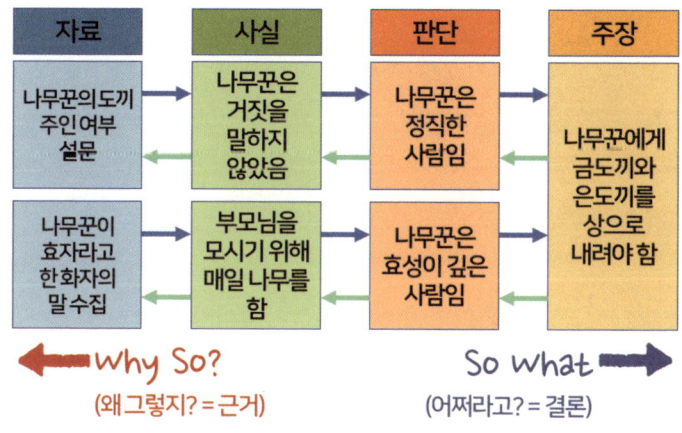

그림 13-6 금도끼 은도끼 이야기의 논리 구조

ChatGPT로 원 페이지 보고서 쓰기

금도끼 은도끼 이야기 같은 어떤 자료에서 사실과 판단과 주장을 찾을 때는 ChatGPT를 이용해도 좋습니다. 실제로 ChatGPT에게 물어보겠습니다.

 다음 이야기에서 사실인 것을 찾아 줘.

(이하 금도끼 은도끼 이야기)

 이 이야기에서 확인할 수 있는 사실은 다음과 같습니다.

1. 이야기의 주인공은 나무꾼입니다.
2. 나무꾼은 늙은 부모님을 모시는 효자이지만 가난했습니다.
3. 나무꾼은 일상적으로 산에서 나무를 하러 갔습니다.
4. 어느 날, 나무꾼은 실수로 도끼를 연못에 빠뜨렸습니다.

> 5. 산신령이 나타나 나무꾼의 도끼를 찾아주기로 했습니다.
> 6. 산신령은 은도끼, 금도끼, 그리고 나무꾼의 낡은 쇠도끼를 찾아냈습니다.
> 7. 나무꾼은 정직하게 자신의 도끼인 낡은 쇠도끼를 인정했습니다.
> 8. 산신령은 나무꾼의 정직함에 감동해 세 개의 도끼를 모두 주었습니다.
> 9. 결국, 나무꾼은 부자가 되어 부모님과 행복하게 살게 되었습니다.
>
> 이 이야기는 전통적인 동화로, 실제로 일어난 사건이 아니라 상징적인 이야기입니다. 그러므로 사실이라고 말할 수 있는 것은 주요 캐릭터와 이야기의 설정 등입니다.

ChatGPT는 금도끼 은도끼 이야기에서 사실이라고 확인할 수 있는 것을 찾아서 알려줍니다. 자세히 보면 사실이라기보다는 내용을 요약한 것에 가깝긴 합니다. 하지만 ChatGPT에게 판단을 물어보면 사실과 확연히 구분할 수 있습니다.

판단인 것만 찾아 줘.

> 이 이야기에서 판단인 것은 다음과 같습니다:
>
> 1. 산신령이 나타나 나무꾼의 도끼를 찾아주기로 한 것은 나무꾼의 정직함을 시험하기 위한 것이었습니다.
> 2. 나무꾼이 정직한 마음으로 낡은 쇠도끼를 선택함으로써, 결국 부자가 되어 행복하게 살게 된 것은 정직한 성격 덕분이라고 판단할 수 있습니다.
>
> 이러한 판단은 동화 내에서 일어난 사건과 캐릭터들의 행동을 통해 도출된 해석입니다.

ChatGPT는 나무꾼이 정직하다고 확신하고 있습니다. 그런데 나무꾼이 효성이 깊은 사람이라고는 판단하지 않습니다. 이것도 한번 ChatGPT에게 물어보겠습니다.

나무꾼이 효성이 깊은 사람이라고 판단할 수 있니?

이 이야기에서 나무꾼이 효성이 깊은 사람이라고 판단할 수 있습니다. 이유는 다음과 같습니다:

1. 나무꾼은 늙은 부모님을 극진히 모시는 효자로서 그들을 돌보았습니다.
2. 나무꾼은 도끼를 잃어버린 후, 그 도끼가 없으면 부모님을 모실 수 없다고 걱정했습니다. 이는 부모님에 대한 효성을 나타내는 행동입니다.
3. 결국, 나무꾼은 정직한 마음과 효성 덕분에 부자가 되어 부모님과 행복하게 살게 되었습니다.

이러한 내용을 토대로 나무꾼이 효성이 깊은 사람이라고 판단할 수 있습니다.

ChatGPT는 나무꾼이 효성이 깊은 사람이라고 말하면서 근거를 얘기하고 있습니다. 이때 근거는 '사실'입니다. 즉, ChatGPT도 사실을 근거로 판단하고 있습니다.

이제 주장을 물어보겠습니다. 산신령 입장에서는 무슨 주장을 하는 걸까요?

산신령의 주장은 무엇인가?

이 동화에서 산신령의 주장은 명확하게 표현되지 않았지만, 그의 행동을 통해 다음과 같은 주장을 추론할 수 있습니다:

1. 정직한 사람들은 보상받아 마땅하다.
2. 사람들의 진심과 성격을 시험하는 것은 중요하다.

1번은 산신령이 나무꾼에게 금도끼와 은도끼를 포상하는 것과 관련한 주장입니다. 2번은 예상 밖의 주장입니다. 산신령은 앞으로 계속 나무꾼과 같은 사람들을 시험하는 일을 계속 해야 한다는 말입니다. 즉, 자신의 직무가 꼭 필요하고 중요하다고 여긴다는 얘기입니다. 은근히 자기가 하는 일의 중요성을 상사에게 어필하는 겁니다.

이제 ChatGPT에게 원 페이지 보고서를 써달라고 해보겠습니다.

산신령이 나무꾼에게 금도끼와 은도끼를 포상으로 내리는 것이 마땅하다는 원 페이지 보고서를 써 줘.

제목: 산신령의 금도끼와 은도끼 포상: 정직한 나무꾼에게 마땅한 보상

나무꾼의 정직한 행동: 나무꾼은 자신의 낡은 쇠도끼를 잃어버렸을 때, 산신령이 제시한 금도끼와 은도끼를 선택하지 않고, 정직하게 자신의 낡은 쇠도끼를 선택했습니다. 이를 통해 나무꾼은 정직한 성격을 보여주었으며, 이러한 행동은 그에게 마땅한 보상을 받을 자격을 부여합니다.

나무꾼의 효성: 나무꾼은 늙은 부모님을 모시기 위해 일과를 견뎌냈으며, 도끼를 잃어버린 후에도 부모님을 모시는 것을 걱정하였습니다. 이러한 효성스러운 행동은 나무꾼이 받은 보상에 대한 가치를 높여줍니다.

산신령의 판단과 포상: 산신령은 나무꾼의 정직함과 효성에 감동하여 금도끼와 은도끼를 포상으로 주었습니다. 이러한 보상은 나무꾼의 성격과 가치를 인정하고 격려하는 것으로, 그의 정직함과 효성에 대한 마땅한 대우로 볼 수 있습니다.

ChatGPT는 주장과 판단, 그리고 사실을 체계적으로 보여줍니다. 그런데 이렇게 보고서를 쓰면 미괄식이 되거나, 서론, 본론, 결론 같은 논문 형식이 됩니다. 이런 보고서 논리 구조를 그대로 원 페이지 보고서로 만들 때는 결론을 먼저 말하는 두괄식으로 하는 것이 좋습니다. 다음과 같이 원 페이지 맨 위에 주장을 적고 바로 밑에 판단을, 그다음 사실과 자료를 추가합니다.

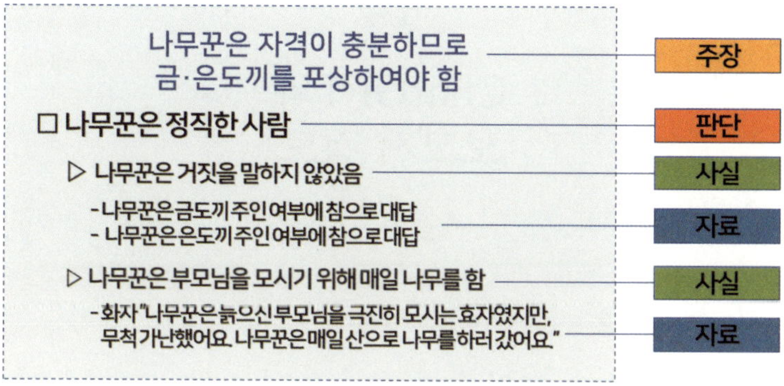

```
┌─────────────────────────────────────────────────┐
│         나무꾼은 자격이 충분하므로      ────    [주장]
│         금·은도끼를 포상하여야 함
│   □ 나무꾼은 정직한 사람  ─────────────────    [판단]
│       ▷ 나무꾼은 거짓을 말하지 않았음  ──────   [사실]
│           - 나무꾼은 금도끼 주인여부에 참으로 대답  ──  [자료]
│           - 나무꾼은 은도끼 주인여부에 참으로 대답
│       ▷ 나무꾼은 부모님을 모시기 위해 매일 나무를 함  ─  [사실]
│           - 화자 "나무꾼은 늙으신 부모님을 극진히 모시는 효자였지만,
│             무척 가난했어요. 나무꾼은 매일 산으로 나무를 하러 갔어요."  ─  [자료]
└─────────────────────────────────────────────────┘
```

그림 13-7 산신령의 원 페이지 보고서

이때 중요한 것은 주장, 판단, 사실, 자료가 바로 이어 나와야 한다는 것입니다. 만약 주장 다음에 판단이 없고 사실이 나오면 사실에서 주장으로 논리가 비약합니다. 주장과 판단은 있는데 사실이나 자료가 없으면 근거가 희박합니다. 주장, 판단, 사실, 자료가 순서대로 견고하게 붙어있을 때 서로가 서로의 결론이 되고 근거가 됩니다. 이렇게 함으로써 보고서를 논리적으로 쓸 수 있습니다.

14
ChatGPT와 보고서 검토

보고와 예상 질문

제안 기술을 교육하다 보면 많은 학습자가 제안서를 어떻게 쓰면 수주 확률이 높아지는지 묻습니다. 그러면 저는 제안서는 수주 확률과 관계없고, 수주 여부와 관계있다고 얘기합니다. 제안서를 잘 쓴다고 해서 수주 확률이 높아지는 것은 아니지만, 제안서를 형편없이 쓰면 수주 자체를 못 한다는 뜻입니다. 그렇다면 수주 확률을 높이는 것은 무엇일까요?

장담하건대, 수주 확률을 높이는 건 심사위원의 질문에 대답을 잘하는 겁니다. 대답을 잘하는 방법은 심사위원의 질문을 예상하는 겁니다. 예상 질문을 먼저 도출하고 대답을 작성하고 외우면 수주 확률이 엄청나게 올라갑니다.

보고도 마찬가지입니다. 상사는 보고받을 때 입이 근질근질합니다. 왜냐하면 보고하는 사람이 먼저 말을 할 수밖에 없고, 보고하는 사람에게 주어진 시간 동안은 상사가 입을 다물고 있을 수밖에 없기 때문입니다. 상사는 보고가 끝나기만을 기다립니다. 이윽고 보고가 끝나면 바로 질문을 던지고, 만약 질문에 제대로 된 답을 듣지 못했다면 그 보고를 반려할 겁니다.

상사에게 무엇을 보고하든 보고서보다 더 중요한 것은 상사의 예상 질문입니다. 평소에 자주 보고했거나, 도메인에 확실한 경험과 지식이 있으면 상사의 예상 질문에 쉽게 대답할 수 있습니다. 하지만 잘 모르는 주제거나 뭔가 새로 기획한 것이라면 주변 동료에게 예상 질문을 하거나, ChatGPT에게 요청하는 것이 좋습니다. 예를 들어 다음과 같은 표가 있습니다.

표 14-1 월별 마케팅비와 매출액

월	마케팅비(억원)	매출액(억원)
1	1	22
2	2	33
3	3	26
4	4	45
5	5	65
6	6	45
7	7	23
8	8	76
9	9	86
10	10	89
11	11	103

이 데이터를 상사에게 보고하기 전에 먼저 ChatGPT에게 예상 질문을 달라고 해야 합니다.

다음과 같은 데이터를 상사에게 보고해야 한다. 상사의 예상 질문을 10개 알려 줘.

월,마케팅비(억 원),매출액(억 원)

1,1,22

2,2,33

3,3,26

4,4,45

5,5,65

6,6,45

7,7,23

8,8,76

9,9,86

10,10,89

11,11,103

상사가 예상할 수 있는 질문:

1. 최근 몇 개월간의 데이터를 보고 있나요?
2. 마케팅비와 매출액의 추이는 어떤가요?
3. 이번 달에는 얼마나 매출이 예상되나요?
4. 마케팅비를 늘리면 매출액이 증가할까요?
5. 마케팅비가 높은 달에는 매출액이 높은가요?
6. 이번 분기나 연도 전체적으로 어떤 추이를 보이고 있나요?
7. 마케팅비와 매출액의 상관관계는 어떻게 되나요?
8. 매출액 중 어떤 제품이나 서비스가 가장 많은 비중을 차지하나요?
9. 이전 분기나 연도와 비교하여 성장했는지, 그렇지 않다면 어떤 이유가 있는지 설명해주세요.
10. 이번 분기나 연도에는 어떤 마케팅 전략을 시행했나요?

예상 질문 검토하기

ChatGPT가 준 예상 질문을 하나씩 짚어보겠습니다.

1. **최근 몇 개월간의 데이터를 보고 있나요?**

이건 예상 질문과는 관계가 없어 보입니다. 1월부터 11월까지라고 분명히 데이터로 보여주고 있기 때문입니다.

2. **마케팅비와 매출액의 추이는 어떤가요?**

이건 보고서에 추가하는 것이 좋겠습니다. ChatGPT에게 추이를 물어보겠습니다.

 마케팅비와 매출액의 추이를 알려줘.

 데이터를 분석하면 다음과 같은 추이를 발견할 수 있습니다.
마케팅비와 매출액은 월별로 증가하는 경향을 보입니다. 마케팅비가 증가함에 따라 매출액도 대체로 증가하는 추세입니다. 하지만 일부 월(3월, 6월, 7월)에서는 매출액이 전월 대비 감소한 경우가 있습니다. 이는 마케팅비에 대한 매출 증가의 효과가 다른 월에 비해 상대적으로 낮다는 것을 의미합니다.

전반적으로 마케팅비와 매출액 사이에 양의 상관관계가 있어 보이며, 마케팅비를 늘림에 따라 매출액이 전반적으로 증가하는 추세입니다. 이를 통해 마케팅 투자가 매출에 긍정적인 영향을 미친다고 볼 수 있습니다. 그러나 다른 외부 요인이나 시장 상황 등을 고려하여 더 정확한 분석을 위해서는 추가적인 데이터가 필요합니다.

ChatGPT는 마케팅비와 매출액이 월별로 증가하는 경향을 보이고, 두 데이터가 양의 상관관계에 있다고 합니다. 그리고 결론적으로 마케팅 투자가 매출에 긍정적인 영향을 미친다는 의미까지 찾아냈습니다. 이런 내용을 예상 질문에 대한 대답으로 준비하면 됩니다.

3. 이번 달에는 얼마나 매출이 예상되나요?

이번 달이란 12월을 의미할 겁니다. 상사는 항상 다음 달, 다음 분기, 다음 해 데이터를 궁금해합니다. 12월 매출은 앞선 데이터를 분석하면 나옵니다. 이 역시 ChatGPT에게 물어보는 것이 좋습니다.

 12월에는 매출이 얼마가 될까?

 앞서 제공된 데이터를 바탕으로 12월의 매출을 예측하는 것은 정확하지 않을 수 있습니다. 하지만, 데이터의 전반적인 추세에 따라 간단한 예측을 시도해볼 수 있습니다.

먼저, 제공된 데이터에서 마케팅비와 매출액 간의 선형 관계를 가정해 봅시다. 이 경우, 선형 회귀를 사용하여 예측을 시도할 수 있습니다.

주어진 데이터를 사용하여 선형 회귀를 수행한 결과, 다음과 같은 회귀식을 얻었다고 가정해 봅시다.

　　매출액 = a * 마케팅비 + b

이제 12월의 마케팅비를 회귀식에 대입하여 매출액을 예측해 봅니다. 12월의 마케팅비는 12억 원이라고 가정합니다.

　　예측된 매출액 = a * 12 + b

하지만, 이 예측은 단순히 주어진 데이터의 선형 관계를 가정한 것으로, 실제 12월의 매출액은 다양한 외부 요인과 시장 상황에 따라 달라질 수 있습니다. 따라서, 더 정확한 예측을 위해서는 추가적인 데이터와 시계열 분석, 경향성 및 계절성 요인을 고려한 모델이 필요합니다.

ChatGPT는 선형 회귀 분석을 통해서 12월 매출을 알 수 있다고 합니다. 그래서 선형 회귀식 "예측된 매출액 = a × 마케팅비 + b"를 제시합니다. 그렇다면 엑셀에서 선형 회귀식을 구하면 a와 b의 값을 알 수 있으므로 간단하게 12월 매출을 예측할 수 있습니다.

예를 들어 엑셀 시트에 월별 마케팅비와 매출액 데이터가 있을 때 두 데이터를 선택한 다음 분산형 차트를 선택합니다. 그러면 X 축은 마케팅비, Y 축은 매출액인 차트가 나타납니다.

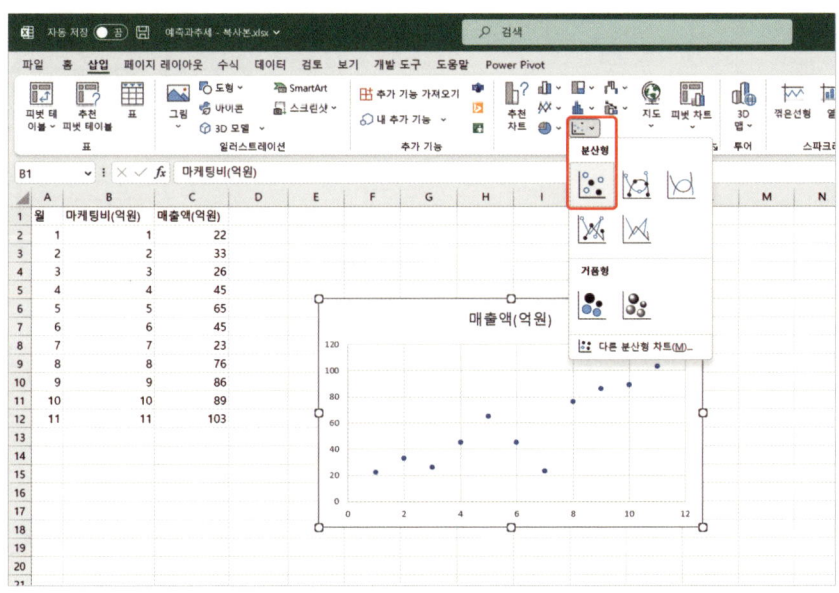

그림 14-1 엑셀에서 분산 차트 만들기

이제 차트를 선택한 다음 차트 요소에서 추세선을 체크하고 추세선의 추가 메뉴에서 기타 옵션을 선택합니다. 그러면 오른쪽 사이드바에 추세선 서식이 나타납니다. 여기서 맨 아래쪽을 보면 '수식을 차트에 표시' 기능이 있습니다. 이것을 체크합니다.

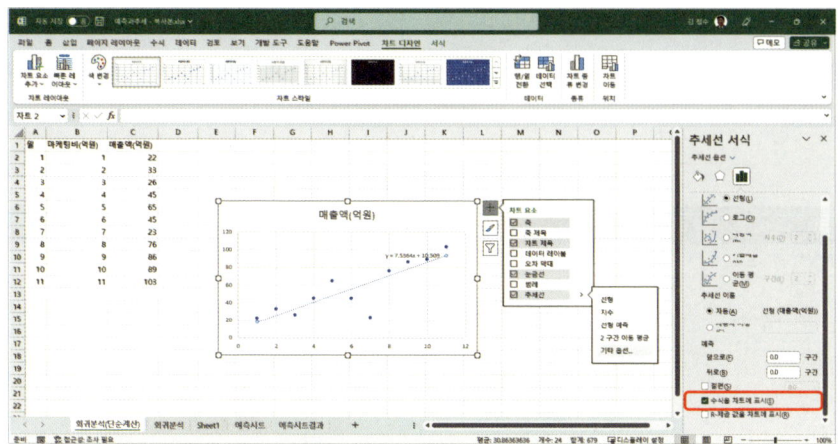

그림 14-2 선형 회귀식을 구하는 방법

그러면 차트의 추세선 오른쪽 위에 추세선의 선형 회귀식이 나타납니다. ChatGPT가 '예측된 매출액 = a × 마케팅비 + b'라고 얘기한 대로 'y = 7.5364x + 10.509'라는 1차 방정식으로 표시됩니다.

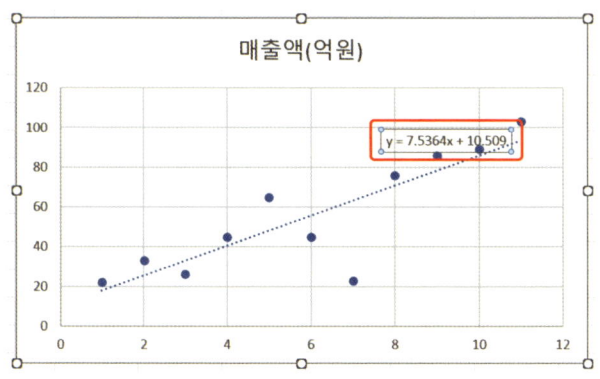

그림 14-3 추세선 오른쪽 위에 선형 회귀식이 나타난다.

여기서 y는 Y 축인 매출액을 의미합니다. 7.5364는 계수입니다. x는 X축인 마케팅비입니다. 12월에 마케팅비를 12억 원을 쓰겠다면 x에 12를 넣어서 계산하면 됩니다. 마지막 10.509는 Y 절편입니다.

기존 데이터가 충분히 있고 다음 데이터를 예측하는 것은 그리 어려운 일이 아닙니다. 이 정도는 미리 검토해서 예상 질문에 답할 수 있어야 합니다.

4. 마케팅비를 늘리면 매출액이 증가할까요?

이 질문은 앞에서 이미 확인했습니다.

5. 마케팅비가 높은 달에는 매출액이 높은가요?

이 질문도 앞에서 이미 확인했습니다.

6. 이번 분기나 연도 전체적으로 어떤 추이를 보이고 있나요?

월별 매출을 분기나 연도로 볼 수 있습니다. 그런데 여기서는 데이터가 한 해밖에 없기 때문에 연도로 보는 것은 의미가 없습니다. 대신 분기별로 합산하여 추이를 보는 것은 의미가 있습니다.

분기별로 보면 어떤 추이를 보이고 있나요?

분기별로 살펴보면 다음과 같은 추이가 관찰됩니다.

1. 마케팅비의 분기별 합계가 증가함에 따라 매출액의 분기별 합계도 증가하는 추세를 보입니다.
2. Q1에서 Q2로 넘어갈 때, 매출액은 약 91% 증가하며, Q2에서 Q3로 넘어갈 때 약 19% 증가하고, Q3에서 Q4로 넘어갈 때 약 4% 증가합니다. 이를 통해 마케팅비의 증가에 따른 매출액 증가율이 점차 감소하는 것으로 보입니다.

여기서 주의할 점은 4분기입니다. 4분기에는 12월 매출이 반영되지 않았습니다. 이를 고려해서 3분기까지만 추이를 확인하는 것이 좋습니다.

7. 마케팅비와 매출액의 상관관계는 어떻게 되나요?

마케팅비와 매출액의 상관관계는 상관계수를 통해 알 수 있습니다. 바로 ChatGPT에게 물어보면 됩니다.

 마케팅비와 매출액의 상관관계는 어떻게 되나요?

 상관관계는 두 변수 사이의 선형적 관계를 나타내는 지표입니다. 상관계수는 -1부터 1까지의 값을 가지며, 양의 값이 클수록 양의 상관관계가 강하고, 음의 값이 작을수록 음의 상관관계가 강하다고 할 수 있습니다. 상관계수가 0에 가까우면 두 변수 사이에 선형적인 관계가 없음을 의미합니다.

이 데이터를 이용해 상관계수를 계산한 결과, 약 0.96이 나왔다고 가정해 봅시다. 이 값은 양의 상관관계가 매우 강하다고 볼 수 있습니다. 따라서 마케팅비와 매출액 사이에는 긍정적인 선형 관계가 있다고 할 수 있습니다.

그러나 상관관계는 단순히 두 변수 사이의 선형적 관계만을 나타내는 지표이므로, 인과관계를 의미하지는 않습니다. 마케팅비와 매출액 사이의 인과관계를 밝혀내려면 추가적인 연구와 분석이 필요합니다.

상관계수는 엑셀에서 CORREL 함수를 사용해서 금방 확인할 수 있습니다.

그림 14-4 엑셀에서 CORREL 함수를 사용해서 상관계수를 알 수 있다

제가 계산한 결과, 상관계수는 0.852621이었습니다. 0보다는 1에 근접했으니 강한 상관관계에 있다고 볼 수 있습니다.

8. **매출액 중 어떤 제품이나 서비스가 가장 많은 비중을 차지하나요?**

이 질문은 현재 주어진 데이터를 벗어나는 질문입니다. 하지만 결국 데이터를 보면서 세부 항목으로 해상도를 높이는 것이 당연합니다.

9. **이전 분기나 연도와 비교하여 성장했는지, 그렇지 않다면 어떤 이유가 있는지 설명해주세요.**

이 역시 현재 주어진 데이터로는 알 수 없습니다. 하지만 항상 상사는 과거와 현재, 현재와 미래를 수시로 비교하고 싶어 합니다. 분석의 기장 기본은 비교와 대조이므로 기간별 데이터를 미리 확인해서 예상 질문에 대한 답을 준비하는 것이 좋습니다.

10. **이번 분기나 연도에는 어떤 마케팅 전략을 시행했나요?**

상사가 결국 알고자 하는 것은 마케팅비가 아닙니다. 어떤 마케팅을 해서 얼마나 효과를 봤는지 알고 싶은 것입니다. 그래야 다음 전략을 의사결정 할 수 있습니다.

주장과 상사의 상황 검토하기

이번에는 주장을 검토하는 방법을 알아보겠습니다. 앞에서 금도끼 은도끼 이야기를 다시 떠올려보겠습니다. 산신령은 나무꾼에게 금도끼와 은도끼를 포상해야 한다고 주장합니다. 그렇다면 과연 나무꾼에게 금도끼와 은도끼를 주는 것이 좋은 포상일까요? 혹시 나무꾼이 금도끼와 은도끼라는 큰 재화가 생겨서 도박을 하거나 흥청망청 쓰거나 하지 않을까요? 정직하고 효성이 깊다고 하지만 갑자기 큰돈이 생기면 누구나 흔들리지 않을까요? ChatGPT에게 물어보겠습니다.

 금도끼 은도끼 이야기에서 산신령이 나무꾼에게 금도끼와 은도끼를 포상으로 준다. 그런데 금도끼와 은도끼 대신 다른 걸 주는 게 낫지 않을까? 그렇다면 어떤 것을 주는 게 좋을까?

1. 지혜와 지식: 산신령이 나무꾼에게 지혜와 지식을 선물로 주어, 그가 삶에서 행복하고 성공적인 길을 걷도록 도울 수 있습니다.
2. 건강과 장수: 산신령이 나무꾼에게 건강과 오래 사는 선물을 줄 수 있습니다. 이는 나무꾼이 앞으로 삶을 더욱 건강하게 지낼 수 있도록 도와줄 수 있습니다.
3. 기술 및 숙련: 산신령이 나무꾼에게 탁월한 기술과 숙련을 선물할 수 있습니다. 이렇게 하면 나무꾼은 자신의 직업에서 더 능숙해지고, 그로 인해 소득도 늘어날 것입니다.
4. 가족의 행복: 산신령이 나무꾼에게 가족의 행복과 번영을 선물로 주어, 그의 삶이 더욱 풍요롭고 의미 있는 것으로 만들 수 있습니다.
5. 자연과의 교감: 산신령이 나무꾼에게 자연과 더 깊은 관계를 맺을 수 있는 힘을 선물로 줄 수 있습니다.
6. 이웃과의 우정: 산신령이 나무꾼에게 이웃과 좋은 인연을 맺을 수 있는 선물을 주면, 그는 주변 사람들과의 관계를 통해 지지와 도움을 받을 수 있습니다.
7. 꾸준한 행운: 산신령이 나무꾼에게 꾸준한 행운을 선물해, 그의 삶이 더욱 안정적이고 평온한 것으로 만들 수 있습니다.
8. 슬기로운 삶의 원칙: 산신령이 나무꾼에게 슬기로운 삶을 이끌어낼 수 있는 원칙들을 가르쳐 줄 수 있습니다.

ChatGPT는 금도끼 은도끼 같은 현물보다는 정신적이거나 관계적인 포상을 추천합니다. 언뜻 생각하면 산신령이 포상할 것이라고는 금도끼 은도끼만 있을 것 같지만, 정직하고 효성 깊은 나무꾼에게는 금도끼와 은도끼 말고 더 훌륭한 포상이 있을 겁니다. 그걸 찾아내야 합니다. 주장할 때는 항상 더 좋은 주장을 찾아야 하는 겁니다.

여기서 나아가 상사가 내 주장을 받아들일 입장이나 상황이 되어 있는지도 확인해야 합니다. 예를 들어 상사가 지금 투자할 형편이 안 되는데 무조건 크게 투자해야 한다고 주장하면 보고 자체가 반려되거나 혼이 날지도 모릅니다. 이때는 당장 크게 투자하기보다는 파일럿으로 적게라도 투자한 다음 나중에 상황을 보고 결정하자고 주장하는 것이 좋습니다.

상사도 인간이기 때문에 보고서를 읽고 그 주장을 받아들일지 말지 인간적으로 결정할 겁니다. 그렇다면 그런 결정의 요인으로 무엇이 있을까요? ChatGPT에게 바로 물어보겠습니다.

 상사가 내 주장을 받아들일지 말지 결정하는 요인을 10개 알려줘.

1. 근거와 증거: 주장을 뒷받침하는 강력한 근거와 증거가 제시되면 상사는 더 쉽게 받아들일 수 있습니다.
2. 명확한 커뮤니케이션: 주장을 명확하고 이해하기 쉽게 전달하면 상사는 더 쉽게 이해하고 받아들일 수 있습니다.
3. 이해관계: 상사의 이해관계와 주장이 일치하면 상사는 그 주장을 받아들이기 쉽습니다.
4. 신뢰와 경험: 직원이 과거에 신뢰성 있는 성과를 보여주고 전문성을 갖추고 있으면 상사는 그들의 주장을 더 쉽게 받아들일 수 있습니다.
5. 타당성: 주장이 합리적이고 논리적이면 상사는 더 쉽게 받아들일 수 있습니다.
6. 문제해결 제안: 주장에 문제 해결 방안이나 구체적인 제안이 포함되어 있다면 상사는 그 주장을 더 쉽게 받아들일 수 있습니다.
7. 상호 협력: 직원이 상사와 협력하려는 의지와 태도를 보여주면 상사는 그들의 주장에 대해 더 긍정적으로 받아들일 수 있습니다.
8. 조직의 목표와 일치: 주장이 조직의 목표와 전략에 부합하다면 상사는 그 주장을 받아들이기 쉽습니다.
9. 실행 가능성: 주장이 현실적이고 실행 가능하다면 상사는 더 쉽게 그것을 받아들일 수 있습니다.

> **10. 타이밍**: 적절한 시기에 주장을 제기하면 상사는 더 쉽게 그것을 고려할 수 있습니다. 긴급한 상황이나 기타 중요한 이슈가 많은 경우 주장을 받아들이기 어려울 수 있습니다.

상사가 내 주장을 받아들일지 말지 결정하는 요인 10가지를 하나씩 짚어보겠습니다.

1. 근거와 증거

주장을 뒷받침하는 강력한 근거와 증거는 필수입니다. 나무꾼에게 금도끼와 은도끼를 포상하려면 그 도끼가 많은 사람을 정직하고 효성 깊은 사람으로 만들 수 있다는 확신을 상사에게 줘야 합니다.

2. 명확한 커뮤니케이션

많은 상사가 우리가 하는 보고를 잘 이해하지 못합니다. 우리는 설명한다고 하는데 상사가 머릿속에서 딴생각을 하거나 오늘따라 머리가 안 돌아갈 수도 있습니다. 보고를 할 때는 일방적으로 말하는 것이 아니라 상사가 내 말을 제대로 이해하고 있는지 계속 살피면서 보고의 속도와 수준을 조절해야 합니다.

3. 이해관계

아무리 얼토당토않은 주장이라도 상사의 이해에 들어맞으면 대부분 보고가 통과됩니다. 상사의 이해가 무엇인지, 내 주장과 어떤 관계인지 미리 파악하고 보고해야 합니다.

4. 신뢰와 경험

평소에 신뢰 관계를 잘 쌓았다면 상사는 우리를 믿고 우리의 주장을 받아들일 겁니다. 하지만 평소 믿음직하지 못하고 주장대로 했다가 상사가 곤욕을 치렀다면 상사는 이번 주장도 꺼림칙할 겁니다. 내 신뢰가 바닥이라면 동료 중에서 상사의 신뢰를 받는 사람을 찾아 대신 보고하게 하는 것도 좋은 방법입니다.

5. 타당성

주장과 타당성은 다릅니다. 주장하기 위해 판단하고 사실을 도출하고 자료를 준비하는 것을 보고라고 합니다. 하지만 타당성은 보고서 외적인 요소에 관심을 둡니다. 회사가 이 주장대로 하는 것이 타당한지, 지금 하는 것이 타당한지 하나씩 검토합니다. 사실 이런 타당성 검토는 결국 상사의 질문에 답하는 겁니다. 예상 질문을 뽑아서 미리 답변을 준비하면 타당성 문제를 어느 정도 해결할 수 있습니다.

6. 문제해결 제안

회사의 문제나 고객의 문제를 구체적으로 해결할 수 있다면 상사가 내 주장을 받아들입니다. 나아가 그것이 상사의 문제를 해결한다면 더더욱 주장에 힘이 실립니다.

7. 상호 협력

혼자 보고하는 것보다 내 주장에 동의하는 동료와 같이 보고하는 것이 좋습니다. 예를 들어 부서 주간 회의 때 보고를 하면 부서장은 다른 부서원의 의견을 물어봅니다. 이때 동료가 긍정적인 얘기를 하면 부서장도 내 주장에 동조할 수밖에 없습니다.

8. 조직의 목표와 일치

조직의 목표와 일치하는 것도 중요하지만 사실은 상사의 KPI나 MBO와 일치하는 것이 좋습니다. 조직의 목표는 결국 상사에게 구체적인 지표로 떨어지기 때문에 구체적인 목표와 일치하게 만드는 것이 좋습니다.

9. 실행 가능성

아무리 좋은 주장이라도 실행 가능성이 없으면 누구도 받아들일 수 없습니다. 연간 매출이 100억 원인 회사에서 1조를 투자하면 10조를 번다고 해도 실행할 수 없는 일입니다. 회사나 부서나 개인이 실제로 할 수 있는 일인지, 그런 역량이 있는지 먼저 검토해야 합니다.

10. 타이밍

비즈니스의 9할은 타이밍입니다. 아무리 좋은 주장도 타이밍이 안 맞으면 못 합니다. 적절한 타이밍을 골라 보고하는 것도 보고서 검토입니다.

보고서를 잘 쓰는 것도 중요합니다. 하지만 우리가 보고서를 쓰는 목적은 우리가 원하는 대로 상사가 결정하게 하기 위함입니다. 그런 관점에서 보고서를 검토해야 합니다.

Appendix
이 책에서 사용한
프롬프트 모음

1부. ChatGPT로 기획·분석·보고하기

1. 회사에서 새 만두 제품을 개발하여 출시해야 한다. 무엇을 기획하고 분석하고 보고해야 하는지 알려 줘.

2부. ChatGPT로 기획하기

2. 회사 SNS 운영에서 발생할 수 있는 문제를 모두 나열해 줘.

3. 회사 SNS 운영 효율을 높일 수 있는 방법을 7개 알려 줘.

4. 향후 SNS 발전 등에 대비해야 할 것을 5개 알려 줘.

5. 전구가 깜빡이는 요인에는 어떤 것이 있나?

6. 확인해 봐야 할 요인을 10개 더 말해줘.

7. 전구가 깜빡이는 것처럼 보인다. 내 눈에 어떤 문제나 병이 있나?

8. 3C 분석을 설명해 줘.

9. ESG 시장 규모를 알려줘.
10. ESG 보고서 작성 컨설팅 시장 규모를 알려줘.
11. ESG와 관련한 경영 컨설팅업의 세부 활동을 알려줘.
12. 경기도에서 워크숍 가기 좋은 장소를 5개 추천해 줘.
13. 우리 나라에서 2022년 후반에서 2023년 초반에 출간한 트렌드 도서를 5권 알려줘.
14. 지금 알려준 책 3권을 종합해서 핵심 트렌드 7개를 알려 줘.
15. 대한민국의 피아노 조율사 수를 페르미 추정으로 해줘.
16. 대한민국의 피아노 조율사는 몇 명인가?
17. 한국피아노조율사협회 기준으로 한국 내 피아노 조율사의 수가 얼마나 되는지 알려줘
18. 대한민국의 피아노 조율사는 몇 명인가?
19. 무슨 협회지?
20. 한국피아노조율사협회가 추정하는 피아노 조율사는 명 명이지?
21. 좋은 아이디어 좀 내 줘.
22. 너는 아이디어를 어디서 얻는 거니?
23. 기존 제품을 생산하는 과정에서 적외선 센서 공급이 원활하지 않았습니다. 매번 늦게 도착해서 제품 생산에 차질이 잦았습니다. 이런 문제를 해결한 사례가 있을까요?
24. 시장 성수기에 대비해서 비수기에 미리 준비해야 할 것은 무엇일까요? 우리가 지난 번에 받은 신제품 기획 교육을 토대로 신제품 아이디어를 구체화해 보면 어떨까요?
25. 이번에 출간할 책이 재미있는 책입니다. 어떤 제목이 있을까요?
26. 제목이 밋밋합니다. 과감한 제목을 알려주세요.
27. 위트 있는 제목을 알려 줘.
28. 우리 회사 이름은 '현대중공업'인데 이름을 바꾸고자 한다. 왜냐하면 기존 이름은 제조업 중심의 이미지가 강하다. 앞으로는 투자 지주회사로서 위상과 역할을 강화하고자 한다. 향후 미래 사업 분야의 신성장 동력을 적극적으로 발굴하고 육성하려고 한다. 이런 미래 지향점을 가진 새로운 이름을 지어 줘.

29. '현대'라는 말이 회사 이름에 들어가야 한다.

30. 새로운 단어를 추가하는 것보다는 영어 이니셜을 쓰는 것은 어떤가? 요즘 그런 트렌드다.

31. HD현대는 어떤가?

32. HD현대로 사명을 정했다면 어떤 로고가 좋을까?

33. 이미지와 조합한다면 어떤 이미지가 좋을까?

34. 이미지 컬러는 어떤 것이 좋을까?

35. 책 제목을 "세상은 날 위해 돌아가지 않는다: 내가 바꿀 수 있는 것, 바꾸지 않으면 안 되는 것"으로 정했다. 왜 이 제목을 선택했는지 설명하는 글을 200자로 써 줘.

36. 커피숍에서 쓰는 플라스틱 빨대 대신 종이로 만든 빨대를 쓰게 하는 아이디어가 있다. 이 아이디어를 설명하는 글을 200자 써 줘.

37. 다음과 같이 종이 빨대 아이디어를 설명하려고 한다. 이 아이디어 설명을 듣고 예상하는 질문을 5개 해 줘.

    현재 많은 사람들이 환경 보호에 관심을 가지고 있습니다. 그 중에서도 플라스틱 사용량을 줄이는 것은 매우 중요합니다. 커피숍에서는 많은 음료수를 판매하며, 많은 손님들이 빨대를 사용합니다. 그렇기 때문에 플라스틱 빨대 대신 종이로 만든 빨대를 사용하면 매우 좋을 것입니다. 종이 빨대는 생분해성이 있어서 자연 속에서 분해됩니다. 또한 일회용 품목이기 때문에 사용 후 바로 버릴 수 있습니다. 이를 통해 환경 오염을 줄이는 것이 가능합니다. 또한, 종이 빨대를 사용하는 것은 새로운 트렌드로 자리 잡을 수 있습니다. 따라서 커피숍에서는 종이 빨대를 채택하여 환경 보호에 기여할 수 있으며, 동시에 새로운 트렌드를 제시할 수 있을 것입니다.

38. 우리 회사는 커피 프랜차이즈 기업이다. 우리 회사가 왜 종이 빨대를 개발해야 하나? 200자로 알려줘.

39. 왜 하필 지금 종이 빨대를 개발해야 하나? 200자로 알려줘.

40. 다른 회사는 왜 안 하는가? 200자로 알려줘.

41. 우리가 안 하면 어떻게 되는가? 200자로 알려줘.

42. 우리가 할 수 있는가? 200자로 알려줘.

43. 누가 맡아서 해야 하는가? 200자로 알려줘.

44. 팀에서 외부 환경을 리뷰한 결과 '물류 환경에서 구조적 변화 가속화'가 핵심 메시지로 도출되었다. 이 메시지의 세부 내용을 발표 형식으로 200자 써 줘.

45. 우리 팀은 작년에 어려운 물류 환경에서도 물류 경쟁력 강화를 이뤄냈다. 이 내용을 구체화하여 발표 형식으로 200자 써 줘.

46. 새해에는 수출과 소비 악화로 물류 산업이 어려워진다는 내용의 전망을 발표 형식으로 200자 써 줘.

47. 우리 회사는 물류 기업이다. 다음과 같은 3가지 비즈니스 제약에 대해 하나씩 100글자 이내로 구체화해서 발표 형식으로 써 줘.

물류 가격 정체

최고 물류 관리 인재 부족

급변하는 물류 환경

48. 우리 팀의 올해 전략은 다음 3가지다. 각각의 전략을 100자로 구체화해줘.

물류 혁신 성장

최고 물류 관리 인재 확보와 육성

핵심 제품 물류 경쟁력 확보

3부. ChatGPT로 분석하기

49. 다음 데이터를 분석해 줘.

월,접속자 IP,접속 페이지,OS 종류

1월,22,68,3

2월,56,96,4

3월,270,756,4

4월,93,183,4

5월,59,105,3

50. 다음 데이터를 보고 통찰이나 시사점을 알려줘.

분기,매출(단위: 억 원)

2020년 1분기, 5

2020년 2분기, 6

2020년 3분기, 7

2020년 4분기, 8

2021년 1분기, 5

2021년 2분기, 7

2021년 3분기, 9

2021년 4분기, 10

2022년 1분기, 6

2022년 2분기, 10

2022년 3분기, 11

2022년 4분기, 12

51. 다음 데이터는 경비 내역이다. 데이터를 분석해서 경비를 줄이는 방안을 알려 줘.

내용, 금액(원)

점심, 8000

치약, 2000

영화, 9000

저녁, 18000

커피, 3000

빗자루, 5000

52. 다음 데이터를 식비, 생활비, 문화비 등 용도로 구분한 다음 내용, 금액(원), 구분으로 된 표로 만들어 줘.

내용, 금액(원)

점심, 8000

치약, 2000

영화, 9000

저녁, 18000

커피, 3000

빗자루, 5000

53. 구분별 부분합과 비중을 표로 보여 줘.

54. 다음은 S전자 손인계산서다. 손익을 분석해줘.

손익계산서

제 54 기 2022.01.01 부터 2022.12.31 까지

제 53 기 2021.01.01 부터 2021.12.31 까지

제 52 기 2020.01.01 부터 2020.12.31 까지

(단위 : 백만원)

제 54 기

제 53 기

제 52 기

수익(매출액)

211,867,483

199,744,705

166,311,191

매출원가

152,589,393

...

55. 다음은 S전자의 재무제표다. 분석해 줘.

재무제표

재무상태표

제 54 기   2022.12.31 현재

제 53 기   2021.12.31 현재

제 52 기   2020.12.31 현재

(단위 : 백만원)

...

유동자산

59,062,658

73,553,416

73,798,549

...

수익(매출액)

211,867,483

199,744,705

166,311,191

영업활동 현금흐름

44,788,749

51,250,069

37,509,025

56. 투자자 입장에서 분석해 줘.

57. 스마트폰 판매에 영향을 주는 시장 요인을 말해줘.

58. 스마트폰 판매에 영향을 주는 내부 경영 요인을 5개 말해줘.

59. 전시회에 제품을 출품하려고 한다. WBS를 만들어 줘.

60. 전시회 제품 출품과 관련하여 WBS를 만들어 줘. 전시회는 2월 22일부터 24일까지야. 전시 기획, 전시 준비, 전시 운영, 전시 종료와 같이 시간 순서대로 WBS를 만들어 줘. 시작일과 종료일도 표시해 줘. 표 형식으로 보여 줘.

61. 전시회 제품 출품과 관련한 업무 12가지를 간단히 알려줘.

62. B2B영업팀의 BSC 전략 맵을 하나 만들어 줘.

63. B2B 영업팀을 위한 KPI를 만들어 줘.

64. B2B 영업팀 직원의 MBO를 만들어 줘.

65. B2B 영업팀 직원의 MBO를 학습과 성장 관점에서 5개 만들어 줘.

66. B2B 영업팀을 위한 OKR을 만들어 줘.

67. B2B영업팀의 BSC 관점별 가중치를 얼마로 해야 할지 알려줘.

4부. ChatGPT로 보고하기

68. 팀장이 갑자기 팀 워크숍을 가자면서 내게 계획을 짜라고 한다. 나는 팀장에게 무엇을 물어봐야 하나?

69. 무슨 질문을 가장 먼저 해야 하니?

70. 회사에서 팀장은 어떤 권한이 있지?

71. 회사에서 팀원은 어떤 권한이 있지?

72. 김철수 대리가 종이 빨대 개발 관련 업무를 맡았다. RACI 차트를 만들어 줘.

73. 영업팀에 최근 6개월 예상 매출 자료를 요청하는 메일을 써 줘.

74. 엑셀 시트 A열과 B열의 상관계수를 구하는 방법을 알려줘.

75. 논리적 기획이란?

76. 변압기 접촉 불량 사고에 관한 8D 리포트를 써 줘.

77. 논리적 보고서 목차를 써 줘.

78. 다음 이야기에서 사실인 것을 찾아 줘.(이하 금도끼 은도끼 이야기)

79. 판단인 것만 찾아 줘.

80. 나무꾼이 효성이 깊은 사람이라고 판단할 수 있니?

81. 산신령의 주장은 무엇인가?

82. 산신령이 나무꾼에게 금도끼와 은도끼를 포상으로 내리는 것이 마땅하다는 원 페이지 보고서를 써 줘.

83. 다음과 같은 데이터를 상사에게 보고해야 한다. 상사의 예상 질문을 10개 알려 줘.

월,마케팅비(억 원),매출액(억 원)

1,1,22

2,2,33

3,3,26

4,4,45

5,5,65

6,6,45

7,7,23

8,8,76

9,9,86

10,10,89

11,11,103

84. 마케팅비와 매출액의 추이를 알려줘.

85. 12월에는 매출이 얼마가 될까?

86. 분기별로 보면 어떤 추이를 보이고 있나요?

87. 마케팅비와 매출액의 상관관계는 어떻게 되나요?

88. 금도끼 은도끼 이야기에서 산신령이 나무꾼에게 금도끼와 은도끼를 포상으로 준다. 그런데 금도끼와 은도끼 대신 다른 걸 주는 게 낫지 않을까? 그렇다면 어떤 것을 주는 게 좋을까?

89. 상사가 내 주장을 받아들일지 말지 결정하는 요인을 10개 알려줘.

momo

momo